"十三五"国家重点图书出版规划项目
交通运输科技丛书·公路基础设施建设与养护
特大型桥梁防灾减灾与安全控制技术丛书（一期）

Numerical Simulation and Control Technologies for
Wind-resistant Design of Super-large Bridge

特大型桥梁抗风设计数值化及控制技术

刘 高 葛耀君 朱乐东 刘天成 著

人民交通出版社股份有限公司
China Communications Press Co.,Ltd.

内 容 提 要

特大型桥梁轻柔的结构体系及复杂多样的断面形式使其抗风设计极具挑战。面向跨海、跨江和山区峡谷特大型桥梁的建设需求,本书对特大型桥梁抗风的数值化模拟方法、软件开发及风致振动控制等关键技术进行了详细论述。具体包括:桥梁设计风参数、典型断面桥梁气动参数数据库及抗风性能快速评价、桥梁气动参数识别的数值风洞技术、桥梁多模态耦合颤振分析的能量法、桥梁多模态耦合抖振内力分析的虚拟激励法、斜风下桥梁抖振分析的时域方法、桥梁抗风气动控制技术等。相关研究成果为港珠澳大桥、西堠门大桥、坝陵河大桥、琼州海峡跨海通道工程等特大型桥梁工程建设提供了技术支撑和储备。

本书可供从事特大型桥梁设计、科研等工作的技术人员使用,亦可供桥梁专业师生参考使用。

Abstract

The flexible structural systems and complex cross-section forms of super long-span bridges make their wind-resistant design extremely challenging. Facing the construction requirements of across sea, river and mountain canyons for super long-span bridges, the key technologies of numerical simulation method, software development and wind-induced vibration control are discussed in detail in this book, which including wind parameters of bridge design, aerodynamic parameters database of typical cross-section bridges and rapid evaluation of wind resistance performance, bridge aerodynamic parameters identification via numerical wind tunnel technology, energy method of bridge multi-mode coupled flutter analysis, pseudo excitation method of bridge multi-mode coupled buffeting internal force analysis, time domain analysis method of bridge buffeting under skew wind, aerodynamic countermeasures of bridge wind-induced vibration control, etc. The technological achievements provide technical support and reserve for the construction of such super long-span bridges as Hong Kong-Zhuhai-Macao Bridge, Xihoumen Bridge, Baling River Bridge and feasibility study of Qiongzhou Strait Cross-Sea Passage Project.

This book can be used by technicians engaged in the design and scientific research of super long-span bridges, as well as by teachers and students of bridge specialty.

交通运输科技丛书编审委员会

（委员排名不分先后）

顾　问：陈　健　周　伟　成　平　姜明宝

主　任：庞　松

副主任：洪晓枫　袁　鹏

委　员：石宝林　张劲泉　赵之忠　关昌余　张华庆

　　　　郑健龙　沙爱民　唐伯明　孙玉清　费维军

　　　　王　炜　孙立军　蒋树屏　韩　敏　张喜刚

　　　　吴　澎　刘怀汉　汪双杰　廖朝华　金　凌

　　　　李爱民　曹　迪　田俊峰　苏权科　严云福

序

科技是国家强盛之基,创新是民族进步之魂。中华民族正处在全面建成小康社会的决胜阶段,比以往任何时候都更加需要强大的科技创新力量。党的十八大以来,以习近平同志为总书记的党中央作出了实施创新驱动发展战略的重大部署。党的十八届五中全会提出必须牢固树立并切实贯彻创新、协调、绿色、开放、共享的发展理念,进一步发挥科技创新在全面创新中的引领作用。在最近召开的全国科技创新大会上,习近平总书记指出要在我国发展新的历史起点上,把科技创新摆在更加重要的位置,吹响了建设世界科技强国的号角。大会强调,实现"两个一百年"奋斗目标,实现中华民族伟大复兴的中国梦,必须坚持走中国特色自主创新道路,面向世界科技前沿、面向经济主战场、面向国家重大需求。这是党中央综合分析国内外大势、立足我国发展全局提出的重大战略目标和战略部署,为加快推进我国科技创新指明了战略方向。

科技创新为我国交通运输事业发展提供了不竭的动力。交通运输部党组坚决贯彻落实中央战略部署,将科技创新摆在交通运输现代化建设全局的突出位置,坚持面向需求、面向世界、面向未来,把智慧交通建设作为主战场,深入实施创新驱动发展战略,以科技创新引领交通运输的全面创新。通过全行业广大科研工作者长期不懈的努力,交通运输科技创新取得了重大进展与突出成效,在黄金水道能力提升、跨海集群工程建设、沥青路面新材料、智能化水面溢油处置、饱和潜水成套技术等方面取得了一系列具有国际领先水平的重大成果,培养了一批高素质的科技创新人才,支撑了行业持续快速发展。同时,通过科技示范工程、科技成果推广计划、专项行动计划、科技成果推广目录等,推广应用了千余项科研成果,有力促进了科研向现实生产力转化。组织出版"交通运输建设科技丛书",是推进科技成果公开、加强科技成果推广应用的一项重要举措。"十二五"期间,该丛书共出版72册,全部列入"十二五"国家重点图书出版规划项目,其中12册获得国家出版基金支持,6 册获中华优秀出版物奖图书提名奖,行业影响力和社会知名度不断扩大,逐渐成为交通运输高端学术交流和科技成果公开的重要平台。

"十三五"时期,交通运输改革发展任务更加艰巨繁重,政策制定、基础设施建设、运输管理等领域更加迫切需要科技创新提供有力支撑。为适应形势变化的需要,在以往工作的基础上,我们将组织出版"交通运输科技丛书",其覆盖内容由建设技术扩展到交通运输科学技术各领域,汇集交通运输行业高水平的学术专著,及时集中展示交通运输重大科技成果,将对提升交通运输决策管理水平、促进高层次学术交流、技术传播和专业人才培养发挥积极作用。

当前,全党全国各族人民正在为全面建成小康社会、实现中华民族伟大复兴的中国梦而团结奋斗。交通运输肩负着经济社会发展先行官的政治使命和重大任务,并力争在第二个百年目标实现之前建成世界交通强国,我们迫切需要以科技创新推动转型升级。创新的事业呼唤创新的人才。希望广大科技工作者牢牢抓住科技创新的重要历史机遇,紧密结合交通运输发展的中心任务,锐意进取、锐意创新,以科技创新的丰硕成果为建设综合交通、智慧交通、绿色交通、平安交通贡献新的更大的力量!

2016 年 6 月 24 日

前　言

随着交通建设适应经济快速发展的需要,跨越江河海湾、深沟峡谷的特大型桥梁面临着巨大建设需求。随着桥梁跨径的增大,结构更为轻柔,阻尼显著降低,结构对风的作用十分敏感,抗风设计已成为控制特大型桥梁安全的一项重大技术挑战。

风洞模型试验是桥梁抗风设计的最重要手段,但试验费用较高、周期较长,而且存在模型尺度限制问题。近年来,随着计算科学和计算机硬件技术的进步,数值模拟技术已发展成为除风洞模型试验之外的重要技术方法,为桥梁抗风设计提供了新的重要技术手段。抗风设计数值化技术费用低、周期短,特别适合工程可行性研究阶段和初步设计阶段大量桥梁设计方案抗风性能的比选,而且能够克服物理风洞试验的尺度局限性,形象描述桥梁结构周围的微观流场变化,揭示桥梁风致振动的物理机理。同时,为了确保桥梁的抗风安全,急需研发实用有效的气动控制措施。

在国家重点研发计划"风浪流耦合及撞击作用下超大跨桥梁致灾机理与安全防控技术(2018YFC0809604)"、国家自然科学基金项目"大跨悬索桥能量耗散机制及振动控制研究(59578001)""复杂结构非线性随机振动算法研究(10072015)"和交通部西部交通建设科技项目"大跨桥梁抗风设计数值化技术研究(200631849426)"等的资助下,紧密结合港珠澳大桥、西堠门大桥、坝陵河大桥、琼州海峡跨海通道工程等特大型桥梁的抗风设计,在桥梁设计风参数、抗风设计数值分析方法及程序开发、桥梁颤/抖振分析办法、桥梁抗风气动控制措施等方面开展了20余年的研究工作。本书是上述项目部分研究成果的总结,共分8章:第1章为绪论;第2章为桥梁设计风参数;第3章为典型断面桥梁气动参数数据库及抗风性能快速评价;第4章为桥梁气动参数识别的数值风洞技术;第5章为桥梁多模态耦合颤振分析的能量法;第6章为桥梁多模态耦合抖振内力分析的虚拟激励法;

第7章为斜风下桥梁抖振时域分析方法;第8章为桥梁抗风气动控制技术。

在本书的撰写过程中,本人负责全书的统稿、定稿和第1、5、6、7、8章的编写,葛耀君教授负责第2章和第3章的编写、参与第1章的编写,朱乐东教授参与第7章和第8章的编写,刘天成教授级高工负责第4章的编写、参与第1章和第8章的编写,吴宏波教授级高工参与第1章和第3章的编写,赵林教授参与第2章的编写,杨詠昕研究员参与第3章的编写,王秀伟教授级高工参与第5章和第8章的编写。王昆鹏高级工程师、李凯强工程师、许会燕工程师和杨怀茂工程师对书稿进行了仔细的校对,在此表示衷心的感谢!

本书的编写过程中,得到了我的导师项海帆院士、强士中教授、林家浩教授、周述华教授、徐幼麟教授、朱乐东研究员的指导和帮助,得到了赖远明院士、张喜刚设计大师、李守善设计大师、孟凡超设计大师、杨盛福教授级高工、周海涛教授级高工、张劲泉研究员、苏权科教授级高工、徐国平教授级高工、宋辉教授级高工、罗强教授级高工、彭运动教授级高工、邵新鹏教授级高工、梅世龙教授级高工、周平教授级高工、刘波教授级高工、张杰教授级高工、廖海黎教授、李永乐教授、李明水教授、马存明教授、周志勇教授、宋锦忠研究员、陈伟研究员、丁泉顺副研究员、谭潇高级工程师等的大力支持和帮助,在此表示衷心的感谢!

由于作者水平所限,时间仓促,书中不当之处在所难免,敬请读者多提宝贵意见。

2018年6月

目　录

第1章　绪论 ··· 1
　1.1　桥梁风工程研究的兴起 ·· 1
　1.2　特大型桥梁的建设热潮 ·· 3
　1.3　特大型桥梁抗风设计数值化技术 ·· 5
　1.4　特大型桥梁抗风控制技术 ··· 9
　　本章参考文献 ··· 10

第2章　桥梁设计风参数 ·· 11
　2.1　概述 ··· 11
　2.2　平均风统计分析与概率描述 ·· 11
　　2.2.1　极值分布参数估计 ·· 12
　　2.2.2　逐步迭代估计法 ··· 14
　　2.2.3　极值分布拟合优化 ·· 16
　　2.2.4　气象站与桥位风速相关性分析方法 ··· 19
　2.3　脉动风特性与风谱拟合 ·· 21
　　2.3.1　脉动风特性分析 ··· 21
　　2.3.2　近地脉动风特性分析及风谱拟合实例 ·· 23
　　2.3.3　重庆双碑大桥风参数统计分析 ··· 28
　　2.3.4　复杂地貌桥址风环境相关性研究 ·· 31
　　本章参考文献 ··· 38

第3章　典型断面桥梁气动参数数据库及抗风性能评价 ·· 41
　3.1　概述 ··· 41
　3.2　桥梁气动参数数据库架构 ··· 41
　　3.2.1　主梁气动参数数据库 ··· 41
　　3.2.2　桥塔（墩）气动参数数据库 ·· 44

1

3.3 典型断面桥梁抗风性能数值评价 ····· 46
3.3.1 风速计算 ····· 47
3.3.2 风荷载计算 ····· 48
3.3.3 动力特性计算 ····· 49
3.3.4 抗风稳定性验算 ····· 49
3.4 马鞍山长江公路大桥抗风性能数值评价示例 ····· 52
3.4.1 工程简介 ····· 52
3.4.2 桥位边界层风特性 ····· 52
3.4.3 颤振稳定性评价 ····· 53
3.4.4 静风稳定性评价 ····· 54
本章参考文献 ····· 55

第4章 桥梁气动参数识别的数值风洞技术 ····· 56
4.1 概述 ····· 56
4.2 LB方法控制方程及LB并行计算模型 ····· 56
4.2.1 Lattice Boltzmann方程 ····· 56
4.2.2 D2Q9离散模型 ····· 59
4.2.3 LB方法的并行计算过程及并行算法设计 ····· 60
4.3 桥梁结构气动参数数值识别的LB方法 ····· 62
4.3.1 气动力计算方法 ····· 62
4.3.2 特殊边界格式 ····· 63
4.3.3 LB湍流松弛时间模型 ····· 67
4.3.4 LB动网格气弹模拟模型 ····· 71
4.3.5 桥梁结构气动参数的数值识别方法 ····· 75
4.4 桥梁结构数值风洞模拟软件研发 ····· 78
4.4.1 基于面向对象的LB并行计算软件研发 ····· 78
4.4.2 桥梁结构数值风洞模拟软件的计算流场 ····· 79
4.4.3 BridgeFluent软件界面及功能 ····· 79
4.5 典型钝体绕流数值风洞模拟 ····· 82
4.5.1 圆柱绕流数值模拟 ····· 82
4.5.2 方柱绕流数值模拟 ····· 84
4.6 桥梁结构数值风洞模拟 ····· 85
4.6.1 箱形截面梁数值风洞模拟 ····· 85
4.6.2 H形截面梁数值风洞模拟 ····· 94

4.6.3　分体双箱梁数值风洞模拟 99
　　4.6.4　桥塔结构数值风洞模拟 108
　本章参考文献 111

第5章　桥梁多模态耦合颤振分析的能量法 116
5.1　概述 116
5.2　桥梁多模态耦合颤振分析的运动方程 116
5.2.1　桥梁颤振基本方程 116
5.2.2　结构等效自激节点力列向量的计算 117
5.2.3　系统颤振状态空间方程 120
5.3　桥梁多模态耦合颤振分析的能量方法 121
5.3.1　状态向量精细时程积分 121
5.3.2　系统颤振稳定性的能量判别法 121
5.3.3　全桥三维多模态耦合颤振分析 123
5.3.4　颤振分析中几点策略 123
5.4　桥梁多模态耦合颤振分析的程序开发 124
5.4.1　桥梁三维多模态颤振分析中对非线性效应的考虑 124
5.4.2　主梁单元有效攻角的计算 124
5.4.3　多模态颤振分析的流程图 125
5.5　桥梁多模态耦合颤振分析实例 125
5.5.1　英国塞文桥 126
5.5.2　虎门大桥 129
5.5.3　伶仃洋跨海大桥方案 132
5.6　结论 139
　本章参考文献 139

第6章　桥梁多模态耦合抖振内力分析的虚拟激励法 141
6.1　概述 141
6.2　桥梁多模态耦合抖振运动方程 141
6.3　基于虚拟激励法的桥梁多模态耦合抖振内力分析方法 142
6.3.1　保留模态外高频模态拟静力效应的考虑 142
6.3.2　结构抖振内力响应分析的虚拟激励法 143
6.4　桥梁多模态耦合抖振内力分析的程序开发 145
6.4.1　桥梁抖振分析中对非线性效应的考虑 145
6.4.2　主梁单元有效攻角的计算 145

  6.4.3 桥梁多模态耦合抖振内力分析的流程图 ………………………………… 146
 6.5 桥梁多模态耦合抖振内力分析实例 …………………………………………… 147
  6.5.1 西堠门大桥桥塔抖振内力分析 …………………………………………… 147
  6.5.2 青马大桥抖振内力分析 …………………………………………………… 153
 本章参考文献 ………………………………………………………………………… 159

第 7 章 斜风下桥梁抖振时域分析方法 ………………………………………………… 161
 7.1 概述 …………………………………………………………………………… 161
 7.2 基本假定 ……………………………………………………………………… 161
 7.3 斜风下的坐标系及斜片条上的气动力 ……………………………………… 162
  7.3.1 斜风下的坐标系定义 ……………………………………………………… 162
  7.3.2 结构单元斜片条上的气动力定义 ………………………………………… 163
  7.3.3 坐标系之间的转化矩阵 …………………………………………………… 164
  7.3.4 风速分量及方向 …………………………………………………………… 166
 7.4 抖振响应时域分析方法 ……………………………………………………… 166
  7.4.1 斜风作用下桥梁运动控制方程 …………………………………………… 167
  7.4.2 斜风作用下抖振力 ………………………………………………………… 167
  7.4.3 斜风作用下的自激力 ……………………………………………………… 171
  7.4.4 基于 Newmark-β 法的抖振运动方程求解 ……………………………… 175
  7.4.5 斜风作用下桥梁抖振时域分析程序开发 ………………………………… 176
 7.5 香港青马大桥台风森姆期间实测数据 ……………………………………… 177
  7.5.1 香港青马大桥及 WASHMS 系统简介 ……………………………………… 177
  7.5.2 台风森姆数据获取及处理 ………………………………………………… 178
  7.5.3 台风森姆期间主梁加速度实测数据 ……………………………………… 179
 7.6 香港青马大桥抖振响应分析及实测结果对比 ……………………………… 180
  7.6.1 桥梁模型 …………………………………………………………………… 180
  7.6.2 主梁斜片条的气动特性 …………………………………………………… 180
  7.6.3 等效湍流风速的模拟 ……………………………………………………… 182
  7.6.4 主梁加速度响应时程对比 ………………………………………………… 185
 7.7 小结 …………………………………………………………………………… 188
 本章参考文献 ………………………………………………………………………… 188

第 8 章 桥梁抗风气动控制技术 ………………………………………………………… 190
 8.1 概述 …………………………………………………………………………… 190
 8.2 气动翼板控制桥梁颤振的能量机理 ………………………………………… 191

8.2.1 作用在主梁和气动翼板上的气弹自激力 ·· 191
  8.2.2 气流由气动翼板输入系统的能量 ·· 193
  8.2.3 算例 ·· 195
 8.3 气动翼板沿桥跨布置的合理模式 ·· 197
  8.3.1 安装气动翼板的主梁单元气动刚度与阻尼矩阵 ···································· 197
  8.3.2 安装气动翼板的桥梁颤振稳定性分析 ·· 198
  8.3.3 算例 ·· 199
 8.4 青州航道桥初步设计方案抗风性能研究 ·· 200
  8.4.1 桥梁设计方案概况 ·· 200
  8.4.2 结构动力特性分析 ·· 201
  8.4.3 原始方案主梁节段模型颤振性能风洞试验结果 ··································· 201
  8.4.4 原始方案主梁节段模型涡振性能风洞试验结果 ··································· 202
  8.4.5 安装气动翼板的主梁节段模型风洞试验研究 ······································ 203
  8.4.6 气动翼板对阻尼的影响分析 ··· 204
 8.5 坝陵河大桥抗风性能研究 ·· 206
  8.5.1 桥梁设计方案概况 ·· 206
  8.5.2 钢桁加劲梁抗风设计 ··· 207
  8.5.3 结构动力特性分析 ·· 208
  8.5.4 节段模型风洞试验 ·· 208
  8.5.5 斜风作用下的节段模型风洞试验 ·· 210
  8.5.6 全桥气弹模型风洞试验 ·· 213
  8.5.7 极端气候环境下的大桥抗风安全性能 ·· 216
 8.6 琼州海峡公路桥梁方案抗风性能研究 ··· 220
  8.6.1 琼州海峡公路桥梁方案及抗风设计风参数 ··· 220
  8.6.2 结构动力特性分析 ·· 221
  8.6.3 主梁节段模型风洞试验研究 ··· 223
  8.6.4 分体式钢箱梁的格栅结构涡振控制机理 ·· 227
 8.7 主动气动控制翼板研究 ··· 228
  8.7.1 作用在整个主梁单位长度上的气弹自激力 ··· 229
  8.7.2 翼板主动扭转振动参数的选取 ··· 231
  8.7.3 算例 ·· 234
 本章参考文献 ··· 236
索引 ··· 239

第1章 绪 论

1.1 桥梁风工程研究的兴起

1940年11月7日,美国华盛顿州建成才4个月的旧塔科马大桥(主跨853m)在风速不到20m/s的八级大风作用下发生强烈的风致振动,桥面经历了70min振幅不断增大的反对称扭转振动,当桥面的1/4点达到±35°的扭转角时,吊索开始被逐根拉断,最终导致桥面折断并坠落到峡谷中(图1.1-1)。旧塔科马大桥的风毁事件震惊了当时的桥梁工程界,并促使了一门新兴的边缘分支学科——桥梁风工程学的形成和发展。

图1.1-1 旧塔科马大桥的风毁

在旧塔科马大桥风毁之前的很长时间内,人们都把风对结构的作用看成是一种风压所形成的静力作用,在设计中仅考虑静风荷载的作用。然而,在为调查事故原因而收集有关桥梁风毁的历史资料中,人们发现从1818年起,至少已有11座悬索桥毁于强风,如表1.1-1所示。而且从目击者所描述的风毁现象中可以明显感觉到,事故的大部分原因是风引起的强烈振动,虽然对于这种风致振动的机理在发生风毁现象当时还不能作出科学的解释。

遭风毁的桥梁 表 1.1-1

风毁年份	桥　　名	桥址(现所属国家)	主跨(m)	设　计　者
1818	Dyburgh Abbey	英国	79	John&William Smith
1821	Union	英国	137	Sir Samuel Brown
1834	Nassau	德国	75	Lossen&Wolf
1836	Brighton Chair Pier	英国	78	Sir Samuel Brown
1838	Montrose	英国	132	Sir Samuel Brown
1839	Menai Strait	英国	177	Thomas Telford
1852	Roche-Beruard	法国	195	Le Blanc
1854	Wheeling	美国	308	Charles Ellet
1864	Lewiston-Queenston	美国	317	Edward Serrell
1889	Nigara-Clifton	美国	384	Samuel Keefer
1940	Tacoma Narrows	美国	853	Leon Moisseiff

随着现代桥梁技术的不断发展,桥梁跨度越来越大,结构越来越柔,风致振动已成为桥梁建设的关键技术问题,引发了学者们对风致振动问题的研究热潮。大量研究表明,大气边界层自然风对桥梁结构的作用受到风的自然特性、桥梁结构的动力特性和风与桥梁结构的相互作用特性三方面的影响,是一种非常复杂的自然作用。从工程设计的角度一般可以将风对桥梁的作用分解为静力作用和动力作用。其中,风的静力作用将激发桥梁发生扭转发散、横向屈曲等静风稳定性问题,并将引起静风内力与位移等静风荷载效应;风的动力作用将激发桥梁发生颤振失稳、驰振失稳等风振稳定性问题,激发桥梁产生涡激共振,并将引起结构产生抖振内力与位移等风振荷载效应。因此,大跨度桥梁抗风设计主要包括静风稳定性设计与验算、静风荷载效应设计与计算、风振稳定性设计与验算、涡振幅值和内力验算、风振荷载效应设计与计算,如表 1.1-2 所示。

风对桥梁的作用及抗风设计内容 表 1.1-2

风荷载作用分类	风荷载效应分类	桥梁抗风设计分类
静力作用	扭转发散和横向屈曲	静风稳定性验算
	静风内力与位移	静风荷载效应计算
动力作用	颤振、驰振	风振稳定性验算
	涡振	涡振幅值和内力验算
	抖振内力与位移	风振荷载效应计算

概括来说,以 20 世纪 60 年代桥梁颤振和抖振理论为奠基,经过国内外重大工程实践的不断补充和完善,这些基于准定常假设、线性和频域的分析方法以及通过节段模型风洞试验识别气动参数和全桥模型试验进行检验的方法可以基本满足一般大跨度桥梁的抗风设计要求。少数特大跨度的桥梁则需要考虑采用跟踪变形的非线性时域分析。但随着 21 世纪跨越海峡、外

海的超级工程的规划开展,以及计算机技术的迅猛提升,精细化的理论和方法、数值化技术和控制技术已成为抗风研究的新热点。

1.2 特大型桥梁的建设热潮

桥梁是跨越江河湖海、深沟峡谷等障碍的人工构筑物,是交通基础设施互联互通的关键节点和枢纽工程,是国民经济发展和社会活动安全的重要保障。20世纪以来,为适应区域经济的快速发展,世界各国都在致力于建立更加快速、便捷的陆路交通网络,相继建成了一批代表性的跨海特大型桥梁,如:北美洲的金门大桥、诺森伯兰海峡大桥、奥克兰海湾桥、切萨皮克跨海通道,欧洲的大贝尔特桥、厄勒海峡大桥、博斯普鲁斯海峡大桥,南美洲的尼特罗伊跨海大桥、马拉开波大桥,亚洲的本州—四国岛联络线系列跨海大桥、巴林—沙特阿拉伯跨海大桥、马来西亚槟城二桥、马尔代夫中马友谊大桥等。

改革开放以来的40年是中国桥梁建设发展的黄金时期,在学习引进国外先进技术的基础上,我国坚持走自主建设和创新发展的道路,经历了20世纪80年代的学习与追赶、90年代的跟踪与提高,当前正处于21世纪以来的创新与超越发展阶段,建设了一大批结构新颖、技术复杂、设计施工难度大、现代化水平和科技含量高的跨海、跨江和跨越深山峡谷的特大型桥梁(图1.2-1)。在世界已建或在建的桥长排名前十的斜拉桥、悬索桥、跨海大桥中(表1.2-1~表1.2-3),我国占据着半壁江山,这也标志着我国桥梁建设水平已跨入世界先进行列。

a) 港珠澳大桥

b) 西堠门大桥

c) 苏通大桥

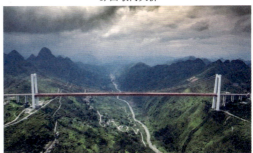
d) 坝陵河大桥

图1.2-1 我国已建成的典型跨海、跨江和山区峡谷特大型桥梁

世界上已建或在建的主跨前十名斜拉桥列表　　　　　　　　　　表1.2-1

排名	桥　名	国　家	主跨（m）	建成年份
1	俄罗斯岛大桥	俄罗斯	1 104	2012
2	沪通大桥	中国	1 092	在建
3	苏通大桥	中国	1 088	2008
4	昂船洲大桥	中国	1 018	2009
5	武汉青山长江大桥	中国	938	在建
6	鄂东长江大桥	中国	926	2010
7	嘉鱼长江公路大桥	中国	920	在建
8	多多罗大桥	日本	890	1999
9	诺曼底大桥	法国	856	1995
10	池州长江大桥	中国	828	在建

世界上已建或在建的主跨前十名悬索桥列表　　　　　　　　　　表1.2-2

排名	桥　名	国　家	主　跨（m）	建成年份
1	明石海峡大桥	日本	1 991	1998
2	南京仙新路大桥	中国	1 760	在建
3	六横大桥双屿门大桥	中国	1 756	在建
4	杨泗港大桥	中国	1 700	在建
5	虎门二桥坭洲航道桥	中国	1 688	2019
6	深中通道伶仃洋航道桥	中国	1 666	在建
7	西堠门大桥	中国	1 650	2009
8	大贝尔特桥	丹麦	1 624	1998
9	伊兹米特大桥	土耳其	1 550	2017
10	光阳大桥	韩国	1 545	2012

世界上已建或在建的桥长前十名跨海大桥列表　　　　　　　　　　表1.2-3

排名	桥　名	国　家	全　长（km）	建成年份
1	港珠澳大桥	中国	50	2018
2	杭州湾大桥	中国	36	2008
3	青岛海湾大桥	中国	35.4	2011
4	东海大桥	中国	32.5	2005
5	巴林—沙特阿拉伯跨海大桥	巴林	25	1986
6	舟山大陆连岛工程	中国	25	2009
7	深中通道工程	中国	24	在建
8	赤壁湾大桥	美国	19.7	1964
9	大贝尔特桥	丹麦	17.5	1997
10	厄勒海峡大桥	丹麦/瑞典	16	2000

随着经济全球化和区域经济一体化进程的加速，世界各国都在加快规划研究更加宏伟的跨越海湾、连接岛屿与大陆的跨海交通工程，全球进入了建设跨海工程的新时期。在国际上已规划多年的一些著名跨海通道工程包括意大利墨西拿海峡、直布罗陀海峡（图1.2-2）、白令海峡、费曼海峡、英伦二岛、挪威沿海诸岛、巽他海峡等。

在我国,随着交通建设适应经济快速发展的需要、以及国家重大发展战略的实施,未来跨海长大桥梁将陆续修建,而复杂恶劣的建设条件和较高的通航标准对桥梁跨径提出了迫切需求。跨越琼州海峡(表1.2-4、图1.2-3)、渤海海峡、台湾海峡等的巨型跨海大桥规划已经提上日程。目前,深中通道工程、六横跨海大桥等一大批国家重大工程已开工建设。

图1.2-2 直布罗陀海峡通道工程桥梁方案

琼州海峡通道工程通航孔设计要求 表1.2-4

通航孔	通航规模(t)	按照"国际桥梁与结构工程协会建议办法"计算所得通航孔净空宽度	
		单孔单向通航(m)	单孔双向通航(m)
中通航孔	300 000	1 270	2 650
北通航孔	50 000	950	1 970
南通航孔	50 000	950	1 970

图1.2-3 琼州海峡通道工程公路桥梁方案

1.3 特大型桥梁抗风设计数值化技术

随着新型材料的发展、设计和施工技术的进步,现代桥梁的跨径越来越大,结构的刚度越来越小,阻尼越来越低,而且断面形式复杂多样,增加了其对风的敏感性。气动弹性问题已成为现代特大型桥梁设计的重要控制因素之一。

现有桥梁抗风设计理论与方法通常基于试验识别的定常或非定常气动参数进行特大型桥梁抗风设计计算,物理试验特别是风洞试验是主要的设计研究手段。通过风洞试验能够直接检验桥梁结构的静风稳定和风振稳定性能,也可以获取桥梁结构的一些关键气动参数以满足理论计算的需要。桥梁结构抗风设计中普遍采用的风洞试验包括节段模型测力试验、节段模型测振试验、桥塔气弹模型试验和全桥气弹模型试验。但是,风洞试验费用较高且周期较长,在结构前期设计阶段,桥梁结构断面形式通常需要经过反复比选、修改和完善,此时采用风洞试验方法灵活性和经济性相对较差。

随着风致振动机理研究的不断深入、数值计算方法的逐步完善和计算机性能的不断提高,数值计算技术得到了迅速发展和广泛应用。作为数学及计算机技术实现其在高技术领域中应用的必不可少的纽带和工具,数值计算技术已经成为理论研究和物理试验之外的第三种科学手段。一方面,许多重大的科学技术问题无法求得其理论解析解,也难以应用物理试验手段,却仍可以进行数值计算。另一方面,在科学和工程的许多领域,数值计算可被用来取得重大的研究成果或完成高度复杂的工程设计,为科学研究与工程设计提供新的技术手段和理论基础。

(1) 特大型桥梁桥位自然风参数的统计分析方法

目前,沿海和平原地区风参数的研究已比较成熟,而西部山区桥梁风参数的研究工作刚刚起步。与沿海和平原地区风速相比,山区峡谷阵风强烈、频繁,湍流强度大,非平稳特性突出,风速场空间分布复杂且表现为显著的三维特征(图 1.3-1、图 1.3-2)。我国现有抗风规范还不能涵盖西部地区典型工程场地内陆季风特性和山区风环境中越山风、峡谷风和遮挡效应等作用下的风速、风向、阵风因子、风剖面曲线、风谱函数和湍流特性等参数,而这些参数是特大型桥梁工程设计与施工的重要控制参数。例如,在四渡河大桥、北盘江大桥、坝陵河大桥等建设中,结合工程进行了桥位处山区风环境现场实测或地形模型风洞试验的一些探索性研究,尽管发展了多种预测分析理论方法,但由于对于问题的认知程度不同,各类方法所得结论往往大相径庭。为此,急需开展西部地区典型工程场地条件下特大型桥梁桥位自然风参数的统计分析

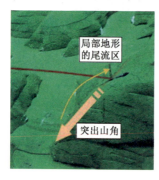
图 1.3-1 桥塔附近形成尾流区

图 1.3-2 越山风对桥位风特性的影响示意图

方法研究,为特大型桥梁抗风设计提供更加合理的风环境设计参数。

(2) 典型断面桥梁抗风性能快速评价方法

风洞试验方法已在大量的重大桥梁工程建设中成功应用,是进行桥梁结构抗风设计,特别是进行抗风稳定性能分析评价的重要手段。但是,其费用较高、周期较长的缺点也比较明显,在大跨度桥梁工可研究阶段、投标阶段和初步设计阶段等结构前期设计阶段,桥梁结构断面形式通常需要经过反复比选、修改和完善,对每一个设计方案都采用风洞试验的方法确定抗风性能,其灵活性和经济性相对较差。同时,迄今为止,通过前期已进行的桥梁风洞试验,积累了大量的试验参数和试验结果,但这些试验结果比较零散,缺乏总结和归纳。

因此,有必要对已完成的大跨桥梁风洞试验的试验结果进行合理地整理、总结和归纳,建立和完善大跨桥梁抗风性能参数的数据库系统,并研发典型断面桥梁抗风性能评价软件。这样,桥梁设计师就能够在桥梁结构前期设计阶段,利用建立的大跨桥梁抗风性能风洞试验数据库来初步确定不同方案桥梁结构的气动参数,分析评价桥梁方案的抗风性能。

(3) 桥梁气动参数识别的数值风洞技术

随着风致振动机理研究和计算机技术的进步,用计算流体动力学(CFD)对桥梁风工程问题进行研究,已被证明是一种十分有效且有巨大前景的数值模拟手段。然而,桥梁结构物在气流中表现为具有尖边的钝体形状,钝体周围的流场非常复杂,包括撞击、分离、再附、环流和旋涡等现象,至今为止钝体绕流的数值模拟仍然是现代流体力学发展的一个极具挑战性问题。并且,桥梁结构风工程研究也有其独特的特点:一是桥梁周围的流动通常是高雷诺数非定常湍流流动,所得结果不仅仅局限于时间平均值;二是桥梁在风作用下的变形和运动不可忽略,桥梁和周围空气的流固耦合效应是风效应研究中的重要内容,如颤振、涡振、抖振和驰振等都是桥梁和周围气流相互作用的结果,这类流固耦合问题也是 CFD 研究的难点之一。

近年来,为了解决流体中的复杂问题,人们又从微观或细观世界来考虑,发展起了一类全新的、不从连续介质概念出发的完全离散的流体力学计算模型——"格子法",它包括格子气自动机(Lattice Gas Automata,LGA)和格子玻尔兹曼方法(Lattice Boltzmann)等。但是,基于微观分子运动理论的桥梁结构气动弹性模拟方法在国内外桥梁风工程研究中仍然处于空白状态。因此,有必要从分子运动论的细观角度来探讨桥梁风工程数值计算的新途径,通过对现有理论的分析和拓展,根据桥梁结构风工程研究的特点,建立适宜于桥梁结构绕流模拟的方法,研发相应的桥梁结构数值风洞模拟软件,并对实际桥梁工程的气动参数进行数值识别,对一些气弹问题进行深入的探讨。

(4) 特大型桥梁多模态耦合颤振稳定性分析

颤振是由于自激力引起的一种气动力失稳现象,当结构由于自身的运动从气流中吸收的能量大于结构阻尼所耗散的能量时,其振动幅度不断增大,从而会对桥梁产生灾难性后果(图 1.3-3)。自 1940 年美国旧 Tacoma 桥因颤振失稳毁坏以来,桥梁颤振与颤振控制措施的研究一直是桥梁风工程研究的重点。桥梁发生颤振时,气流主要通过主梁将能量输入振荡的结构,且结构的振动形态主要是弯扭模态间的耦合振动。

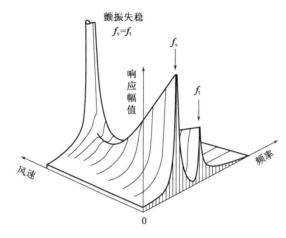

图 1.3-3　桥梁弯扭颤振的发散机理

区分结构颤振稳定与不稳定的主要是初始状态或起动状态。所以,长期以来以线弹性理论为基础的多模态颤振分析法一直处于主导地位。在桥梁颤振分析方法中,一般以颤振临界风速和颤振频率的预测为主要目标,对多模态耦合机理的研究大多局限于对弯扭模态间的幅值比、相位差和模态振型相似性等方面,而从颤振发生的本质——能量反馈这一角度进行研究讨论的文献还很少。因此,需要从能量反馈的角度开展桥梁多模态耦合颤振分析方法研究,揭示桥梁颤振失稳的物理机理。

(5)特大型桥梁多模态耦合抖振内力分析

桥梁抖振是在脉动风作用下的一种随机振动现象,抖振内力响应是特大型桥梁抗风设计的重要方面。目前,对桥梁抖振内力响应分析通常采用等效静力抖振荷载方法和随机振动方法。对于大跨桥梁而言,由于等效静力抖振荷载计算方法很难考虑抖振惯性力等因素的影响,因而对分析结果产生很大的偏差。随着计算机技术和计算方法的改进,直接采用随机振动理论预测桥梁抖振内力响应的方法逐渐受到重视。随机振动方法计算结构抖振位移、加速度和内力响应等均在随机振动理论的统一框架下进行,而且便于考虑多阶模态间的耦合影响。同时,传统随机振动方法在计算结构单元抖振内力响应时也存在以下缺陷:一是传统随机振动方法考虑了保留多模态耦合产生的单元抖振内力响应,忽略了高频模态对单元抖振内力响应的贡献;二是传统随机振动方法考虑了单元杆端位移产生的单元杆端力,但没有计入单元上分布荷载产生的单元固端力影响。为了满足大跨桥梁设计的需求,有必要研究出高效实用的抖振内力分析方法。

(6)斜风作用下桥梁抖振响应分析

桥梁抖振响应的预测对于大跨桥梁的设计、施工和结构健康监测都具有十分重要的意义。

目前,国内外大多数抖振分析中都假定来风沿桥跨的法向袭击大桥,并认为此时为桥梁的抖振响应最大。大跨桥梁的现场实测结果表明,在大风期间,平均风的方向通常以一个较大的偏角偏离桥跨的法向。许多风洞实验结果也进一步显示:大跨度桥梁在斜风作用下的抖振响应幅度可以达到甚至超过同等风速法向风作用下的响应值。因此,为了更好地预测大跨桥梁的抖振响应以及与现场测量结果的合理比较,需要寻求适当的分析方法来对斜风作用下的大跨桥梁进行抖振响应预测。

1.4 特大型桥梁抗风控制技术

随着桥梁跨径的不断增大,结构刚度和阻尼显著下降,结构对风的作用十分敏感,颤振将成为控制特大型桥梁安全的关键问题。由于颤振是在结构惯性力、阻尼力、弹性力和自激气动力共同作用下所发生的一种空气动力失稳现象,结构惯性力、阻尼力和弹性力取决于结构本身的动力特性,而自激气动力主要与结构断面的气动外形有关。因此,改善桥梁颤振性能主要可以从两个方面入手,即改善结构动力性能和改善断面气动性能。

改善结构动力性能方面主要包括提高结构刚度、干扰振动形态和增加结构阻尼等途径。对于大跨度悬索桥而言,其大部分或绝大部分刚度是由主缆提供的,仅靠提高加劲梁的刚度往往无法满足需要,因此可以通过合理地改变主缆体系、设置辅助拉索等结构措施来改善桥梁的颤振稳定性。然而,这些措施将给桥梁的结构设计、施工和养护带来较大难题,使得其在工程实践中较少应用。

因气流主要通过主梁将能量输入振荡的桥梁结构,所以通过改变主梁的气动外形或者通过在主梁上安装小的附属构件的气动措施是大跨桥梁颤振控制研究的重点。常用的气动措施有设置风嘴、加导流板或抑流板、绕流板、中央稳定板和断面设置开槽等。坝陵河大桥采用气动翼板方案,见图1.4-1;主跨1650m的西堠门大桥采用了分体式钢箱梁,见图1.4-2。目前,颤振控制措施的定量控制效果和颤振控制机理的研究还不够完善,还不能有效地指导工程实践。因此,亟需研发实用有效的气动控制措施,并开展颤振控制机理的系统研究。

图1.4-1 坝陵河大桥采用气动翼板

图1.4-2 西堠门大桥采用分体式钢箱梁

本章参考文献

[1] 项海帆.21世纪世界桥梁工程的展望[J].土木工程学报,2000,33(3).

[2] 项海帆,等.现代桥梁抗风理论与实践[M].人民交通出版社,2005.

[3] 伊藤学,川田忠树.超长大桥梁建设的序幕:技术者的新挑战[M].人民交通出版社,2002.

[4] 陈政清.桥梁风工程[M].人民交通出版社,2005.

[5] 张喜刚,陈艾荣,等.苏通大桥设计与结构性能[M].人民交通出版社,2010.

[6] 葛耀君.大跨度悬索桥抗风[M].人民交通出版社,2011.

[7] 奚绍中.大跨度桥梁和高层建筑抗风研究[M].西南交通大学出版社,1995.

[8] 宋晖,沈旺,王昌将,等.西堠门大桥建设关键技术[M].人民交通出版社,2015.

[9] 刘高.大跨悬索桥颤振分析理论及控制措施研究[D].西南交通大学,2000.

[10] 刘天成.桥梁结构气动弹性数值计算的Lattice Boltzmann方法[D].同济大学,2007.

[11] Scanlan R H, The action of flexible bridges under wind, I: flutter theory. Journal of Sound and vibration, 1978, 60(2), 187-199.

[12] Davenport A G. Buffeting of a suspension bridge by storm winds. J. Structural Division, ASCE, 1962, 88 (ST3), 233-268.

[13] Allan Larsen. Aerodynamic Stability and Vortex Shedding Excitation of Suspension Bridges[C]. The 4th International Conference on Advances in Wind and Structures (AWAS'08), Jeju, Korea, 2008: 115-128.

[14] Agar T J A. Aerodynamic flutter analysis of suspension bridges by a modal technique[J]. Engineering Structures, 1989, 11(2):75-82.

[15] Fabio Brancaleoni, Giorgio Diana, Ezio Faccioli. The Messina Strait Bridge – A challenge and a dream[M]. Boca Raton: CRC Press/Balkema, 2009.

第 2 章 桥梁设计风参数

2.1 概 述

风是由大气中压力不均匀性引起的宏观空气运动,这种不均匀的压力分布主要是由太阳辐射作用形成的地球表面能量交换引起的,因此风的主要驱动力来自太阳辐射能。科学家已经认识到风是典型的随机过程,气象上常说的风速是统计意义上的平均风速。

平均风速的定义建立在一定时间长度(时距)的基础上,根据不同工程背景或者规范,平均风速时距可取 3s、2min、10min、30min、1h 不等。平均风以平均风压作用在结构上,是静风荷载的重要组成部分;另外,平均风在结构周围形成特征湍流,气固耦合作用激起结构的动风荷载;对于柔性结构,这种耦合作用还会激起某种形态的振动,如涡振、驰振或者颤振。平均风速特性包括:①主要与地形地貌相关的空间分布特性,即常说的风速剖面,平均风速的空间分布不仅包括垂直分布,在复杂的地形条件下还应该包括水平分布,其特性在山区或者城市等各向异性地形环境中尤其重要;②主要与长期气候特征相关的概率分布特性。

在平均风速时距的时段内,高频采样风速-时间序列抽去该时段平均的或者稳态的风速信号,剩余的成分即是脉动风速-时间序列。对于刚度较大的结构,脉动风以脉动风压作用在结构上。对于柔性结构而言,脉动风以湍流的形式影响气固耦合作用激起结构的动风荷载或者振动。脉动风速特性主要包括:①统计特性;统计特性从宏观上描述脉动风速的强度(如湍流强度和阵风因子)、边界层的输运特征(如摩阻速度和雷诺应力)、边界层的稳定性(如 Mnoin-obukhov 尺度)以及脉动风速包含的湍流涡旋平均尺度(积分尺度);②谱特性;谱特性主要反映脉动风速能量在不同频率段上的分布,通常用自功率谱密度函数描述,三个脉动风速分量之间的互功率谱密度函数又反映了不同分量之间的相关性与频率的关系;③相关性:用来描述空间两点之间脉动风速的一致性程度,所用的数学模型通常为相关函数,或者相关系数。

2.2 平均风统计分析与概率描述

估算工程场地重现期内的极值风速是工程抗风设计的首要任务。在回顾平均风概率分析的基础上,结合概率曲线相关系数法和极大似然参数估计法,本书提出一种高效、强稳定性的统计分析方法——逐步迭代估计法,从而充分发挥极大似然估计法的高效性和概率曲线相关系数法适用于较少样本数的优点,并由此建立结合概率曲线相关系数的极值分布非线性方程的求解策略,有效克服了求解极值Ⅱ、Ⅲ型分布参数时不收敛的问题。针对自然风速并不严格地满足平稳过程假设,以及由于样本数据的来源不同和极值分布参数估计方法各异,导致风速母体分布及样本极值渐近分布拟合的结论不尽相同等问题,以 Monte-Carlo 数值模拟为技术手段,研究了多种风速母体分布下具有普遍适用性的极值风速拟合策略。

2.2.1 极值分布参数估计

设 $X_1, X_2, \cdots, X_n$ 为随机变量 ξ 的一个简单随机样本,则样本的最大值 $X_{\max} = \max\{X_1, X_2, \cdots, X_n\}$ 及最小值 $X_{\min} = \min\{X_1, X_2, \cdots, X_n\}$ 都是随机变量。设样本极大值分布函数为 $F_{\max}(x)$,当变量 $X_i(i=1,2,\cdots,n)$ 相互独立且具有相同的原始分布 $F(x)$ 时,样本的最大值 $X_{\max} = \max\{X_1, X_2, \cdots, X_n\}$ 分布函数为:

$$F_{\max}(x) = [F(x)]^n \tag{2.2-1}$$

当原始分布函数 $F(x)$ 已知时,$F_{\max}(x)$ 是样本极值的确切分布。但在实际应用中,随机变量的原始分布往往是未知的,为了求得未知原始分布样本的极值分布,必须考虑 $n \to \infty$ 时极值分布函数的情况,即极值渐近分布,简称极值分布。

2.2.1.1 极值分布类型

无论随机变量的原始分布具有何种形式,如果极大值渐近分布存在,都可以以下三种分布类型描述:

(1)极值Ⅰ型(Gumbel)分布:

$$F_G = \exp\left[-\exp\left(-\frac{x-b}{a}\right)\right] \tag{2.2-2}$$

(2)极值Ⅱ型(Frechet)分布:

$$F_F = \exp\left[-\left(\frac{x-b}{a}\right)^{-\gamma}\right] \tag{2.2-3}$$

(3)极值Ⅲ型(Weibull)分布:

$$F_W = \exp\left[-\left(-\frac{x-b}{a}\right)^{\gamma}\right] \tag{2.2-4}$$

式中:a——尺度参数;

b——位置参数;

γ——形状参数。

如果年最大风速 x 超过 x_T 的强风平均 T 年发生一次,则 T 称为风速 x_T 的重现期。由于年最大风速相互独立,因此 $x \geq x_T$ 事件的发生可看作贝努利试验,那么当 $n-1$ 年未发生强风,但在第 n 年发生时,则事件的概率密度函数为:

$$f_N(1, n-1) = p(1-p)^{n-1} \tag{2.2-5}$$

式中:p——每年发生大风的概率。

由于风速重现期 T 是发生一次大风时间间隔 N 的期望值,故:

$$T = E(N) = \sum_{n=1}^{\infty} n f_N(1, n-1) = \frac{1}{p} = \frac{1}{1 - F(x_T)} \tag{2.2-6}$$

式(2.2-6)表明,对于确定的极值分布函数 $F(x_T)$,可求得任意重现期 T 内的风速期望值 x_T。

2.2.1.2 概率曲线相关系数方法(PPCC 参数估计理论)

由于风速观测数据一般数量较少,本书采用可用于较小样本的概率曲线相关系数检验方法。概率曲线相关系数定义为:

$$\gamma_D = \frac{\sum_{i=1}^{n}(X_i - \bar{X})[M_i(D) - \bar{M}(D)]}{\sqrt{\sum_{i=1}^{n}(X_i - \bar{X})^2 \sum_{i=1}^{n}[M_i(D) - \bar{M}(D)]^2}} \tag{2.2-7}$$

式中:$\bar{X} = \frac{1}{n}\sum_{i=1}^{n} X_i$;

$\bar{M}(D) = \frac{1}{n}\sum_{i=1}^{n} M_i(D)$;

n——样本容量;

D——待检验的概率分布;

X_i——原样本重新按序排列;

$M_i(D)$——序列中第 i 个最小值分布的中值。

2.2.1.3 极大似然参数估计

依据极大似然原理,可推导出三种极值分布极大似然参数估计公式。

(1)极值 I 型极大似然参数估计公式:

$$\sum_{i=1}^{n} x_i \exp\left(-\frac{x_i}{\hat{a}}\right) - (\bar{x} - \hat{a})\sum_{i=1}^{n}\exp\left(-\frac{x_i}{\hat{a}}\right) = 0 \tag{2.2-8}$$

$$\hat{b} = -\hat{a}\ln\left[\frac{1}{n}\sum_{i=1}^{n}\exp\left(-\frac{x_i}{\hat{a}}\right)\right] \tag{2.2-9}$$

(2) 极值Ⅱ型极大似然参数估计公式：

$$\sum_{i=1}^{n}(x_i - \hat{b})^{-(\gamma+1)} - \frac{\gamma+1}{n\gamma}\sum_{i=1}^{n}(x_i - \hat{b})^{-\gamma}\sum_{i=1}^{n}(x_i - \hat{b})^{-1} = 0 \quad (2.2\text{-}10)$$

$$\hat{a} = \left[\frac{1}{n}\sum_{i=1}^{n}(x_i - \hat{b})^{-\gamma}\right]^{-\frac{1}{\gamma}} \quad (2.2\text{-}11)$$

(3) 极值Ⅲ型极大似然参数估计公式：

$$\sum_{i=1}^{n}(\hat{b} - x_i)^{\gamma-1} - \frac{\gamma-1}{n\gamma}\sum_{i=1}^{n}(\hat{b} - x_i)^{\gamma}\sum_{i=1}^{n}(\hat{b} - x_i)^{-1} = 0 \quad (2.2\text{-}12)$$

$$\hat{a} = \left[\frac{1}{n}\sum_{i=1}^{n}(\hat{b} - x_i)^{\gamma}\right]^{\frac{1}{\gamma}} \quad (2.2\text{-}13)$$

极值Ⅰ型由式(2.2-8)、式(2.2-9)可直接进行参数估计；对于极值Ⅱ、Ⅲ型，应先确定形状参数 γ，而 γ 取值应满足概率曲线相关系数 γ_D 渐近于 1 的原则，最优的 $\hat{\gamma}$ 值应使 γ_D 取得最大值，即：

$$\gamma_{D,\max} = f(\hat{\gamma}) \quad (2.2\text{-}14)$$

在计算中常会遇到两个困难。首先，γ_D 随 γ 单调递增，因而不存在可使相关系数 γ_D 取最大值的 $\hat{\gamma}$ 值，表现为 γ 值上溢；其次，满足式(2.2-14)的 $\hat{\gamma}$ 值代入式(2.2-10)~式(2.2-13)中无法求得估计参数，表现为极大似然法失效。为避免上述问题，采用多种折中策略，如简化极值分布的待定参数法、矩法、与经验概率曲线拟合的最小二乘法等，但这些方法又存在误差较大的问题，有必要进一步改进参数估计方法的精度。

2.2.2 逐步迭代估计法

本书结合概率曲线相关系数法和极大似然参数估计法，提出了一种新的参数估计方法——逐步迭代估计法，从而解决参数估计中溢出及失效的问题，充分发挥极大似然法的最优估计效率。以某地区气象站实测数据计算并绘制出极值分布形状参数 γ 与概率曲线相关系数 γ_D 的函数关系(取 N、NNE、NE 和 ENE 4 个方向)，如图 2.2-1 所示。从图中可知，当形状参数 γ 足够大时，相关系数 γ_D 递增趋缓，维持在接近于 1 的水平。

图 2.2-2 进一步描述了相关系数斜率与形状参数之间变化关系。由此可知，随着形状参数 γ 增加，相关系数斜率有渐近于 0 的趋势，因此并不存在所谓的相关系数最大值，须修正判定形状参数 γ 的准则。

引用图 2.2-2 中曲线斜率 K 来表示相关系数 γ_D 接近于 1 的水平，可定义斜率系数 K 取值范围为：$0.0001 \leq K \leq 0.01$。当 $K = 0.01$ 时，形状参数 γ_b 定义为概型检验的 γ 值下限；$K = 0.0001$ 时，形状参数 γ_u 定义为概型检验的 γ 值上限。求解极值Ⅱ、Ⅲ型参数 a、b 和 γ 的逐步迭代步骤如下：

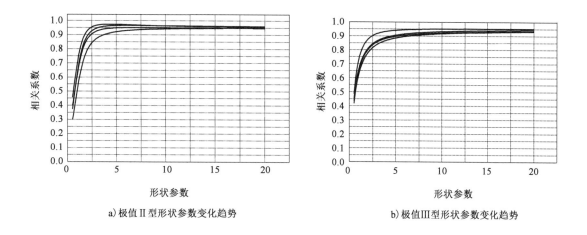

图 2.2-1　概率曲线相关系数与极值分布形状参数关系曲线

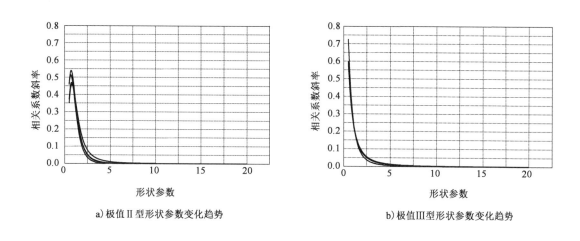

图 2.2-2　概率曲线相关系数斜率与极值分布形状参数关系曲线

(1) 计算形状参数 γ 值下限：在 $1 \leq \gamma \leq 100$ 区间范围内，以 $\Delta\gamma_1 = 0.5$ 为迭代步长，利用式(2.2-7)计算概率曲线相关系数 γ_D 及斜率 K，当 $K \leq 0.01$ 时，取形状参数 γ_b 为概型检验的 γ 值下限；

(2) 将形状参数 γ_b 代入式(2.2-10)~式(2.2-13)，在给定的参数区间 $[b_1, b_2]$ 内，由牛顿迭代法计算估计参数 $\hat{b}$；

(3) 失效判断：对于极值Ⅱ型，若 $\hat{b} > x_i(i = 1, \cdots, n)$，或对于极值Ⅲ型，若 $\hat{b} < x_i(i = 1, \cdots, n)$，则判定在给定的形状参数 γ_b 条件下，极大似然法失效；

(4) 若求解失效，取 $\gamma'_b = \gamma_b + \Delta\gamma_2$，$\Delta\gamma_2 = 0.05$ 为迭代步长，重新开始第(2)步计算；

(5) 若求解成功，则可求得对应于形状参数 γ'_b 的参数 a 和 b，此时 γ'_b 称为可接受的 γ 值下限,继续迭代亦可求得可接受的 γ 值上限。

通常情况,可接受的 γ 值区间介于 $\gamma_{K=0.01}$ 和 $\gamma_{K=0.0001}$ 之间。这就解释了在给定的取值范围内,可使相关系数取最大值的 $\gamma_{K=0.0001}$ 并不一定能求解出参数 a、b 的原因。

2.2.3 极值分布拟合优化

以下通过 Monte-Carlo 数值模拟从更广泛的范围探讨具有普遍适用性的风速极值分布拟合策略及估算重现期内极值风速的方法。

基于极值理论和现有风速母样分布的研究成果,定义风速母样分布为:指数分布、正态分布、瑞利分布、极值Ⅰ型分布、极值Ⅱ型分布、极值Ⅲ型分布。

以日最大风速作为样本,生成 1956 年 1 月 1 日至 1996 年 12 月 31 日的容量为 13 880 的 6×20 组样本。具体方法是,用乘同余法产生 13 880 个 $[0,1]$ 区间均匀分布的伪随机数 ξ_i,再由逆变换方法分别转换成满足风速母体分布的伪随机数 x_i。

$$x_i = F^{-1}(\xi_i) \tag{2.2-15}$$

式中:F——风速的母体分布。

假定极值风速风向服从 16 个方向的随机同分布,第 i 方向年最大抽样数按下式计算:

$$N_{\max} = S/D = 365/16 \approx 24 \tag{2.2-16}$$

式中:S——年极值风速数目;

D——风向数。

计算结果表明按半月抽样为最大抽样。因此,运用基于阶段极值采样法的逐步迭代估计法,按一年、半年、一季、一月、半月采样分别对母样分布进行参数估计。参照实测风速数据拟合结果(葛耀君,1997),可设定母样分布参数如表 2.2-1 所示。

极值风速母样分布参数　　　　表 2.2-1

分布类型	极值Ⅰ型		极值Ⅱ型			极值Ⅲ型			正态分布		指数分布	瑞利分布
分布参数	a	b	a	b	γ	a	b	γ	μ	σ	λ	σ
均值	2.29	8.90	10.76	-3.08	9.67	24.10	30.72	14.96	16.26	3.47	0.32	7.07
均方差	1.23	3.12	3.82	2.21	3.52	1.72	0.71	5.55	4.82	1.98	0.04	1.22

定义相对误差 err 来衡量逐步迭代参数估计法对母样的拟合优度:

$$err = \frac{1}{n}\sum_{i}^{n} | (x_{in} - \hat{x}_{in})/x_{in} \times 100\% | \tag{2.2-17}$$

式中:x_{in}——排序后的第 i 个观察值;

$\hat{x}_{in}$——由估计参数推算的相应于第 i 点经验概率的风速值。

逐步迭代参数估计法对母样的拟合优度列于表 2.2-2,不同抽样方法和不同概型推算的期望风速和相对偏差百分比列于表 2.2-3。

不同样本和不同概型的拟合优度(%) 表2.2-2

抽样方法	极值Ⅰ型分布						极值Ⅱ型分布					
	极值Ⅰ型		极值Ⅱ型		极值Ⅲ型		极值Ⅰ型		极值Ⅱ型		极值Ⅲ型	
	偏差	均方差	偏差	均方差	偏差	均方差	偏差	均方差	偏差	均方差	偏差	均方差
一年	3.19	0.39	3.09	0.63	2.98	0.58	4.25	1.32	4.51	1.49	4.16	1.21
半年	2.55	0.58	2.60	0.71	2.29	0.59	3.21	0.97	3.62	1.23	3.19	1.09
一季	1.07	0.25	1.25	0.36	1.21	0.48	1.44	0.60	1.40	0.56	1.84	1.28
一月	0.91	0.19	1.19	0.40	1.19	0.61	1.40	0.71	1.07	0.45	1.94	1.38
半月	0.74	0.16	1.63	0.68	0.78	0.43	0.97	0.69	0.83	0.41	1.5	1.21

抽样方法	极值Ⅲ型分布						正态分布					
	极值Ⅰ型		极值Ⅱ型		极值Ⅲ型		极值Ⅰ型		极值Ⅱ型		极值Ⅲ型	
	偏差	均方差	偏差	均方差	偏差	均方差	偏差	均方差	偏差	均方差	偏差	均方差
一年	0.12	0.19	2.30	0.36	2.30	0.32	98.79	0.10	1.36	0.33	1.37	0.41
半年	2.01	0.29	2.09	0.31	2.03	0.28	98.74	0.12	1.17	0.07	1.16	0.07
一季	0.87	0.12	1.16	0.20	0.83	0.11	97.42	0.15	0.75	0.04	0.51	0.03
一月	0.92	0.14	1.32	0.25	0.76	0.11	0.83	0.05	1.05	0.05	0.53	0.09
半月	1.03	0.23	1.97	0.49	0.60	0.11	1.31	0.07	1.84	0.13	0.78	0.18

抽样方法	指数分布						瑞利分布					
	极值Ⅰ型		极值Ⅱ型		极值Ⅲ型		极值Ⅰ型		极值Ⅱ型		极值Ⅲ型	
	偏差	均方差	偏差	均方差	偏差	均方差	偏差	均方差	偏差	均方差	偏差	均方差
一年	4.89	0.02	5.17	0.04	4.91	0.06	2.50	0.03	2.57	0.02	2.53	0.08
半年	4.28	0.02	4.7	0.03	3.85	0.19	2.27	0.01	2.37	0.02	2.18	0.20
一季	1.80	0.02	2.8	0.02	2.14	0.07	1.03	0.02	1.51	0.02	1.04	0.16
一月	1.83	0.01	2.99	0.02	2.73	0.19	1.30	0.01	2.10	0.01	1.05	0.24
半月	1.39	0.01	3.82	0.02	2.27	0.24	1.79	0.01	3.59	0.01	0.96	0.06

不同样本和不同概型推算的极值风速 表2.2-3

抽样方法	估计概型	极值Ⅰ型分布				极值Ⅱ型分布				极值Ⅲ型分布			
		10年		100年		10年		100年		10年		100年	
		期望(m/s)	偏差(%)	期望(m/s)	偏差(%)	期望(m/s)	偏差(%)	期望(m/s)	偏差(%)	期望(m/s)	偏差(%)	期望(m/s)	偏差(%)
一天	理论分布	28.09	0.00	33.55	0.00	18.77	0.00	24.28	0.00	17.34	0.00	19.28	0.00
半月	极值Ⅰ型	27.61	−1.66	32.90	−1.88	16.53	−11.45	19.25	−19.19	18.53	6.30	21.72	11.76
	极值Ⅱ型	32.57	14.35	45.11	30.89	18.11	−3.34	23.29	−3.65	21.06	20.92	27.66	42.49
	极值Ⅲ型	25.27	−8.55	28.34	−13.05	15.92	−14.59	18.01	−24.14	16.95	−2.13	18.79	−2.40
一月	极值Ⅰ型	26.98	−3.81	31.95	−4.61	16.59	−11.18	19.33	−18.99	17.78	2.19	20.6	6.22
	极值Ⅱ型	29.60	4.67	39.03	14.55	17.56	−6.22	22.15	−8.14	18.99	9.27	23.72	22.54
	极值Ⅲ型	25.39	−8.57	28.42	−13.27	16.13	−13.58	18.27	−23.20	16.76	−3.27	18.54	−3.78

续上表

抽样方法	估计概型	极值Ⅰ型分布				极值Ⅱ型分布				极值Ⅲ型分布			
		10年		100年		10年		100年		10年		100年	
		期望(m/s)	偏差(%)	期望(m/s)	偏差(%)	期望(m/s)	偏差(%)	期望(m/s)	偏差(%)	期望(m/s)	偏差(%)	期望(m/s)	偏差(%)
一季	极值Ⅰ型	26.57	-5.26	31.31	-6.47	16.83	-9.99	19.73	-17.53	17.17	-1.17	19.66	1.53
	极值Ⅱ型	27.54	-2.04	34.81	3.14	17.27	-7.77	21.52	-10.65	17.58	1.26	21.02	8.74
	极值Ⅲ型	25.72	-7.85	28.81	-12.60	16.54	-11.48	18.86	-20.94	16.65	-3.97	18.38	-4.69
半年	极值Ⅰ型	26.37	-5.92	31.01	-7.36	16.92	-9.56	19.91	-16.90	16.94	-2.47	19.26	-0.45
	极值Ⅱ型	26.91	-4.16	33.40	-0.77	17.16	-8.33	21.28	-11.65	17.16	-1.17	20.15	4.30
	极值Ⅲ型	25.84	-7.58	28.98	-12.28	16.74	-10.51	19.18	-19.77	16.61	-4.27	18.31	-5.10
一年	极值Ⅰ型	25.37	-11.18	29.76	-12.70	17.02	-9.08	20.09	-16.26	10.04	-34.29	12.10	-30.98
	极值Ⅱ型	26.21	-6.52	31.60	-5.79	17.00	-9.17	20.80	-13.53	16.71	-3.73	19.11	-1.11
	极值Ⅲ型	26.01	-7.18	29.21	-11.92	16.97	-9.38	19.56	-18.35	16.56	-4.57	18.19	-5.75

抽样方法	估计概型	正态分布				指数分布				瑞利分布			
		10年		100年		10年		100年		10年		100年	
		期望(m/s)	偏差(%)	期望(m/s)	偏差(%)	期望(m/s)	偏差(%)	期望(m/s)	偏差(%)	期望(m/s)	偏差(%)	期望(m/s)	偏差(%)
一天	理论分布	32.65	0.00	34.73	0.00	25.97	0.00	33.26	0.00	28.51	0.00	32.27	0.00
半月	极值Ⅰ型	36.1	10.59	40.88	17.77	24.79	-4.54	31.57	-5.09	31.78	11.44	38.28	18.61
	极值Ⅱ型	38.82	18.95	46.87	35.06	32.58	25.46	51.32	54.32	39.47	38.43	56.47	74.99
	极值Ⅲ型	33.28	2.77	35.81	4.5	21.47	-17.17	25.12	-24.23	27.46	-3.49	30.38	-5.49
一月	极值Ⅰ型	34.16	4.64	38.01	9.48	24.29	-6.47	30.79	-7.42	29.82	4.58	35.37	9.59
	极值Ⅱ型	35.28	8.08	40.72	17.31	30.06	15.75	47.08	41.56	33.30	16.80	44.29	37.26
	极值Ⅲ型	32.58	0.30	34.90	1.42	21.80	-15.93	25.47	-23.2	27.14	-4.67	29.97	-6.86
一季	极值Ⅰ型	4.88	-85.0	7.96	-77.02	23.89	-7.99	30.19	-9.21	28.34	-0.63	33.06	2.42
	极值Ⅱ型	33.1	1.37	36.87	6.16	26.37	1.56	39.21	17.9	29.37	2.99	36.42	12.85
	极值Ⅲ型	32.08	-1.50	34.18	-1.02	22.43	-13.57	26.24	-20.93	27.07	-5.03	29.81	-7.46
半年	极值Ⅰ型	3.54	-89.13	6.31	-81.78	23.66	-8.88	29.83	-10.32	27.83	-2.42	32.19	-0.27
	极值Ⅱ型	32.51	-0.42	35.75	2.95	25.07	-3.49	36.01	8.23	28.36	-0.56	34.29	6.24
	极值Ⅲ型	31.93	-2.06	33.94	-1.87	22.72	-12.49	26.63	-19.8	27.05	-5.15	29.75	-7.69
一年	极值Ⅰ型	2.25	-93.08	4.61	-86.7	23.38	-9.95	29.24	-12.10	27.31	-4.24	31.14	-3.50
	极值Ⅱ型	31.83	-2.44	34.27	-1.18	23.53	-9.39	31.64	-4.89	27.38	-4.00	31.95	-1.02
	极值Ⅲ型	31.74	-2.90	33.54	-3.48	23.07	-11.16	27.10	-18.42	27.05	-5.15	29.71	-7.84

通过 Monte-Carlo 模拟结果表明:

(1)三种极值分布均可较好地拟合母样分布,随着抽样数目的增加,拟合优度逐渐提高,当按半月抽样时,拟合优度最大偏差为 3.82% ±0.02%。

(2)以三种极值分布拟合极值分布(Ⅰ~Ⅲ)母样时,随着抽样数目的增加,期望风速值均收敛于精确解。

(3)重现期内极值风速的估算对风速母样类型比较敏感,对于不同的极值风速母体分布,应有针对地运用极值分布概型和抽样方法来拟合。

(4)无论风速母样为何种类型,极值Ⅱ型按年或半年抽样给出最优的极值风速估算,偏差范围为 -5.23% ±3.89%。极值Ⅰ、Ⅲ型分布按季至半月抽样拟合精度次之,偏差通常也小于 10.0%。

2.2.4 气象站与桥位风速相关性分析方法

同一地区两个地点相距不太远的风(尤其风速较大的风)之间存在一定的相关性,这是因为各地较大的风主要受到空间尺度超过 400km 的大尺度天气系统和空间尺度介于 4~400km 的中尺度天气系统的控制,如寒潮等季风、温带气旋、热带气旋等。在这些中到大尺度的天气系统的影响范围内,不同地点的风速变化具有较好的相关性,不同地点特殊的局部地貌会在同一天气系统内产生不同的局部扰动,从而降低两地风速的相关性。此外,有些地方的大风有时也受到其局部中小尺度天气系统(如雷暴)的严重影响,从而造成距离较远的两地之间风速相关性变得较差。

线性回归法、比值法、差值法是用来建立不同地点风速之间关联关系的三种常用方法。本书结合次数时距回归算法,建立气象站与气象站、气象站与桥位观测站之间风速线性回归相关关系。

设 x 代表气象站的某种风速(如瞬时风速、10min 平均风速、小时最大 10min 平均风速、日最大 10min 平均风速或月最大 10min 平均风速等),y 代表桥位处的相应风速,如果两者之间存在近似的线性关系,则可用下式表示:

$$y = ax + b \tag{2.2-18}$$

式中:a、b——需要通过实际观测和分析确定的待定系数。

设 $\{x_i \mid i=1,\cdots,n\}$ 为气象站实测的风速序列(或称风速样本),$\{y_i \mid i=1,\cdots,n\}$ 为在桥位处观测点上实测的相应风速序列,代入式(2.2-18),可得:

$$y_i = ax_i + b + e_i \quad (i=1,\cdots,n) \tag{2.2-19}$$

这里,由于两地实测数据之间并不严格满足线性关系,因此,在上式中需要引入用来表示桥位处观测点上实测风速值与线性回归值之间的偏差 e_i。进一步把整个样本偏差的均方根(即实测与回归值之间的均方偏差)定义为总体误差:

$$S_y = \sqrt{\frac{1}{n-1}\sum_{i=1}^{n} e_i^2} \tag{2.2-20}$$

根据最小二乘原理,能使总体误差最小的系数 a 和 b 即为最优解,因此系数 a 和 b 必须满足:

$$\partial S_y/\partial a = 0 \text{ 且 } \partial S_y/\partial b = 0 \tag{2.2-21}$$

$$\begin{bmatrix} \sum_{i=1}^{n} x_i^2 & \sum_{i=1}^{n} x_i \\ \sum_{i=1}^{n} x_i & n \end{bmatrix} \begin{Bmatrix} a \\ b \end{Bmatrix} = \begin{Bmatrix} \sum_{i=1}^{n} x_i y_i \\ \sum_{i=1}^{n} y_i \end{Bmatrix} \tag{2.2-22}$$

由式(2.2-22)可以求的 a 和 b 的最优解:

$$a = \frac{\sum_{i=1}^{n} x_i y_i - n\bar{x}\bar{y}}{\sum_{i=1}^{n} x_i^2 - n\bar{x}^2} = \frac{\sum_{i=1}^{n}(x_i - \bar{x})(y_i - \bar{y})}{\sum_{i=1}^{n}(x_i - \bar{x})^2} = \frac{r_{xy}\sigma_x\sigma_y}{\sigma_x^2} = r_{xy}\frac{\sigma_y}{\sigma_x} \tag{2.2-23}$$

$$b = \bar{y} - a\bar{x} \tag{2.2-24}$$

这里,$\bar{x}$ 和 $\bar{y}$ 分别表示风速样本 $\{x_i | i=1,\cdots,n\}$ 和风速样本 $\{y_i | i=1,\cdots,n\}$ 的平均值,即:

$$\bar{x} = \frac{1}{n}\sum_{i=1}^{n} x_i \tag{2.2-25}$$

$$\bar{y} = \frac{1}{n}\sum_{i=1}^{n} y_i \tag{2.2-26}$$

σ_x、σ_y 和 r_{xy} 分别为风速样本 $\{x_i | i=1,\cdots,n\}$ 和风速样本 $\{y_i | i=1,\cdots,n\}$ 的均方差和两者之间的相干系数,即:

$$\sigma_x = \sqrt{\frac{1}{n-1}\sum_{i=1}^{n}(x_i - \bar{x})^2} \tag{2.2-27}$$

$$\sigma_y = \sqrt{\frac{1}{n-1}\sum_{i=1}^{n}(y_i - \bar{y})^2} \tag{2.2-28}$$

$$r_{xy} = \frac{\sum_{i=1}^{n}(x_i - \bar{x})(y_i - \bar{y})}{\sqrt{\sum_{i=1}^{n}(x_i - \bar{x})^2 \sum_{i=1}^{n}(y_i - \bar{y})^2}} \tag{2.2-29}$$

把式(2.2-23)~式(2.2-29)代入式(2.2-20)可得总体误差(即实测值与回归值之间的均方偏差)的最小值:

$$S_y = \sigma_y\sqrt{1 - r_{xy}^2} \tag{2.2-30}$$

在气象上,一般认为相干系数 $r_{xy} \geq 0.85$ 时,两地风速之间的相关性较好。当两地风速 x

和 y 服从联合正态分布时,线性回归法的适当性检验标准为:

$$r^2 > \frac{1}{n-2} \tag{2.2-31}$$

2.3 脉动风特性与风谱拟合

2.3.1 脉动风特性分析

描述风速脉动特性的参数主要有紊流强度、紊流积分尺度、功率谱密度函数、空间相关系数和阵风因子等。本节只重点介绍紊流强度、功率谱密度函数和紊流积分尺度。

2.3.1.1 紊流强度

描述大气紊流的最简单的参数是紊流强度。纵向、横向和竖向的紊流强度分别定义如下:

$$I_u(z) = \frac{\sigma_u(z)}{U(z)}, I_v(z) = \frac{\sigma_v(z)}{U(z)}, I_w(z) = \frac{\sigma_w(z)}{U(z)} \tag{2.3-1}$$

式中:σ_u、σ_v、σ_w——分别表示三个方向脉动风速的均方根值;

$U(z)$——高度 z 处的平均风速。

紊流强度不仅与地貌有关系,而且随高度而减小。各国的规范和标准对紊流度剖面都有各自的规定,这里对 ASCE7(美国)、AS1170.2(澳大利亚)、NBC(加拿大)、RLB-AJJ(日本)和 Eurocode(欧洲)五种规范的规定进行比较。紊流度剖面可以用统一的函数表达式表示为:

$$I(z) = \frac{c}{(z/10)^d} \tag{2.3-2}$$

式中:c、d——随着地形变化的常数。

各国规范对这两个参数有不同的规定,现将他们汇总见表 2.3-1。我国桥梁抗风规范中没有明确给出紊流剖面的函数关系,不过给出了纵向紊流强度随高度及地貌条件变化的值,并建议在没有详细测量资料时,I_v 可取 $0.88I_u$,而 I_w 可取 $0.5I_u$。

各国规范中紊流度剖面参数 c 和 d　　　　表 2.3-1

场地类型	ASCE7		AS1170.2		NBC		RLB-AJJ		Eurocode	
	c	d	c	d	c	d	c	d	c	d
A	0.450	0.167	0.453	0.300	0.621	0.360	0.402	0.400	0.434	0.290
B	0.300	0.167	0.323	0.300	0.355	0.250	0.361	0.320	0.285	0.210
C	0.200	0.167	0.259	0.300	0.200	0.140	0.259	0.250	0.189	0.160
D	0.150	0.167	0.194	0.300			0.204	0.200	0.145	0.120
E							0.162	0.150		

2.3.1.2 功率谱密度函数

脉动风的紊流风速可以认为是由许多涡旋叠加引起的,每一涡旋的特点是以圆频率

$w = 2\pi n$ 作周期运动。相应地,紊流运动的总动能可以认为是气流中每一涡旋贡献的总和。由于脉动风是一个随机过程,必须用统计方法进行描述。为了研究脉动风中涡旋的统计特征,通常采用脉动风功率谱方法。

国内外一些学者采用不同的方法,对强风记录资料进行了研究分析,发表了各种风速谱公式。按照研究方法可分为两类风速谱:第一类风速谱是对强风观测记录进行相关分析,获得相关曲线和相关函数,再通过傅里叶变换求得风速谱的数学表达式;第二类风速谱是将强风记录通过超低频滤波器,直接测出风速的功率谱曲线,拟合出风速谱的数学表达式。第一类方法误差较大,第二类方法可以保证有较高的精度和可靠性。

(1)水平向风谱表达式

通过几十年来人们对功率谱密度进行的大量研究,根据不同条件的实测数据,提出了一个又一个不同形式的脉动风谱。

①Von Karman 谱

1948 年,Von Karman 提出了与高度无关的自由大气层中的水平脉动风功率谱(Von Karman 谱),见式(2.3-3):

$$\frac{nS(z,n)}{u_*^2} = \frac{4\beta f}{(1 + 70.8f^2)^{\frac{5}{6}}} \qquad (2.3\text{-}3)$$

式中:$f = nL_u^x/U$;

L_u^x——紊流积分尺度;

U——平均风速,在自由大气层中与高度无关;

β——摩擦速度系数,且 $\sigma_u^2 = \beta u_*^2$;

u_*——摩擦速度。

②Davenport 谱

1961 年,Davenport 提出了第一个大气边界层中的水平脉动风功率谱(Davenport 谱),见式(2.3-4):

$$\frac{nS(z,n)}{u_*^2} = \frac{4f^2}{(1 + f^2)^{\frac{4}{3}}} \qquad (2.3\text{-}4)$$

式中:$f = 1\,200n/U(10)$;

$U(10)$——$z = 10\text{m}$ 处的平均风速。

Davenport 谱与高度无关,是大气边界层水平脉动风谱的近似表达式,也是目前应用最普遍的脉动风谱。

③Simiu 谱

1974 年,Simiu 提出了随高度变化的水平脉动风谱(Simiu 谱),见式(2.3-5):

$$\frac{nS(z,n)}{u_*^2} = \frac{200f}{(1+50f)^{\frac{5}{3}}} \tag{2.3-5}$$

式中：$f = nz/U(z)$。

此外，还有其他学者结合实测资料，基于以上风谱进行改进或提出各类水平风谱，如：Harris 谱、Irwin 谱、西安热工所谱、石沅提出的谱、田浦提出的谱、范存新提出的谱等等。

表 2.3-2 比较了各国规范中的水平方向风谱和紊流积分尺度。

各国规范中的水平向风谱和紊流积分尺度　　　　表 2.3-2

规　范	风　谱	紊流积分尺度
ASCE7	$\dfrac{nS_u(n)}{\sigma_u^2} = \dfrac{6.868f}{(1+10.302f)^{\frac{5}{3}}}, f = \dfrac{n \cdot L_u^x}{U(z)}$	$L_u^x = l(z/10)^\varepsilon$ ε 为地形参数
AS1170.2	$\dfrac{nS_u(n)}{\sigma_u^2} = \dfrac{4f}{6.677(2+f^2)^{\frac{5}{6}}}, f = \dfrac{n \cdot L_u^x}{U(h)}$	$L_u^x = 1\,000\,(h/10)^{0.25}$
NBC	$\dfrac{nS_u(n)}{\sigma_u^2} = \dfrac{2f}{3(1+f^2)^{\frac{4}{3}}}, f = \dfrac{1\,200n}{U(h)}$	1 200
RLB-AIJ	$\dfrac{nS_u(n)}{\sigma_u^2} = \dfrac{4f}{(1+70.8f^2)^{\frac{5}{6}}}, f = \dfrac{nL_u^x}{U(h)}$	$L_u^x = 100\,(h/30)^{0.5}$
Eurocode	$\dfrac{nS_u(n)}{\sigma_u^2} = \dfrac{6.868f}{(1+10.302f)^{\frac{5}{3}}}, f = \dfrac{nL_u^x}{U(z)}$	$L_u^x = 300\,(z/300)^\varepsilon$ ε 为地形参数

(2) 竖向风谱表达式

研究学者在竖向风谱研究方面也开展了不少工作，并取得了一定的成果。

1959 年，Panofsky 等提出了随高度变化的垂直脉动风谱（Panofsky 谱），见式(2.3-6)：

$$\frac{nS(z,n)}{u_*^2} = \frac{6f}{(1+4f)^2} \tag{2.3-6}$$

式中：$f = nz/U(z)$。

Irwin 根据水平脉动风谱式导出了垂直脉动风谱（Irwin 垂直谱），见式(2.3-7)：

$$nS(z,n) = \frac{2\sigma_w^2 L_z}{U(z)} \cdot \frac{1+188.8f^2}{(1+70.8f^2)^{\frac{11}{6}}} \tag{2.3-7}$$

式中：$f = nL_w^x/U(z)$；

σ_w^2——垂直脉动风速方差；

L_z——取 $0.8z$。

2.3.2　近地脉动风特性分析及风谱拟合实例

2.3.2.1　现场实测与数据采集

脉动风速记录采用 CSAT3D 超声风速仪。一般情况下，当平均风速大于 8m/s 时开始采集数据,每次连续采样数十分钟,采样频率为10Hz。经过两年多的实测记录,先后采集到150多组连续记录数据。对原始数据进行筛选处理,完全依据实测记录结果选取其中平均风速较大的20组时间长度为10min连续采集的风速时程数据进行分析研究。这20组数据的采集时间主要分布在2006年8月3日~2008年12月15日;平均风速在7.87~9.43m/s,约为五级风;风向主要分布在N、NNE、NE、S、SSW、WSW和NW 7个方向。

2.3.2.2 脉动风特性分析方法

首先,对原始采集数据进行样本分割和样本点修正处理;然后,利用以下脉动风特性计算方法进行分析。

(1)确定子样本水平平均风向角 Φ,并定义探头的 x 轴向为 $\Phi=0$,则 $\Phi = \arctan(\bar{u}_y/\bar{u}_x)$;

(2)将实测的风速数据换算到以水平风向角为主轴的坐标系下,并得到纵向风速序列 $u = u_x\cos\Phi + u_y\sin\Phi$,横向风速序列 $v = u_y\cos\Phi - u_x\sin\Phi$ 和垂直风速序列 $w = u_z$;

(3)计算纵向平均风速 U、横向平均风速 V(恒为0)和垂直平均风速 W,并求出三个对应方向的脉动风速:$u' = u - U$、$v' = v$、$w' = w - W$;

(4)计算三维脉动风速的均方根 σ_u、σ_v、σ_w,紊流强度 $I_u = \sigma_u/U$、$I_v = \sigma_v/U$、$I_w = \sigma_w/U$ 以及摩擦速度 $u_*^2 = -\overline{u'w'} - \overline{v'w'}$;

(5)计算阵风因子 $G_u = \dfrac{U + u_{\max}}{U}$、$G_v = \dfrac{v_{\max}}{U}$、$G_w = \dfrac{w_{\max}}{U}$;

(6)根据 Taylor 假设,紊流积分尺度 $L_u^x = \dfrac{1}{\sigma_u^2}\int_0^{\tau_{0.05}} R(\tau)\mathrm{d}\tau$,其中 $\tau_{0.05}$ 表示自相关函数 $R(\tau)$ 单调减小至 $0.05\sigma_u^2$ 对应的延迟时间,同理可以求出 L_v^x 和 L_w^x;

(7)对脉动风速 u'、v'、w' 数据直接进行快速傅里叶变换,从而得到三维紊流功率谱密度函数 S_u、S_v、S_w,而功率谱密度函数在频域内的积分应等于对应方向脉动风速的紊流能量总和。

经过计算处理,得到20组数据的紊流强度、阵风因子和紊流积分尺度统计平均值,结果如表2.3-3所示。

脉动风特性统计结果　　　　　　　　表2.3-3

脉动特性	紊流强度			阵风因子			紊流积分尺度(m)		
	I_u	I_v	I_w	G_u	G_v	G_w	L_u^x	L_v^x	L_w^x
统计平均值	0.213	0.156	0.119	1.468	0.413	0.288	160.70	67.44	23.52

此次脉动风速数据采集距离地面高度约为32m,实测场地符合B类场地条件。通过规范和实测数据统计结果的比较可知:① 由规范得到紊流强度 $I_u = 0.15$、$I_v = 0.88I_u$、$I_w = 0.50I_u$,实测值 $I_u = 0.213$、$I_v = 0.73I_u$、$I_w = 0.56I_u$,实测统计出 I_v、I_w 和 I_u 的关系接近于规范的规定,而 I_u 超出规范规定值42%,与规定值偏差较大;② 由规范得到紊流积分尺度 $L_u^x = 100$,而实测值 $L_u^x = 160.7$ 超出规定值61%;③ 阵风因子 G_u 实测结果1.468比规范B类场地规定值1.38仅

超出了6.4%,相差不大。

由上可知,此次脉动风特性紊流强度和紊流积分尺度等统计平均值与规范值有一定的差别,尤其是紊流强度 I_u 的值甚至接近于抗风规范 C 类场地的规定值。规范对地表状况只分了四类且界定条件简单,由于具体工程场地的复杂性,有必要加强现场实测并对具体区域的脉动风特性作出相关规定。

2.3.2.3 常用风谱修正

在水平方向,根据 Kolmogrove 理论,频域内的脉动风可以用统一形式的功率谱密度函数 $S_u(z,n)$ 来表示,即:

$$\frac{nS_u(z,n)}{u_*^2} = \frac{Af^{(\alpha\beta-2/3)}}{(1+Bf^\alpha)^\beta} \tag{2.3-8}$$

式中:A、B、α、β——参数,其取值均大于0。

在垂直方向,脉动风虽然不服从 Kolmogrove 理论,但也可以用统一形式的功率谱密度函数 $S_w(z,n)$ 来表示,即:

$$\frac{nS_w(z,n)}{u_*^2} = \frac{Af}{(1+Bf)^2} \tag{2.3-9}$$

式中:A、B——参数,其取值均大于0。

修正水平方向和垂直方向风谱分别采用如式(2.3-8)和式(2.3-9)的函数形式,用最小二乘法进行修正。以下以其中一组实测数据为例来说明修正结果。

Simiu 谱、Davenport 谱和 Panofsky 谱修正后曲线表达式分别为式(2.3-10)、式(2.3-11)和式(2.3-12):

$$\frac{nS_u(z,n)}{u_*^2} = \frac{300f^{1.13}}{(1+50f)^{1.8}} \tag{2.3-10}$$

$$\frac{nS_u(z,n)}{u_*^2} = \frac{16.82f^{3.38}}{(1+1.81f^{1.34})^{2.84}} \tag{2.3-11}$$

$$\frac{nS_w(z,n)}{u_*^2} = \frac{1.9f}{(1+1.6f)^2} \tag{2.3-12}$$

采用均方差衡量三种谱和它们的修正谱相对于实测风谱的误差。均方差表达式为:

$$s = \sqrt{\sum_{i=1}^{n}\left(\frac{p_{ti}-p_{fi}}{p_{fi}}\right)^2 / n} \tag{2.3-13}$$

式中:s——均方差;

p_{ti}——实测风谱值;

p_{fi}——拟合风谱值;

n——总点数。

该组的误差分析结果见表 2.3-4。可见经修正的三种谱的精度得到了明显的改善。

1 组数据的误差比较						表 2.3-4
误差分析	均 方 差					
	Simiu 谱	修正 Simiu 谱	Davenport 谱	修正 Davenport 谱	Panofsky 谱	修正 Panofsky 谱
偏差结果	1.072	0.824	0.967	0.566	1.575	0.902

其他 19 组数据的风谱也进行同样的修正,对 20 组数据修正的偏差结果进行统计平均,得到如表 2.3-5 的结果。从表中可以看出,三种修正谱误差的统计平均值明显小于未经修正的谱,分别是 Simiu 谱、Davenport 谱和 Panofsky 谱的 33%、50% 和 56%。既然三种常用谱的误差有很大的缩小空间,所以有必要找出精度更高的谱,使其更吻合实测风谱。

20 组数据误差的统计平均						表 2.3-5
误差分析	均 方 差					
	Simiu 谱	修正 Simiu 谱	Davenport 谱	修正 Davenport 谱	Panofsky 谱	修正 Panofsky 谱
统计平均值	2.626	0.868	1.656	0.824	2.164	1.207

2.3.2.4 更高精度谱的提出

在式(2.3-8)和式(2.3-9)中,各自的参数决定了谱函数的形式,通过对参数的确定,得到了对 20 组数据通用而且吻合度优于三种常用谱的几种谱。由于谱的形状与莫宁坐标 f 的取值有关,在水平方向,莫宁坐标 $f = nz/U(z)$ 的谱与 Simiu 谱进行比较,莫宁坐标 $f = 1\,200n/U(10)$ 的谱与 Davenport 谱进行比较;在垂直方向,莫宁坐标采用 $f = nz/U(z)$。

在水平方向,莫宁坐标取 $f = nz/U(z)$ 且与实测风谱吻合较好的三种谱编号分别为 1 号、2 号和 3 号,它们的参数见表 2.3-6。这三种谱相对于实测风谱的误差明显优于 Simiu 谱(表 2.3-7)。20 组数据中 1 号谱误差小于 Simiu 谱的有 18 组,2 号谱和 3 号谱误差小于 Simiu 谱的都为 20 组,而且三种谱的均方差平均值分别是 Simiu 谱的 46%、25% 和 27%。图 2.3-1 表示出了其中一组数据几种谱的比较情况,图中采用双对数坐标,这三种谱和 Simiu 谱在高频一端都与实测风谱吻合度较好,且直线斜率近似等于 $-2/3$,这与 Kolmogorove 法则相符;在低频一端 Simiu 谱和 1 号谱有较大偏离,而 2 号谱和 3 号谱与实测风谱吻合较好,曲线走势相同,且直线斜率近似等于 3。

七种谱函数的参数					表 2.3-6
参数谱编号	A	B	α	β	
1 号	15 000	50	1	8/3	
2 号	100 000	1 000	2	11/6	
3 号	60 000	20 000	3	11/9	
4 号	5	1	1	8/3	
5 号	1.5	0.5	2	11/6	
6 号	1.5	0.5	3	11/9	
7 号	3	2	—	—	

十种谱函数与实测风谱的均方差比较　　表 2.3-7

数据编号	Simiu 谱	1 号谱	2 号谱	3 号谱	Davenport 谱	4 号谱	5 号谱	6 号谱	Panofsky 谱	7 号谱
1	1.072	1.112	0.698	0.755	0.714	0.888	1.022	0.586	1.575	1.152
2	1.664	1.717	1.116	1.194	1.122	1.401	1.573	0.903	0.673	0.875
3	3.255	1.320	0.644	0.686	1.036	1.005	0.920	0.570	1.540	1.007
4	1.908	1.202	0.701	0.756	0.798	0.942	1.024	0.576	4.708	2.489
5	2.423	1.799	1.075	1.167	1.187	1.436	1.585	0.849	1.148	1.336
6	9.281	2.756	0.597	0.602	2.571	1.944	0.725	0.717	0.726	0.527
7	1.889	1.359	0.801	0.878	0.892	1.073	1.205	0.647	0.879	0.979
8	2.384	1.463	0.862	0.931	0.999	1.153	1.250	0.705	4.599	2.412
9	6.921	2.103	0.692	0.741	1.728	1.513	1.009	0.604	9.527	4.882
10	2.685	0.915	0.544	0.537	0.861	0.731	0.552	0.584	0.803	0.571
11	1.138	0.751	0.478	0.500	0.559	0.625	0.683	0.469	0.975	0.674
12	1.168	0.661	0.496	0.501	0.550	0.554	0.570	0.503	1.037	0.664
13	2.542	0.911	0.491	0.503	0.774	0.713	0.622	0.501	1.097	0.694
14	2.179	1.050	0.624	0.663	0.787	0.831	0.850	0.570	0.936	0.724
15	1.316	0.587	0.497	0.491	0.580	0.534	0.512	0.543	6.886	3.511
16	1.282	0.626	0.649	0.634	0.708	0.634	0.578	0.697	1.050	0.697
17	1.305	0.577	0.507	0.502	0.584	0.530	0.511	0.559	2.150	1.172
18	2.106	1.222	0.748	0.812	0.895	0.959	1.048	0.652	0.777	0.689
19	5.192	1.613	0.559	0.573	1.447	1.169	0.686	0.584	1.334	0.775
20	0.812	0.544	0.600	0.587	0.622	0.568	0.545	0.649	0.862	0.573
平均值	2.626	1.214	0.669	0.701	0.971	0.960	0.873	0.623	2.164	1.320
优于比较谱组数	—	18	20	20	—	10	10	19	—	17

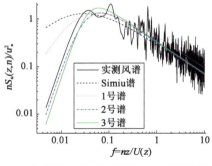

a) 1号谱、2号谱和3号谱与Simiu谱的比较

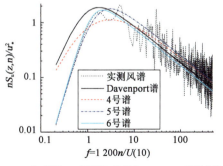

b) 4号谱、5号谱和6号谱与Davenport谱的比较

图 2.3-1

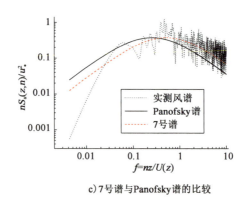

c) 7号谱与Panofsky谱的比较

图 2.3-1　拟合风谱与相关风谱比较

莫宁坐标取 $f = 1\,200n/U(10)$ 且与实测风谱吻合较好的三种谱的编号分别为 4 号、5 号和 6 号,它们的参数见表 2.3-6,这三种谱和 Davenport 谱相对于实测风谱的误差见表 2.3-7。4 号谱和 5 号谱的均方差的平均值和 Davenport 谱相差不大,分别是 Davenport 谱的 99% 和 90%。但是 6 号谱的误差明显小于 Davenport 谱,均方差的平均值是 Davenport 谱的 64%,20 组数据中有 19 组误差小于 Davenport 谱。图 2.3-1a)表示出了其中一组数据与这几种谱的比较情况,6 号谱与实测风谱吻合最好,而且在低频区一端,曲线走势相同,直线斜率近似等于 3。

3 号谱和 6 号谱的参数 A 和 B 完全不同,莫宁坐标 f 的取值也不同,而唯有参数 α 和 β 相同。比较图 2.3-1 可以看出,这两条谱曲线在高频端和低频端的曲线走势相同,即斜率是相近的;同样地,1 号谱和 4 号谱以及 2 号谱和 5 号谱也有同样的规律,这说明了 Kolmogrove 表达式的四个参数中 α 和 β 基本上控制了函数曲线的走势。

在垂直方向,与实测风谱吻合较好的为 7 号谱,其参数见表 2.3-7。在 20 组数据中,7 号谱相对于实测风谱的均方差有 17 组小于 Panofsky 谱,且均方差的平均值是 Panofsky 谱的 48%(表 2.3-7)。从图可以看出,Panofsky 谱相对于实测风谱在低频区偏高,在高频区偏低;而 7 号谱在低频区和高频区都与实测风谱吻合较好。

2.3.3　重庆双碑大桥风参数统计分析

2.3.3.1　风速测站概况

重庆市双碑大桥地处我国西南部,跨越嘉陵江,具有典型的西部山区风环境特征。本书调查和收集了工程场地附近(≤30km)沙坪坝和北碚气象站的风速记录数据,两个气象站概况如表 2.3-8 所示。两个气象站覆盖了 1958 年 1 月至 2007 年 12 月间共计 50 年 600 个月的全部月极值风速数据。

桥位周围风速测站概况 表2.3-8

测站名称	沙坪坝气象站	北碚气象站
观测时次	逐时,含日10min及瞬时风速	
风仪高度	10.0m	10.0m
测站经纬度	29.6°N,106.5°E	29.8°N,106.4°E
测站场地类别	B类	A类

2.3.3.2 极值风速分布

首先将上述两个气象站风速记录资料结合气象站场地风剖面幂指数,全部转换为标准10m高度。由于本书未获得气象站极值风速对应的风向数据,拟采用不计方位角风速的分布概型检验与拟合方法,并依据风向分布频度估算最大可能出现的极值风向,统计沙坪坝和北碚气象站在不同抽样数量风速分布。其中,沙坪坝气象站不同抽样数量风速分布频度如表2.3-9所示。

沙坪坝气象站不同抽样数量风速分布频度表(%) 表2.3-9

抽样方式	0~10m/s	10~11m/s	11~12m/s	12~13m/s	13~14m/s	14~15m/s	15~16m/s	16~17m/s	17~18m/s
一年	12.00	12.00	12.00	10.00	12.00	14.00	16.00	2.000	4.000
半年	33.00	10.00	11.00	8.000	13.00	9.000	9.000	1.000	3.000
一季	54.50	9.000	6.000	8.000	8.500	5.000	4.500	0.500	1.500
一月	77.20	6.667	3.333	3.667	4.500	1.667	1.833	0.167	0.500
一年	0.000	0.000	0.000	2.000	2.000	0.000	0.000	0.000	2.000
半年	0.000	0.000	0.000	1.000	1.000	0.000	0.000	0.000	1.000
一季	0.000	0.000	0.000	0.500	0.500	0.000	0.000	0.000	0.000
一月	0.000	0.000	0.000	0.167	0.167	0.000	0.000	0.000	0.167

2.3.3.3 风速分布概型检验

由于风速观测数据数量较少,采用适合于较小样本检验的概率曲线相关系数方法(PPCC)进行风速分布概型检验。按阶段极值法和越界峰值法采样,以一年、半年、一季、一月最大子样对极值Ⅰ、Ⅱ、Ⅲ型分布概型分别进行检验,其结果汇总见表2.3-10。不同抽样的概型检验结果介于0.8819~0.9953之间,因此仅从抽样的角度,可以采用如表2.3-10所列举的任何采样方法。

不同抽样方法检验结果 表2.3-10

抽样方法		沙坪坝气象站							
		一年抽样		半年抽样		一季抽样		一月抽样	
		相关系数	形状参数	相关系数	形状参数	相关系数	形状参数	相关系数	形状参数
阶段极值	Ⅰ型	0.9748	1.000	0.9849	1.000	0.9910	1.000	0.9921	1.000
	Ⅱ型	0.9860	5.360	0.9875	11.976	0.9907	28.124	0.9911	28.124
	Ⅲ型	0.9703	28.088	0.9823	28.112	0.9903	28.100	0.9919	28.108

续上表

抽样方法		沙坪坝气象站							
		一年抽样		半年抽样		一季抽样		一月抽样	
		相关系数	形状参数	相关系数	形状参数	相关系数	形状参数	相关系数	形状参数
越界峰值	Ⅰ型	0.894 1	1.000	0.940 6	1.000	0.967 4	1.000	0.994 7	1.000
	Ⅱ型	0.986 5	2.008	0.985 7	3.028	0.986 1	5.200	0.995 3	28.064
	Ⅲ型	0.881 9	28.112	0.931 6	28.112	0.960 6	28.116	0.992 7	28.120

抽样方法		北碚气象站							
		一年抽样		半年抽样		一季抽样		一月抽样	
		相关系数	形状参数	相关系数	形状参数	相关系数	形状参数	相关系数	形状参数
阶段极值	Ⅰ型	0.982 8	1.000	0.988 4	1.000	0.991 2	1.000	0.984 2	1.000
	Ⅱ型	0.979 7	28.124	0.986 2	28.124	0.989 8	28.124	0.982 0	28.124
	Ⅲ型	0.986 4	9.984	0.970 2	20.504	0.991 4	27.972	0.985 3	21.448
越界峰值	Ⅰ型	0.967 6	1.000	0.979 5	1.000	0.973 3	1.000	0.991 7	1.000
	Ⅱ型	0.968 3	24.740	0.981 1	17.252	0.980 5	9.264	0.991 4	28.116
	Ⅲ型	0.965 8	27.980	0.976 9	28.116	0.968 3	28.124	0.990 7	28.124

风速时程并非严格意义上的平稳过程，现有的平均风概率分析研究成果表明，无论风速母样为何种类型分布，以极值Ⅱ型按一年、半年抽样或极值Ⅲ型按一月、一季抽样均可能给出较好的期望风速估算结果，其他几种情况组合对于期望风速估算可能具有较大偏差。表2.3-11列举了考虑概型检验结果和极值分布抽样数量组合效果时不同抽样对不同拟合概型的接受程度。

极值分布检验结论　　　表 2.3-11

极值分布	一年抽样	半年抽样	一季抽样	一月抽样
极值Ⅰ型	排斥	排斥	不排斥	不排斥
极值Ⅱ型	不排斥	不排斥	排斥	排斥
极值Ⅲ型	排斥	排斥	不排斥	不排斥

2.3.3.4　极值分布参数估计

借鉴双碑大桥周围两个气象站平均风检验分析结果，以极值Ⅱ型按年、半年抽样或极值Ⅰ、Ⅲ型按较小样本时段抽样（一月或一季抽样）预测不同重现期内极值风速。表2.3-12、表2.3-13给出了观测时间较长的沙坪坝气象站和北碚气象站分别按三种极值分布概型计算时的基准参数均值μ_x和均方差σ_x、极值分布参数a、b和γ以及N年期望风速。

已知沙坪坝气象站50年间出现的最大风速为26.7m/s，比较表2.3-12中结果可知，按半年抽样极值Ⅱ型拟合结果26.6 m/s最为接近，选用半年抽样极值Ⅱ型拟合方法来估算沙坪坝气象站N年期望风速，由此推算的100年一遇的期望风速为30.6m/s。

沙坪坝气象站10m高度基本风速(m/s)　　　　　　表 2.3-12

拟合方法	基准参数		极值分布参数			N 年期望值		
	μ_x	σ_x	a	b	γ	10 年	50 年	100 年
一月Ⅰ型	8.035	3.178	2.726	6.578	1.000	19.6	24.0	25.9
一季Ⅰ型	10.052	3.452	2.704	8.486	1.000	18.4	22.8	24.6
半年Ⅱ型	11.913	3.351	12.071	-1.878	5.350	19.1	26.6	30.6
一年Ⅱ型	13.410	3.466	13.264	-1.558	6.100	17.6	23.5	26.7
一月Ⅲ型	8.035	3.178	43.396	50.061	16.450	17.6	20.6	21.8
一季Ⅲ型	10.052	3.452	42.040	50.635	15.500	17.4	20.7	22.0

北碚气象站10m高度基本风速(m/s)　　　　　　表 2.3-13

拟合方法	基准参数		极值分布参数			N 年期望值		
	μ_x	σ_x	a	b	γ	10 年	50 年	100 年
一月Ⅰ型	6.299	2.190	2.037	5.269	1.000	15.0	18.2	19.7
一季Ⅰ型	7.839	2.192	1.748	6.836	1.000	13.2	16.0	17.3
半年Ⅱ型	8.930	2.244	8.895	-1.154	5.550	14.0	19.2	21.9
一年Ⅱ型	9.762	2.257	9.949	-1.397	5.900	13.1	17.8	20.2
一月Ⅲ型	6.299	2.190	45.419	50.726	23.200	13.7	16.2	17.2
一季Ⅲ型	7.839	2.192	43.334	50.210	24.950	12.8	15.1	16.1

已知北碚气象站50年间出现的最大风速为15.0m/s,比较表2.3-13中结果可知,按一季抽样极值Ⅲ型拟合结果15.1m/s最为接近,选用一季抽样极值Ⅲ型拟合方法来估算北碚气象站 N 年期望风速,由此推算的100年一遇的期望风速为16.1m/s。

通过比较沙坪坝气象站和北碚气象站10m高度半年抽样风速分布频度直方图与极值Ⅱ型拟合结果曲线可知,沙坪坝站风速分布拟合相对误差为6.0%,北碚站风速拟合相对误差为4.2%,满足工程应用精度。

工程场地临近气象站极值风速统计结果比较如表2.3-14所示。沙坪坝气象站基本风速资料统计分析结果中,10年重现期和100年重现期设计风速19.1m/s和30.6m/s起到控制作用。

不同分析方法风速重现期设计风速结果对比(m/s)　　　　　　表 2.3-14

分析方法	说　明	10 年重现期	100 年重现期
沙坪坝气象站统计结果	半年Ⅱ型抽样	19.1	30.6
北碚气象站统计结果	一季Ⅲ型抽样	12.8	16.1

2.3.4　复杂地貌桥址风环境相关性研究

2.3.4.1　风速测站概况

以某桥工程场址为例,进行复杂地貌桥址风环境分析,该桥址场地兼具典型山区峡谷地貌地形特征和开阔场地特征。通过调查和收集了工程场地附近(≤10km)洪家气象站、椒江口和涛江闸气象站风速记录数据,以及距离工程场地较远(≈50km)的宽阔海平面上的大陈气象站风速记录数据。四个气象站概况和相对地理位置如表 2.3-15 和图 2.3-2 所示。

桥位周围风速测站概况 表 2.3-15

测站名称	洪家气象站	大陈气象站	椒江口气象站	涛江闸气象站
观测时次	逐时,含日 10min 及瞬时风速风向			
风仪高度	10.0m	10.0m	10.0m	6.0m
测站经纬度	28.37°N,121.25°E	28.27°N,121.54°E	28.39°N,121.31°E	28.42°N,121.29°E
海拔	5.3m	84.4m	13.0m	30.0m
测站场地类别	B 类	A 类	B 类	B 类

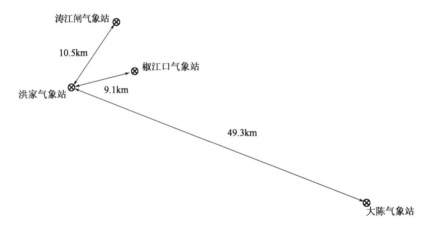

图 2.3-2 桥位周围风速测站地理位置

洪家气象站覆盖了 1971 年 1 月至 2007 年 12 月间共计 37 年 444 个月的全部月极值风速数据。大陈气象站覆盖了 1975 年 4 月至 2007 年 12 月间(除 1978 年全年数据空缺)共计 32 年 381 个月的月极值风速数据。椒江口气象站和涛江闸气象站覆盖了 2003 年 11 月至 2007 年 12 月间共计 5 年间 50 个月的全部月极值风速数据。

2.3.4.2 极值风速风向分布

将上述四个气象站风速记录资料结合气象站场地风剖面幂指数,全部转换为标准 10m 高度,对洪家气象站、大陈气象站、椒江口气象站和涛江闸气象站风速、风向分布进行统计分析,其中洪家气象站的统计结果如表 2.3-16 所示。

洪家气象站风速风向分布频度表 表 2.3-16

风向	N	NNE	NE	ENE	E	ESE	SE	SSE
平均风速(m/s)	2.8	2.9	2.9	3.3	3.4	3	2.9	2.7
风向频率(%)	5	4	5	6	6	4	4	4
最大风速(m/s)	13.7	20	14	17	14	19	13	12
风向回数(回)	2 627	2 313	2 512	3 166	3 373	2 020	1 970	2 075

续上表

风向	S	SSW	SW	WSW	W	WNW	NW	NNW
平均风速(m/s)	3	3.5	2.1	1.6	1.5	2.6	3.1	2.7
风向频率(%)	5	5	2	1	2	7	16	10
最大风速(m/s)	11	11	9	11	7	14	14	14
风向回数(回)	2 819	2 562	843	745	1 340	3 605	8 444	5 515

由气象资料可知,月极值风速相应风向并非16个方位的均匀分布。洪家气象站主要集中在WNW、NW和NNW方向,占总风速记录的33.0%,其他方向分布相对较为均匀,分别约占总风速记录的5.0%;大陈气象站主要集中在N、NNE、NE和SSW方向,占总风速记录的65.0%;椒江口气象站主要集中在NNE、NW和NNW方向,占总风速记录的29.0%;涛江闸气象站主要集中在WNW、NW和NNW方向,占总风速记录的31.0%,其他方向分布相对较为均匀,分别约占总风速记录的5.0%。由于风速和风向在16个方位分布的不均匀性,无法对每个方向进行独立的参数估计。因此采用不计方位角风速的分布概型检验与拟合方法,并依据风向分布频度估算最大可能出现的极值风向。

2.3.4.3 风速分布概型检验

由于风速观测数据数量较少,采用适合于较小样本检验的概率曲线相关系数方法进行风速分布概型检验。按阶段极值法和越界峰值法采样,以一年、半年、一季、一月最大子样对极值Ⅰ、Ⅱ、Ⅲ型分布概型分别进行检验,其结果汇总见表2.3-17。不同抽样的概型检验结果介于0.936 4~0.995 4之间。

由于风速时程并非严格意义上的平稳过程,以极值Ⅱ型按一年、半年抽样或极值Ⅲ型按一月、一季抽样均可能给出较好的期望风速估算结果,其他几种情况组合对于期望风速估算可能具有较大偏差。表2.3-18列举了考虑概型检验结果和极值分布抽样数量组合效果时,不同抽样对不同拟合概型的接受程度。

不同抽样方法检验结果　　　　表2.3-17

抽样方法		洪家气象站							
		一年抽样		半年抽样		一季抽样		一月抽样	
		相关系数	形状参数	相关系数	形状参数	相关系数	形状参数	相关系数	形状参数
阶段极值	Ⅰ型	0.985 5	1.000	0.988 8	1.000	0.987 7	1.000	0.977 0	1.000
	Ⅱ型	0.982 5	28.123	0.988 6	28.123	0.991 8	11.324	0.980 0	13.284
	Ⅲ型	0.989 4	9.268	0.987 9	28.024	0.983 9	28.115	0.973 9	28.115
越界峰值	Ⅰ型	0.971 2	1.000	0.967 4	1.000	0.961 4	1.000	0.983 3	1.000
	Ⅱ型	0.973 5	13.032	0.979 1	6.444	0.982 6	5.283	0.995 4	7.236
	Ⅲ型	0.968 7	28.084	0.961 8	28.115	0.953 5	28.123	0.977 0	28.115

续上表

抽样方法		大陈气象站							
		一年抽样		半年抽样		一季抽样		一月抽样	
		相关系数	形状参数	相关系数	形状参数	相关系数	形状参数	相关系数	形状参数
阶段极值	Ⅰ型	0.981 8	1.000	0.974 8	1.000	0.976 6	1.000	0.944 0	1.000
	Ⅱ型	0.981 4	28.123	0.983 0	7.460	0.990 5	6.136	0.945 9	14.624
	Ⅲ型	0.981 4	28.032	0.970 2	28.123	0.970 3	28.119	0.941 8	28.115
越界峰值	Ⅰ型	0.972 6	1.000	0.954 3	1.000	0.946 4	1.000	0.975 8	1.000
	Ⅱ型	0.977 6	8.508	0.977 2	4.596	0.982 7	4.004	0.993 0	5.868
	Ⅲ型	0.969 1	28.115	0.946 8	28.123	0.936 4	28.119	0.968 8	28.115

极值分布检验结论　　　　　　　　　　　　　　　　表 2.3-18

极值分布	一年抽样	半年抽样	一季抽样	一月抽样
极值Ⅰ型	排斥	排斥	不排斥	不排斥
极值Ⅱ型	不排斥	不排斥	排斥	排斥
极值Ⅲ型	排斥	排斥	不排斥	不排斥

2.3.4.4 极值分布参数估计

借鉴周围四个气象站平均风检验分析结果(表 2.3-18),以极值Ⅱ型按年、半年抽样或极值Ⅰ、Ⅲ型按较小样本时段抽样(一月或一季抽样)预测不同重现期内极值风速。表 2.3-19 和表 2.3-20 给出了观测时间较长的洪家气象站和大陈气象站分别按三种极值分布概型计算时的基准参数均值 μ_x 和均方差 σ_x、极值分布参数 a、b 和 γ 以及 N 年期望风速。

洪家气象站 10m 高度基本风速(m/s)　　　　表 2.3-19

拟合方法	基准参数		极值分布参数			N 年期望值		
	μ_x	σ_x	a	b	γ	10 年	37 年	100 年
一月Ⅰ型	10.052	3.007	2.792	8.694	1.000	22.1	25.7	28.5
一季Ⅰ型	12.156	3.457	2.353	10.676	1.000	19.3	22.4	24.8
半年Ⅱ型	13.638	3.929	13.092	−1.504	5.500	21.0	27.1	32.8
一年Ⅱ型	15.646	4.078	15.165	−1.765	5.250	21.5	28.3	34.7
一月Ⅲ型	10.052	3.007	21.640	30.533	8.400	18.3	20.1	21.2
一季Ⅲ型	12.156	3.457	19.687	30.636	7.300	18.7	20.7	22.0

大陈气象站 10m 高度基本风速(m/s)　　　　表 2.3-20

拟合方法	基准参数		极值分布参数			N 年期望值		
	μ_x	σ_x	a	b	γ	10 年	33 年	100 年
一月Ⅰ型	19.758	4.916	5.728	17.367	1.000	44.8	51.6	58.0
一季Ⅰ型	23.059	5.367	3.455	20.861	1.000	33.6	37.7	41.6
半年Ⅱ型	25.203	6.144	23.526	−1.253	7.200	30.9	36.9	43.3

续上表

拟合方法	基准参数		极值分布参数			N 年期望值		
	μ_x	σ_x	a	b	γ	10 年	33 年	100 年
一年Ⅱ型	28.564	6.805	26.227	−1.211	6.150	36.6	45.0	54.2
一月Ⅲ型	19.758	4.916	32.520	50.329	6.850	34.2	36.7	38.8
一季Ⅲ型	23.059	5.367	29.164	50.537	6.700	33.7	36.5	38.6

已知洪家气象站37年间出现的最大风速为23.0m/s和25.0m/s，比较表2.3-19中结果可知，按一月抽样极值Ⅰ型拟合结果25.7m/s最为接近，因此选用一月抽样极值Ⅰ型拟合方法来估算洪家气象站N年期望风速，由此推算的100年一遇的期望风速为28.5 m/s。

已知大陈气象站33年间出现的最大风速为35.3m/s和44.1m/s，比较表2.3-20中结果可知，按一年抽样极值Ⅱ型拟合结果45.0m/s最为接近，因此选用一年抽样极值Ⅱ型拟合方法来估算大陈气象测站N年期望风速，由此推算的100年一遇的期望风速为54.2m/s。

图2.3-3a)比较了洪家气象站10m高度一月抽样风速分布频度直方图与极值Ⅰ型拟合结果曲线；图2.3-3b)比较了大陈气象站10m高度一年抽样风速分布频度直方图与极值Ⅱ型拟合结果曲线。洪家气象站风速分布拟合相对误差为6.0%，基本满足工程应用精度；大陈气象站风速拟合相对误差为11.2%，考虑到该气象站位于海平面上，易受台风影响，在风速分布频度曲线的尾部存在多个高风速样本为导致误差较大的主要原因。

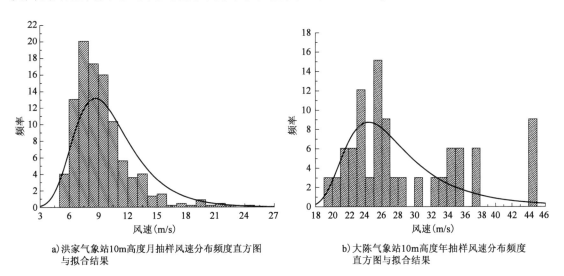

a) 洪家气象站10m高度月抽样风速分布频度直方图与拟合结果

b) 大陈气象站10m高度年抽样风速分布频度直方图与拟合结果

图 2.3-3　抽样风速分布频度直方图与拟合结果

2.3.4.5　测站风速线性回归模型建立

为了有效地利用远离工程场地的大陈气象站风速统计计算资料，需要结合次数时距回归算法，建立大陈气象站与工程场地附近洪家气象站、椒江口和涛江闸气象站之间的风速线性回归关系。

设 x 为工程场地附近洪家气象站、椒江口和涛江闸气象站月最大风速记录,y 为大陈气象站月最大风速记录,假定两者之间存在线性关系,则有下列线性回归方程:

$$y = ax + b + e \tag{2.3-14}$$

式中:a、b——回归参数;

e——回归误差。

根据数理统计,可用 $\hat{y}$ 来估计 y,即

$$\hat{y} = ax + b \tag{2.3-15}$$

按最小二乘法原理,可以确定线性回归参数 a 和 b 分别为:

$$a = \frac{\sum_{i=1}^{n} x_i y_i - n\bar{x}\bar{y}}{\sum_{i=1}^{n} x_i^2 - n\bar{x}^2}, b = \bar{y} - a\bar{x} \tag{2.3-16}$$

式中:$\bar{x}$、$\bar{y}$——分别为样本 $\{x_1, x_2, \cdots, x_n\}$ 和 $\{y_1, y_2, \cdots, y_n\}$ 的均值;

n——样本数量。

大陈气象站与其他三个气象站之间同步观测风速线性回归拟合结果如表 2.3-21 所示,最大平均偏差为 -2.37%,最大均方偏差为 17.91%。图 2.3-4 分别给出了椒江口气象站、涛江闸气象站、洪家气象站与大陈气象站同步观测风速线性回归关系,表明线性回归结果可以较好地再现同步观测风速序列之间的变化趋势,回归误差相对较小。

四个气象站同步观测风速线性回归结果　　　　　　表 2.3-21

y	x	时间范围(年.月)	n	a	b	误差 1	误差 2
大陈气象站	洪家气象站	1975.4—1977.12 1979.1—2007.12	381	1.038 1	9.628 5	-0.24%	15.98%
	椒江口气象站	2003.11—2007.12	50	0.952 9	8.185 7	-1.87%	17.91%
	涛江闸气象站	2003.11—2007.12	50	1.042 6	6.858 7	-2.37%	17.90%
洪家气象站	椒江口气象站	2003.11—2007.12	50	0.488 4	2.981 2	-1.19%	12.02%
	涛江闸气象站	2003.11—2007.12	50	0.585 0	1.654 8	-0.93%	12.06%

根据大陈气象站月极值风速记录,由线性回归方法换算得到工程场地临近气象站风速结果,而后结合洪家气象站拟合优化结果,按一月抽样极值 I 型和按一年抽样极值 II 型估算工程场地临近位置设计风速,分别如表 2.3-22、表 2.3-23 所示。比较表中极值风速预测结果,偏安全地选取大陈气象站与椒江口气象站线性回归极值风速预测结果,即 10 年重现期设计风速为 28.3m/s,100 年重现期设计风速为 37.1m/s。

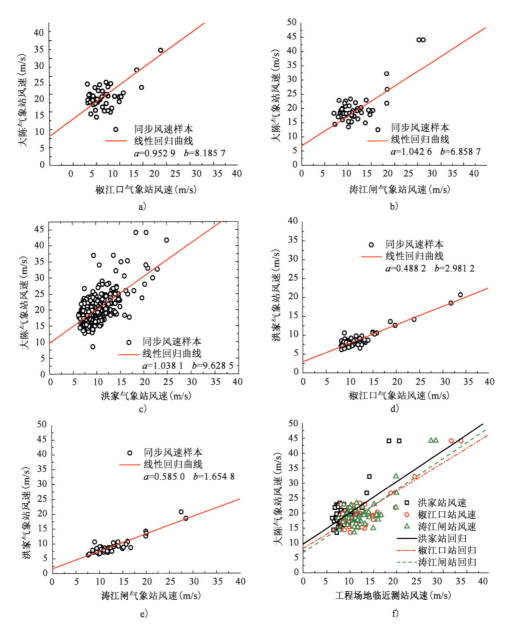

图 2.3-4 不同气象站和工程场地之间的同步观测风速线性回归关系

由大陈气象站换算工程场地临近位置风速预测结果(一月 I 型抽样,m/s)　　表 2.3-22

远距离测站 y	工程场地临近位置 x	基准参数		极值分布参数			N 年期望值	
		μ_x	σ_x	a	b	γ	10 年	100 年
大陈气象站	洪家气象站	9.926	4.278	3.189	8.123	1.000	23.4	30.7
	椒江口气象站	12.284	4.721	3.780	10.258	1.000	28.3	37.1
	涛江闸气象站	12.489	4.360	3.702	10.588	1.000	28.3	36.8

由大陈站换算工程场地临近位置风速预测结果(一年Ⅱ型抽样,m/s)　　表2.3-23

远距离测站 y	工程场地临近位置 x	基准参数		极值分布参数			N年期望值	
		μ_x	σ_x	a	b	γ	10年	100年
大陈气象站	洪家气象站	18.242	6.552	18.343	-3.642	4.650	26.1	45.7
	椒江口气象站	21.376	7.146	19.962	-2.452	4.650	30.0	51.2
	涛江闸气象站	20.818	6.521	18.296	-1.003	4.650	28.7	48.2

另外,按《公路桥涵设计通用规范》中规定的设计基本风速,对工程场地临近洪家气象站和较远距离的大陈气象站线性回归风速统计结果进行比较(表2.3-24)。

不同分析方法风速重现期设计风速结果对比(m/s)　　表2.3-24

分析方法	说明	10年重现期	100年重现期
规范结果	浙江台州市椒江区洪家基本风速	23.9	32.6
规范结果	浙江台州市椒江区下大陈基本风速	38.5	52.1
洪家气象站统计结果	一月Ⅰ型抽样	22.1	28.5
大陈气象站统计结果	一年Ⅱ型抽样	36.6	54.2
大陈气象站线性回归统计结果	一月Ⅰ型抽样	28.3	37.1
大陈气象站线性回归统计结果	一年Ⅱ型抽样	30.0	51.2

比较表2.3-24可知,大陈气象站基本风速资料统计分析结果中,10年重现期和100年重现期设计风速36.6m/s和54.2m/s起到控制作用。

本章参考文献

[1] Simiu E, Scanlan R H.风对结构的作用:风工程导论[M].刘尚培,项海帆,谢霁明,译.上海:同济大学出版社,1992.

[2] 段忠东,欧进萍.极值风速的最优概率模型[J].土木工程学报,2002,35(5):11-16.

[3] 葛耀君.宝山、川沙和龙华气象站日最大风速记录数据汇编.同济大学土木工程防灾国家重点实验室.1997.

[4] 葛耀君.桥梁结构风振可靠性理论及其应用研究[D].上海:同济大学,1997.

[5] 胡晓红,葛耀君,庞加斌.上海"派比安"台风实测结果的二维脉动风谱拟合[J].结构工程师,2002(2):41-47.

[6] 李会知,关罡,郑冰.风洞模拟大气边界层的数据处理[J].郑州大学学报(工学版),2002,23(4).

[7] 李鹏飞,赵林,葛耀君.上海崇明越江通道工程场地脉动风特性分析[J].结构工程师,2007,23(1):56-61.

[8] 刘春华.大跨度桥梁抖振响应的非线性时程分析[D].上海:同济大学,1995.

[9] 欧进萍,刘春厚.渤海海域的风特性统计分析[J].海洋通报,1997(1):20-28.

[10] 庞加斌.沿海和山区强风特性的观测分析与风洞模拟研究[D].上海:同济大学,2006.

[11] 庞加斌,葛耀君,陆烨.大气边界层湍流积分尺度的分析方法[J].同济大学学报(自然科学版),2002,30(5).

[12] 苏成,何滔.几种常用风谱模型的对比研究[J].结构工程师,2003(s1):260-264.

[13] 田浦,等.台风风谱的研究.第二届全国结构风效应学术会议论文集.1988.

[14] 王聪.关于高层和高耸结构顺风向风振计算的研究.中国土木工程学会高耸结构第七届学术交流会,1984.

[15] 肖仪清,孙建超,李秋胜.台风湍流积分尺度与脉动风速谱—基于实测数据的分析[J].自然灾害学报,2006,15(5):45-53.

[16] 么枕生.气候统计学基础:统计气候学理论[M].北京:科学出版社,1984.

[17] 项海帆,等.公路桥梁抗风设计指南[M].北京:人民交通出版社,1996.

[18] 赵林.风场模式数值模拟与大跨桥梁抖振概率评价[D].上海:同济大学,2003.

[19] 赵林,葛耀君,项海帆.极值风速拟合优化策略[J].同济大学学报(自然科学版),2003,31(4):383-388.

[20] 赵林,葛耀君,项海帆.平均风极值分布极大似然求解及其应用[J].土木工程学报,2004,37(6).

[21] 中华人民共和国行业标准 JTG D60—2015 公路桥涵设计通用规范[S].北京:人民交通出版社,2015.

[22] 中华人民共和国行业标准 JTG/T D60-01—2004 公路桥梁抗风设计规范[S].北京:人民交通出版社,2004.

[23] Davenport A G. The Spectrum of Horizontal Gustiness Near the Ground in High winds[J]. Quart. J. Meteor. soc. 1960, 87.

[24] Garg R K, Lou J X, Kasperski M. Some features of modeling spectral characteristics of flow in boundary layer wind tunnels[J]. Journal of Wind Engineering and Industrial Aerodynamics, 1997, 72(1):1-12.

[25] Hignett P, Hopwood W P. Estimates of effective surface roughness over complex terrain[J]. Boundary-Layer Meteorology, 1994, 68(1-2):51-73.

[26] Jain A, Jones N P, Scanlan R H. Coupled flutter and buffeting analysis of long–span bridges[J]. Journal of Structural Engineering, 1996, 122(7): 716-725.

[27] Li Q S, Xiao Y Q, Wong C K, et al. Field measurements of typhoon effects on a super tall building[J]. Engineering Structures, 2004, 26(2):233-244.

[28] Simiu E. Wind spectra and dynamic along wind response, J. Struct. Div., ASCE, 100(1974).

[29] Simiu E, Filliben J J, Changery M. Extreme wind speeds at 129 airport stations[J]. Journal of the Structural Division, 1980, 106(4): 809-817.

[30] Scanlan R H, Simiu E. Wind Effects on Structures: Fundamentals and Applications to Design[M]. New York: Wiley, 1996.

[31] Taylor P A, Teunissen H W. The Askervein Hill project: Overview and background data[J]. Boundary-Layer Meteorology, 1987, 39(1-2):15-39.

[32] Teunissen H W. Structure of mean winds and turbulence in the planetary boundary layer over rural terrain [J]. Boundary-Layer Meteorology, 1980, 19(2):187-221.

[33] XU, Y L, ZHAN. Field measurements of Di Wang Tower during typhoon york[J]. Journal of Wind Engineering & Industrial Aerodynamics, 2001, 89(1):73-93.

第3章 典型断面桥梁气动参数数据库及抗风性能评价

3.1 概 述

在大跨度桥梁工可研究阶段、投标阶段和初步设计阶段等结构前期设计阶段,桥梁结构断面形式通常需要经过反复比选、修改和完善,若对每一个设计方案都采用风洞试验的方法确定抗风性能,其灵活性和经济性均相对较差。迄今为止,通过前期进行的大量桥梁风洞试验,已积累了大量的试验参数和试验结果,但这些试验结果比较零散,缺乏总结和归纳。因此,有必要对已进行的大量大跨桥梁风洞试验的试验结果进行合理的整理、总结和归纳,建立和完善大跨桥梁抗风性能参数的数据库系统,并研发典型断面桥梁抗风性能评价软件。这样,桥梁设计师就能够在桥梁结构前期设计阶段,利用建立的大跨桥梁抗风性能风洞试验数据库来初步确定不同方案桥梁结构的气动参数、分析评价桥梁方案抗风性能。

3.2 桥梁气动参数数据库架构

本文研发的桥梁气动参数数据库(Bridge Aerodynamic Library)是一个管理桥梁构件空气动力参数的数据库软件,可以管理的数据主要包括桥梁主梁结构的静风力系数、颤振导数以及桥塔(墩)结构的静风力系数和斯特劳哈尔数等。

3.2.1 主梁气动参数数据库

在 Bridge Aerodynamic Library 中存储和管理的主梁气动参数数据包含主梁截面类型名称、风洞试验参数、截面图示、主梁在不同攻角下的静风力系数、主梁在不同攻角和折算风速下的颤振导数、其他相关说明等,如图 3.2-1 所示。这些信息包含在主梁气动参数数据库的三个面板中:数据信息、静风力系数和颤振导数,三个面板可以在文件面板下部的选项卡上切换。

(1)数据信息

数据信息面板中包含了数据的名称、说明、图片和参数。说明中填写对试验或数据获得方式的文本描述。点击"设置图片"即可浏览并为该数据选择一张图片。点击"重设图片"可以清除已经设置的图片。

图 3.2-1　主梁气动参数数据库

在面板下部的表格中填写主梁气动力特性的各种参数（图 3.2-2），比如：尺寸、质量、质量惯性矩、振动频率、风速和阻尼比等。"名称"和"单位"列的数据类型为文本。"真实值"和"模型值"列的数据类型为数字。"相似比"列的数据类型为比例，比例的格式为"数字：数字"或"数字/数字"。

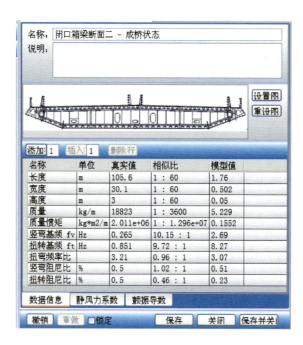

图 3.2-2　主梁气动参数数据库试验数据信息面板

(2)静风力系数

静风力系数面板中包含了主梁在不同风攻角下的 5 个静风力系数：C_L、C_D、C_M、C_V 和 C_H。C_L 和 C_D 为风轴下的升力系数和阻力系数；C_V 和 C_H 为体轴下的升力和阻力系数；C_M 为升力矩系数；表格中的一行为一个攻角下的静风力系数数据，如图 3.2-3 所示。

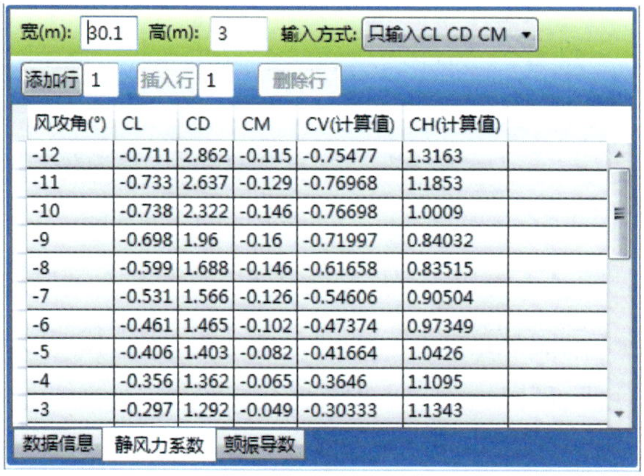

风攻角(°)	CL	CD	CM	CV(计算值)	CH(计算值)
-12	-0.711	2.862	-0.115	-0.75477	1.3163
-11	-0.733	2.637	-0.129	-0.76968	1.1853
-10	-0.738	2.322	-0.146	-0.76698	1.0009
-9	-0.698	1.96	-0.16	-0.71997	0.84032
-8	-0.599	1.688	-0.146	-0.61658	0.83515
-7	-0.531	1.566	-0.126	-0.54606	0.90504
-6	-0.461	1.465	-0.102	-0.47374	0.97349
-5	-0.406	1.403	-0.082	-0.41664	1.0426
-4	-0.356	1.362	-0.065	-0.3646	1.1095
-3	-0.297	1.292	-0.049	-0.30333	1.1343

图 3.2-3 主梁气动参数数据库静风力系数面板

静风力系数的输入方式有三种：全部输入、只输入 C_L、C_D、C_M 和只输入 C_V、C_H、C_M。

当选择“全部输入”时，5 个静风力系数都可以输入。

当选择“只输入 C_L、C_D、C_M”时，只需输入 C_L、C_D、C_M 三种数据，C_V、C_H 将根据 C_L、C_D 自动计算得到。要自动计算 C_V、C_H，需要在上方输入“宽”和“高”两个数据，分别为主梁的静风力计算宽度和高度。

当选择“只输入 C_V、C_H、C_M”时，只需输入 C_V、C_H、C_M 三种数据，C_L、C_D 将根据 C_V、C_H 自动计算得到。要自动计算 C_L、C_D，需要在上方输入“宽”和“高”两个数据，分别为主梁的静风力计算宽度和高度。

在数据表格上点击右键，并点击“按照风攻角排序”即可将数据行按照风攻角由小到大的顺序排序。

(3)颤振导数

颤振导数面板中包含了主梁在不同攻角下的颤振导数表格，其中每个颤振导数表格中包含不同折算风速下的 18 个颤振导数数据，如图 3.2-4 所示。

点击“创建表”即可创建一个新的颤振导数表格，点击“删除表”即可删除当前颤振导数表格。创建文件时，此面板中会自动添加一个颤振导数表格。

在“风攻角”文本框中可以更改当前的颤振导数表格对应的风攻角。可以在“注释”文本框中对此表格进行简单说明，比如“最大单悬臂”“最大双悬臂”等。

在面板左侧的列表中可以选择不同攻角下的颤振导数表格，选中的数据将显示在面板中。

图 3.2-4　主梁气动参数数据库颤振导数面板

表格的上方有 4 个选项："A 列""H 列""P 列"和"隐藏 5,6 列"。选中"A 列"则显示以 A 开头的颤振导数列,不选中则隐藏这些列。同理适用于"H 列"和"P 列"。由于各类颤振导数的第 5 和第 6 项通常不使用,可以通过选中"隐藏 5,6 列"将 A、H 和 P 的第 5 和第 6 列隐藏起来。

在颤振导数表格中点击右键→点击"按照风速排序"即可将表格中的行按照风速从小到大的顺序排列。

3.2.2　桥塔(墩)气动参数数据库

在 Bridge Aerodynamic Library 中存储和管理的桥塔(墩)空气动力数据包含桥塔(墩)截面类型名称、截面图示、试验参数描述、不同的塔柱在不同风偏角下的静风力系数和斯特劳哈尔数、其他说明等,如图 3.2-5 所示。这些信息包含在桥塔(墩)气动参数数据库的两个面板中,

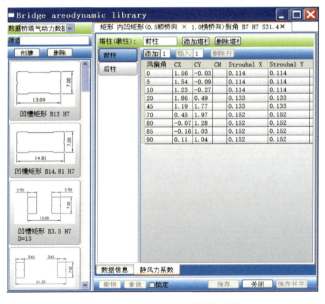

图 3.2-5　桥塔(墩)气动参数数据库

即:"数据信息"和"静风力系数",两个面板可以在文件面板下部的选项卡上切换。

(1) 数据信息

数据信息面板中包含了数据的名称、说明、图片和参数,如图3.2-6所示。

图3.2-6 桥塔(墩)气动参数数据库数据信息面板

数据的名称必须填写并且不能和其他数据的名称重复。说明中填写对试验或数据获得方式的文本描述。点击"设置图片"即可浏览并为该数据选择一张图片。点击"重设图片"可以清除已经设置的图片。

面板下部的表格填写主梁气动力特性的各种参数。比如尺寸、质量、质量惯性矩、振动频率、风速和阻尼比等。"名称"和"单位"列的数据类型为文本。"真实值"和"模型值"列的数据类型为数字。"相似比"列的数据类型为比例,比例的格式为"数字:数字"或"数字/数字"。

(2) 静风力系数和斯特劳哈尔数

静风力系数面板中包含了各个塔柱(墩柱)在不同风偏角下的三分力系数和两个方向的斯特劳哈尔数。

一个塔柱(墩柱)的数据由一个表格表示,表格中的每一行包含风偏角以及该风偏角下的 x 方向气动力系数 C_x、y 方向气动力系数 C_y、气动扭矩系数 C_m 和 x、y 方向的斯特劳哈尔数 Strouhal X、Strouhal Y。

点击"添加塔柱"按钮可以创建一个新的表格,在上部的文本框中可以编辑塔柱的名称。点击"删除塔柱"按钮可以删除当前塔柱数据。

在左侧的列表中可以选择面板当前显示的塔柱的数据。

在表格中点击右键→点击"按照风偏角排序"即可将表格中的行按照风偏角从小到大的顺序排列。

3.3 典型断面桥梁抗风性能数值评价

基于《公路桥梁抗风设计规范》(JTG/T D60-01—2004)、桥梁气动参数数据库和二维三自由度耦合颤振分析方法,开发了桥梁抗风性能评价实用软件,能够快速完成对大跨度桥梁在风荷载作用下的静力性能和动力性能的评估。主要功能包括:基本风速计算、静阵风荷载计算、静力稳定性验算、颤振稳定性验算、涡激共振性能分析等。

公路桥梁抗风性能数值评价软件主要由四个评价模块组成,即:风速数据库与风速计算模块、风荷载计算模块、桥梁动力特性模块和桥梁抗风稳定性验算模块,如图 3.3-1 所示。

图 3.3-1 公路桥梁抗风性能数值评价软件模块构成

本书开发的桥梁抗风性能评价软件具有以下特点:

①基本风速查询模块整合了全国 590 个气象站的基本风速数据和 2 271 个城镇的经纬度坐标。基于风速数据和坐标数据,通过平面三角网格对数据进行插值,并在经纬度和地图位置间建立映射关系,从而实现了通过地图经纬度查询基本风速的功能,很大程度上方便了用户对基本风速的查询。

②抗风性能评价模块实现了对静风稳定性、颤振稳定性和涡振性能等桥梁结构最为重要的三项抗风性能的评价和验算。其中静风稳定性评价调用主梁静风三分力系数的数据,颤振稳定性评价调用主梁气动导数的数据,这些气动参数信息可由桥梁结构气动参数数据库、数值

风洞模拟或物理风洞试验得到。

③ 使用方便,效率高、用户界面友好。主程序根据数据的计算关系能自动生成用户输入向导,在计算前也能准确预测需要的参数,并提前向用户汇报未输入的数据。软件各计算模块的划分使得逻辑关系更明确,而模块之间的数据共享使程序的整体性增强,减少了所需的用户输入。

3.3.1 风速计算

3.3.1.1 全国基本风速数据库的建立

(1) 数据源

本数据库的基本风速信息采用《公路桥梁抗风设计规范》(JTG/T D60-01—2004)附表 A 提供的数据,收录了我国 657 个基本站台 1961—1995 年间记录的风速资料,通过极值 I 型分布曲线进行拟合,并考虑 100 年重现期,得到相应各气象台站 100 年一遇的最大风速值。数据中包括地名、海拔高度、10 年、50 年和 100 年重现期的基本风速值。基本风速表的记录内容为:省(市)、地名、海拔高度、10 年一遇风速、50 年一遇风速和 100 年一遇风速。

经纬度的数据通过网络进行收集,来源有各大地理信息网、腾讯网和 Google Earth。基本风速表中数据共 590 条,涵盖全国各省市。经纬度数据一共收集了 2 271 条。经纬度表的记录内容为:省市、地名、东经、北纬。经纬度表中的地名涵盖了基本风速表中的所有地名。在建立三角网格的时候,对于每条风速记录,通过其省市名和地名在经纬度表中查询观察地的经纬度,以经纬度为 x 坐标和 y 坐标生成三角网格,对于两个数据库中地名不相同的情况,采用部分匹配来查询。在查询某地的基本风速时,首先根据地名在经纬度表中查询得到该地的地理坐标,然后在风速三角网格中查询此坐标对应的风速值。

(2) 全国风速三角网格的生成以及经纬度与地图的绑定

在基本风速数据生成的三角网格中,风速是节点的值,经纬度是节点坐标。这两个数据是分别从两个数据库中获得的。首先从风速表中获取全国 590 个基本风速观测值和地名;其次根据地名从包含 2 290 条记录的经纬度表中查询每个气象站的经纬度;最后根据经纬度作为 x,y 值建立平面直角坐标系,并对包含风速数据的节点用 Delaunay 三角剖分算法和四叉树加速算法建立三角网格。

为了对数据库的变更作出反应,基本风速三角网是在每次程序运行中第一次要求使用风速数据时生成的。数据库的改变将在下次运行程序时显示出来。

将风速数据与地图绑定可以提高风速查询的直观性,用户只需在地图上点击桥梁所在地便可获得桥址处的基本风速,给用户带来更好的体验。通过采用二次多项式变换,能够很好地将风速网格映射到地图上。通过这样的方式,数据使用的坐标和图像位置之间就建立了一一映射关系，当用户在图像上指定一点时，就可以得到该点的经纬度坐标，并通过数据三角网查询得到该点的基本风速值。

3.3.1.2 基本风速数据查询

通过制作成的全国风速数据库嵌入到计算机程序中，以方便程序对数据进行访问和分析。由于风速的数据有限，通过程序和对其进行空间插值和拟合推算，从而获得全国各地的风速值，方便抗风设计时使用。

风速数据库具备三种查询方式：通过地名查询（图3.3-2）、通过经纬度查询和通过地图查询，三种方法都需要使用风速网格数据。通过地名进行查询时，先从数据库获得该点的经纬度，并转化为通过经纬度查询。通过地图查询时，先将地图坐标经过映射表达式变换到经纬度坐标，也转化为通过经纬度查询。

图3.3-2 基于地名的全国基本风速数据库查询

通过这个数据库，我们可以在不同的情况下以不同的方式查询全国任何地区的基本风速，极大地提高了数据使用的效率和灵活性。

3.3.1.3 设计基准风速计算

当桥梁所在地区的气象台站具有足够的连续风速观测数据时，可采用由观测数据推算出的以100年为重现期的10min平均年最大风速的数学期望值作为基本风速。当缺乏观测资料时，可以根据全国基本风速数据库对桥址处的基本风速进行查询得到。

进一步根据工程场地地表粗糙度系数、粗糙度，基于抗风规范给出了风速沿竖直高度方向分布的指数模型和风速重现期折减系数，推算得到"指定高度处的基准风速""主梁设计基准风速""吊杆、缆索设计基准风速""桥塔（墩）设计基准风速"和"施工阶段各构件基准风速"等，软件功能如图3.3-1a)所示。

3.3.2 风荷载计算

桥梁受到的风荷载作用包括平均风作用、脉动风的背景作用和惯性力作用。其中平均风作用和脉动风作用之和称作静阵风荷载。基于《公路桥梁抗风设计规范》（JTG/T D60-01—2004)相关规定、桥梁气动参数数据库，编制了风荷载计算模块，主界面如图3.3-1b)所示。本风荷载计算模块可以计算桥梁静阵风系数，主梁、桥塔（桥墩）和缆索、吊杆静阵风风速，以及各结构的静阵风荷载。其中典型截面主梁风荷载和桥塔（墩）风荷载计算用户界面如图3.3-3所示。

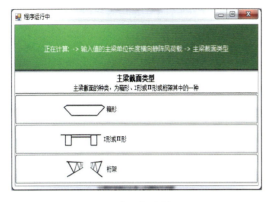

a) 主梁截面类型选择   b) 桥塔(桥墩)截面形状选择

图 3.3-3   不同截面类型主梁和桥塔(墩)的风荷载计算

3.3.3 动力特性计算

结构的动力特性是桥梁抗风稳定性验算的重要参数之一。本程序中获得结构动力特性的途径有两种，一种是从文件读入已有的动力特性计算结果，另一种是采用理论或经验公式进行结构动力特性估算。

(1) 从文件读入模式

首先通过有限元软件对结构的动力特性进行计算，然后将计算结果写入文件中，如图 3.3-4 所示。

(2) 基于经验公式的桥梁基频估算

当没有进行动力特性有限元计算时，本程序可以根据理论或经验公式方法对桥梁的基频进行估算，用户界面如图 3.3-5 所示。

图 3.3-4   动力特性输入文件方式

3.3.4 抗风稳定性验算

桥梁抗风稳定性模块可以验算桥梁在风荷载作用下的静力稳定性和动力稳定性，并对涡激共振的振幅和锁定风速进行计算，软件主界面如图 3.3-1d) 所示。

3.3.4.1 静风稳定性验算

桥梁静风稳定性验算包括横向屈曲稳定性和静力扭转稳定性验算，主要根据《公路桥梁抗风设计规范》(JTG/T D60-01—2004) 规定的经验公式进行，相关输入的气动力参数则根据桥梁气动参数数据库查询相似截面得到，或通过数值风洞模拟得到。

 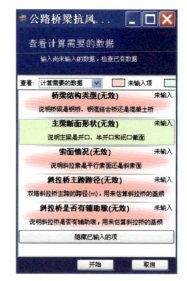

a) 悬索桥基频估算模块   b) 斜拉桥基频估算模块

图 3.3-5   桥梁基频计算

3.3.4.2 颤振稳定性验算

在进行颤振稳定性验算时，通过计算颤振稳定性指数对桥梁的颤振稳定性进行分类。颤振稳定性指数表示桥梁发生颤振的难易程度，值越大表示越容易发生颤振。颤振稳定性指数 I_f 按式(3.3-1)进行计算：

$$I_f = \frac{[V_{cr}]}{f_t \cdot B} \tag{3.3-1}$$

式中：f_t——扭转基频，双塔斜拉桥取对称扭转基频，悬索桥取较小的扭转基频；

B——桥面全宽；

$[V_{cr}]$——颤振检验风速，根据式(3.3-2)计算：

$$[V_{cr}] = 1.2 \cdot \mu_f \cdot V_d \tag{3.3-2}$$

式中：V_d——主梁设计基准风速；

μ_f——风速脉动修正系数，按抗风规范规定取值。

计算得到颤振稳定性指数 I_f 后，按照规范要求对颤振稳定性检验进行分级：

（1）当颤振稳定性指数 $I_f < 2.5$ 时，按照下述公式计算颤振临界风速 V_{cr}：

$$V_{cr} = \eta_s \cdot \eta_\alpha \cdot V_{co} \tag{3.3-3}$$

$$V_{co} = 2.5\sqrt{\mu \cdot \frac{r}{b}} \cdot f_t \cdot B \tag{3.3-4}$$

式中：V_{co}——平板颤振临界风速；

η_s——形状系数；

η_α——攻角效应系数,按照抗风规范相关规定取值。

各种典型主梁截面类型的桥梁颤振稳定性验算界面如图 3.3-6 所示。

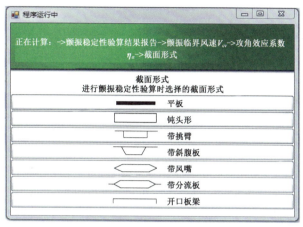

图 3.3-6 不同主梁截面类型的桥梁颤振稳定性验算

(2)当颤振稳定性指数 $2.5 \leqslant I_f < 4.0$ 时,将自动采用"二维三自由度耦合颤振分析方法"(2D3DOF)计算颤振临界风速 V_{cr},如图 3.3-7 所示。输入的颤振导数可以通过查询桥梁结构气动参数数据库类似截面得到,或通过研发的"桥梁结构数值风洞模拟软件"进行 CFD 模拟获得,也可以通过风洞试验得到。

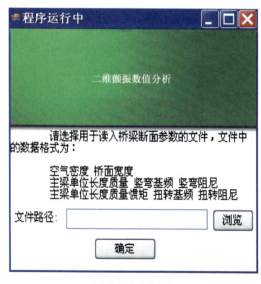
a)结构特性参数输入

b)颤振导数输入

图 3.3-7 二维颤振数值分析方法颤振稳定性验算

(3)当颤振稳定性指数 $4.0 \leqslant I_f < 7.5$ 时,在提示用户同意后仍可采用二维颤振数值分析方法(2D3DOF)进行颤振临界风速的计算;同时,软件警告该桥宜进行主梁的气动选型,并通过节段模型试验、全桥模型试验进行检验。

（4）当颤振稳定性指数 $I_f \geqslant 7.5$ 时，在用户允许时仍可采用二维颤振数值分析方法进行颤振临界风速的计算；同时，软件提示宜进行主梁的气动选型、进行详细的颤振稳定性分析或采取振动控制技术。

3.4 马鞍山长江公路大桥抗风性能数值评价示例

3.4.1 工程简介

马鞍山长江公路大桥位于安徽省东部，该桥为两主跨三塔悬索桥，桥跨布置为400m + 1 080m + 1 080m + 400m = 2 960m，如图3.4-1 所示。主梁采用流线型扁平钢箱梁，宽度为38.5m，中心线处梁高度为3.5m；索塔总高176.85m；两根主缆横向间距为35.8m。

a) 桥梁效果图

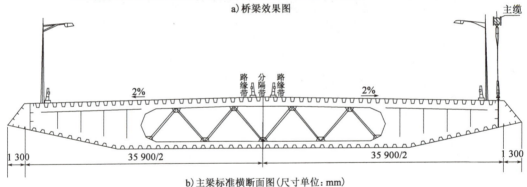

b) 主梁标准横断面图（尺寸单位：mm）

图3.4-1 马鞍山长江公路大桥方案

3.4.2 桥位边界层风特性

（1）桥位10m高度基准风速

在"基本风速计算"模块中，通过"获取基本风速"的相关计算向导输入信息。通过经纬度查询基本风速，并将取值方式设置为"临近气象站最大值"，得到马鞍山市的基本风速为 V_{s10} = 26.22m/s；该桥桥址位于开阔江面，地表类别为 A 类，地表粗糙度系数为0.12。查询10m高度处得,设计基准风速为 $V_{s10} = 31.82\text{m/s}$。

(2)主梁设计基准风速

根据设计资料,主梁设计基准高度为57.827m,计算得到主梁设计基准风速为39.27m/s。

(3)颤振检验风速

根据软件计算向导提示,输入主跨跨径1080m,计算得颤振检验风速$[V_{cr}] = 56.55\text{m/s}$。

3.4.3 颤振稳定性评价

进入软件"桥梁抗风稳定性"模块,通过"验算颤振稳定性"子模块进行颤振稳定性分析;并调用了二维三自由度颤振数值分析程序计算成桥状态攻角为0°的颤振稳定性。

根据计算向导输入相关信息:桥面全宽 $B = 38.5\text{m}$;并通过文件方式输入主梁截面参数和颤振导数,如表3.4-1~表3.4-3所示,其中颤振导数通过节段模型风洞试验获得(若没有风洞试验结果时,可由桥梁结构数值风洞模拟软件计算获得或桥梁结构气动参数数据库获得)。

马鞍山长江公路大桥结构参数   表3.4-1

空气密度 (kg/m³)	桥面宽度 (m)	单位长度质量 (kg/m)	竖弯基频 (Hz)	竖弯阻尼	单位长度质量 惯性矩 (kg·m²/m)	扭转基频 (Hz)	扭转阻尼
1.25	38.5	27651	0.08	0.005	4 539 990	0.26	0.005

马鞍山长江公路大桥主梁0°攻角的颤振导数1   表3.4-2

V_r	A_1	A_4	H_1	H_4
3.617 9	-0.012 3	0.008 2	-0.636 8	-0.207
6.115 7	0.396 8	0.039 1	-1.789 9	0.018
8.674 5	0.688 1	0.065 5	-2.873 4	0.237 5
9.950 4	0.619 1	0.049 9	-3.259 7	0.226 2
11.261 7	1.074 3	0.007 2	-3.720 7	0.144 1

马鞍山长江公路大桥主梁0°攻角的颤振导数2   表3.4-3

V_r	A_2	A_3	H_2	H_3
3.643 6	-0.038 4	0.112 1	-0.598 1	-0.467 7
4.645 5	-0.049 2	0.193 6	-0.633 7	-0.966 3
6.251	-0.158 1	0.357 5	-0.514 6	-1.112 4
7.426 1	-0.134 6	0.479 8	-0.935 7	-2.336 3
8.744 2	-0.211 1	0.660 3	-0.924 6	-3.375
9.448	-0.212 7	0.761 2	-0.948 4	-3.854 8
10.238 7	-0.250 9	0.910 2	-0.789 1	-4.529 9
11.019 5	-0.328 4	1.099 8	-0.854	-4.887 6

通过软件分析得到颤振验算结果如下：

扭转基频 $f_t = 0.262\text{Hz}$；颤振稳定性指数 $I_f = 5.6$；颤振检验风速 $[V_{cr}] = 56.6\text{m/s}$；颤振临界风速 $V_{cr} = 90\text{m/s}$；安全度系数 $n = 1.59$；颤振稳定性满足要求。

3.4.4 静风稳定性评价

大桥主梁的三分力系数通过风洞试验得到，如表3.4-4所示。

马鞍山长江公路大桥主梁三分力系数及其随攻角变化斜率　　　表3.4-4

断面形式	攻角	阻力系数		升力系数		升力矩系数	
		C_D	$dC_D/d\alpha$	C_L	$dC_L/d\alpha$	C_M	$dC_M/d\alpha$
成桥状态	-3°	0.8148		-0.3209		-0.0398	
	0°	0.6597	-1.2834	-0.1552	3.7643	0.0091	1.0027
	+3°	0.6319		0.0458		0.0629	

（1）静力扭转稳定性

按照软件输入向导提示输入的参数如下：攻角为0°时，扭转气动导数对攻角的斜率为 $dC_M/d\alpha = 1.0027$；桥面系单位长度质量 $m = 27651\text{kg/m}$；桥面和主缆单位长度惯性矩为 $I_m = 4539990\text{kg}\cdot\text{m}^2/\text{m}$；

经软件计算得到如下结果：静力扭转发散临界风速 $V_{td} = 115\text{m/s}$；主梁设计基准风速 $V_d = 39.3\text{m/s}$；扭转发散稳定性系数 $n = 2.93 > 2$；静力扭转稳定性满足要求，如图3.4-2所示。

（2）横向屈曲稳定性

悬索桥在风荷载的静力作用下可能出现横向屈曲失稳，马鞍山长江公路大桥为双主跨悬索桥，需要验算此桥的横向屈曲稳定性。按照软件输入向导提示输入的参数如下：风攻角为0°时，主梁升力对攻角的导数 $dC_L/d\alpha = 3.7643$；主梁的迎风投影高度 $h = 4.00\text{m}$。

经软件计算得到悬索桥横向静力屈曲临界风速 $V_{lb} = 101\text{m/s}$，设计基准风速 $V_d = 39.3\text{m/s}$，安全系数为 $n = 2.573 > 2$。因此，该桥静风稳定性能满足桥梁抗风设计规范要求如图3.4-2所示。

a）桥梁静力扭转稳定性评价　　　　b）桥梁横向屈曲稳定性评价

图3.4-2　马鞍山长江公路大桥桥梁静力稳定性评价结果

本章参考文献

[1] 葛耀君,等.西堠门大桥抗风性能研究报告[R].同济大学土木工程防灾国家重点实验室.
[2] 葛耀君,等.九江长江大桥抗风性能研究报告[R].同济大学土木工程防灾国家重点实验室.
[3] 葛耀君,等.大门大桥抗风性能研究报告[R].同济大学土木工程防灾国家重点实验室.
[4] 朱乐东,等.象山大桥抗风性能研究报告[R].同济大学土木工程防灾国家重点实验室.
[5] 葛耀君,等.上海闵浦二桥抗风性能研究报告[R].同济大学土木工程防灾国家重点实验室.
[6] 李国豪.桥梁结构稳定与振动[M].北京:中国铁道出版社,1992.
[7] 项海帆.现代桥梁抗风理论与实践[M].北京:人民交通出版社,2005.
[8] Simiu E, Scanlan R H. 风对结构的作用:风工程导论[M].刘尚培,项海帆,谢霁明,译.上海:同济大学出版社,1992.
[9] 杨詠昕.大跨度桥梁二维颤振机理及其应用研究[D].上海:同济大学,2002.
[10] 杨詠昕,葛耀君,项海帆.大跨度桥梁典型断面颤振机理[J].同济大学学报(自然科学版),2006,34(4).
[11] 曹丰产,葛耀君,吴腾.钢箱梁斜拉桥涡激共振及气动控制措施研究[C]//全国结构风工程学术会议.2007.
[12] 贺媛,宋锦忠,杨詠昕.桥塔自立状态下抗风性能的比较研究[J].结构工程师,2007,23(6):49-55.
[13] 张伟,葛耀君,魏志刚,等.分离双箱高低雷诺数涡振的试验研究[J].空气动力学学报,2008,26(3).
[14] 李永君.大跨度桥梁涡振二维计算模型及其实验研究[D].上海:同济大学,2004.
[15] Larsen A. Aerodynamics of the Tacoma Narrows Bridge – 60 years later[J]. Structural Engineering International, 2000, 10(4): 243-248.
[16] 中华人民共和国行业标准 JTG/T D60-01—2004 公路桥梁抗风设计规范[S].北京:人民交通出版社,2004.

第4章 桥梁气动参数识别的数值风洞技术

4.1 概　　述

在土木工程领域,大多数物建筑物或结构物表现为具有尖边的钝体形状,钝体周围的流场非常复杂,伴随着气流的撞击、分离、再附、环流和旋涡等现象。迄今为止,对这种钝体绕流的数值模拟仍然是现代计算流体动力学的难题之一。同时,桥梁结构风工程研究也有其独特的特点:一是桥梁周围的流动通常是高雷诺数非定常分离流动,其结果不仅仅局限于时间平均值;二是桥梁在风作用下的变形和运动不可忽略,桥梁和周围空气的流固耦合效应是风效应研究中的重要内容,如颤振、涡振、抖振和驰振等都是桥梁和周围气流相互作用的结果,这类气动弹性问题是 CFD 研究的难点之一。

纵观计算流体动力学的国内外研究现状可知:桥梁结构风效应问题的数值模拟几乎都是基于宏观粗粒度模型的黏性不可压缩 Navier-Stokes 方程进行的,经过30多年的发展,已经取得了很大的进步。但是不可否认,由于桥梁结构周围流场的复杂性和桥梁结构气动弹性问题的特殊性,桥梁风工程的数值模拟仍然处于初级阶段,数值风洞取代物理风洞还有一段艰难的路要走。

本书从分子运动论的细观角度来探讨桥梁风工程数值计算的新途径。通过对现有理论的分析和发展,根据桥梁结构风工程研究的特点,建立适用于桥梁结构绕流模拟的扩展 Lattice Boltzmann 方法,研发相应的桥梁结构数值风洞模拟软件,并对实际桥梁工程的气动参数进行数值识别,对桥梁结构气弹问题进行深入探讨。

4.2 LB 方法控制方程及 LB 并行计算模型

4.2.1 Lattice Boltzmann 方程

格子器自动机(LGA)方法直接从分子运动论出发,运用统计力学理论建立粒子运动的简化模型,在速度、空间和时间上是完全离散的动力系统。将流场划分为均匀规则的网格[图 4.2-1a)],流体离散为大量只有质量的流体粒子,并让流体粒子分布在网格的节点上(图中用○表示)。在单位时间步内,这些粒子沿着相邻网格线组成的速度向量 $\{e_0, e_1, \cdots, e_{m-1}\}$

恰好运动到相邻节点位置上。

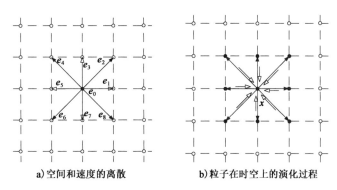

a) 空间和速度的离散　　　　b) 粒子在时空上的演化过程

图 4.2-1　粒子在空间和速度上的离散和演化

网格节点上的粒子在各个速度方向上按照规定的规则进行运动,在每个时间步内,粒子的运动分为碰撞和迁移两步来完成,如图 4.2-1b)所示。①碰撞:在 t 时刻,从相邻节点位置运动来的粒子(图中空心箭头所示)在节点 x 上依据碰撞规则发生相互碰撞,并且改变了各自的运动方向;②迁移:改变了运动方向的粒子从节点 x 沿着 $e_\alpha(\alpha=0,1,2\cdots,8)$ 方向(图中实心箭头所示)迁移,并且于 $t+1$ 时刻到达相邻节点位置 $x+e_\alpha\triangle t$。如此反复,直至流场演化达到计算要求。若用布尔变量 $n_\alpha(x,t)$ 表示在时刻 t 从节点 x 处沿方向 e_α 运动的粒子数量,则流场的演化过程可用式(4.2-1)表示:

$$n_\alpha(x + e_\alpha, t + 1) = n_\alpha(x,t) + \Omega_\alpha[n(x,t)] \quad (4.2\text{-}1)$$

式中:x——当前粒子的位置;

Ω_α——碰撞算子,规定了粒子相遇后的碰撞规则。

1988 年 McNamara 等在 LGA 模型基础上首次提出了 Lattice Boltzmann 方法,用实数型变量 $f_\alpha(\boldsymbol{x},t)$ 代替 LGA 中的布尔型变量 $n_\alpha(x,t)$,即:

$$f_\alpha(\boldsymbol{x},t) = <n_\alpha(x,t)> \quad (4.2\text{-}2)$$

式中:$f_\alpha(\boldsymbol{x},t)$——粒子分布函数,表示 t 时刻 x 节点沿第 α 方向有运动粒子的概率。

考虑 Boltzmann 的分子混沌假设,忽略粒子碰撞前的相互联系,对 LGA 演化方程(4.2-1)系综平均,可以得到关于分布函数的动力学方程,即 Lattice Boltzmann(LB)方程:

$$f_\alpha(\boldsymbol{x} + \boldsymbol{e}_\alpha\Delta t, t + \Delta t) = f_\alpha(\boldsymbol{x},t) + \Omega_\alpha[f(\boldsymbol{x},t)] \quad (4.2\text{-}3)$$

式中:$\boldsymbol{e}_\alpha$——相空间的离散速度向量,一般地 $|\boldsymbol{e}_\alpha| = \Delta\boldsymbol{x}/\Delta t$;

Δt——时间步长;

$\Delta\boldsymbol{x}$——空间离散间距;

Ω_α——碰撞算子,表示由于粒子碰撞对 f_α 的改变量,由局部分布函数和网格结构决定。

和 LGA 一样,碰撞算子 Ω_α 需要保持质量和动量的守恒,即:

$$\sum_{\alpha=0}^{m}\Omega_\alpha = 0, \quad \sum_{\alpha=0}^{m}\boldsymbol{e}_\alpha\Omega_\alpha = 0 \quad (4.2\text{-}4)$$

宏观密度 ρ 和速度 $\boldsymbol{u}$ 根据粒子分布函数 f_α 得到：

$$\rho = \sum_{\alpha=0}^{m} f_\alpha, \qquad \rho\boldsymbol{u} = \sum_{\alpha=0}^{m} \boldsymbol{e}_\alpha f_\alpha \tag{4.2-5}$$

其中，离散速度方向的数量为 $m+1$。

在物理上，热运动产生的每一次粒子碰撞和迁移所需要的时间相对于宏观时间变量是个非常小的量，在粒子热平衡运动中可以用和时间步同阶的小量 ε 来代替。将演化方程(4.2-3)在时间和空间上展开成 Taylor 级数形式，可以得到具有 ε 二阶精度的动力学方程连续形式：

$$\frac{\partial f_\alpha}{\partial t} + \boldsymbol{e}_\alpha \cdot \nabla f_\alpha + \varepsilon\left(\frac{1}{2}\boldsymbol{e}_\alpha \cdot \boldsymbol{e}_\alpha \nabla\nabla f_\alpha + \boldsymbol{e}_\alpha \cdot \nabla \frac{\partial f_\alpha}{\partial t} + \frac{1}{2}\frac{\partial^2 f_\alpha}{\partial t^2}\right) = \frac{\Omega_\alpha}{\varepsilon} \tag{4.2-6}$$

假设粒子分布函数 f_α 收敛于平衡状态，引入一个平衡态分布函数 $f_\alpha^{(eq)}$，可以将粒子分布函数表示成以下形式：

$$f_\alpha = f_\alpha^{(eq)} + \varepsilon f_\alpha^{neq} \tag{4.2-7}$$

式中：$f_\alpha^{(eq)}$——平衡分布函数，表示分布函数的平衡部分；

$\varepsilon f_\alpha^{neq}$——粒子分布函数的非平衡态部分，$\varepsilon f_\alpha^{neq} = f_\alpha^{(1)} + O(\varepsilon^2)$。

将式(4.2-7)代入到方程(4.2-6)的碰撞算子 Ω_α 中，并展成 Taylor 级数形式可得：

$$\Omega_\alpha(f) = \Omega_\alpha[f^{(eq)}] + \varepsilon \frac{\partial \Omega_\alpha[f^{(eq)}]}{\partial f_\beta} f_\beta^{(1)} + \cdots + O(\varepsilon^2) \tag{4.2-8}$$

将式(4.2-7)和式(4.2-8)代入方程(4.2-6)，可得：

$$\Omega_\alpha[f^{(eq)}] = 0 \tag{4.2-9}$$

这样就得到了线性化碰撞算子：

$$\Omega_\alpha(f) = M_{\alpha\beta}[f_\beta - f_\beta^{(eq)}] \tag{4.2-10}$$

式中，$M_{\alpha\beta} = \partial \Omega_\alpha / \partial f_\beta$ 为碰撞矩阵。

进一步采用松弛时间使分布函数逼近局部平衡分布函数的方法，碰撞矩阵由松弛时间确定，从而得到了计算效率更高的 BGK 碰撞算子。

$$M_{\alpha\beta} = -\frac{1}{\tau}\delta_{\alpha\beta} \tag{4.2-11}$$

式中：τ——松弛时间，表示粒子分布函数达到平衡状态的过程；

$\delta_{\alpha\beta}$——单位张量。

将 BGK 碰撞算子代入方程(3.2-3)可以得到 Lattice BGK 方程，简称为 LBGK 方程：

$$f_\alpha(\boldsymbol{x} + \boldsymbol{e}_\alpha \Delta t, t + \Delta t) = f_\alpha(\boldsymbol{x}, t) - \frac{1}{\tau}[f_\alpha - f_\alpha^{(eq)}] \tag{4.2-12}$$

由于只用到一个松弛时间变量来表示碰撞算子，因此又称为单松弛时间 LBGK 演化方程。该模型极大地提高了计算效率，从该模型可以导出宏观 Navier-Stokes 方程。

4.2.2 D2Q9 离散模型

在 D2Q9 模型中(图 4.2-2),流场空间划分为正方形的网格结构,每个节点与周围 8 个节点相邻,加上本身节点,粒子总共有 9 个运动方向,它们构成了粒子运动速度向量集 e_α,即

$$e_\alpha = \begin{cases} (0,0) & \alpha = 0 \\ c\{\cos[(\alpha-1)\pi/2], \sin[(\alpha-1)\pi/2]\} & \alpha = 1,2,3,4 \\ \sqrt{2}c\{\cos[(\alpha-5)\pi/2 + \pi/4], \sin[(\alpha-5)\pi/2 + \pi/4]\} & \alpha = 5,6,7,8 \end{cases} \quad (4.2\text{-}13)$$

式中:c——粒子运动速度,$c = \Delta x/\Delta t$。

粒子平衡分布函数为:

$$f_\alpha^{(0)} = \omega_\alpha \rho \left[1 + 3\frac{e_\alpha \cdot u}{c} + 4.5\frac{(e_\alpha \cdot u)^2}{c^2} - 1.5\frac{u^2}{c^2}\right] \quad (4.2\text{-}14)$$

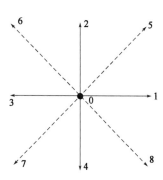

式中:ω_α——各离散速度方向的权重系数,其取值分别为 $\omega_0 = 4/9$,$\omega_\alpha = 1/9 (\alpha = 1,2,3,4)$,$\omega_\alpha = 1/36 (\alpha = 5,6,7,8)$;

ρ——宏观密度;

u——宏观速度。

图 4.2-2 D2Q9 离散速度模型

利用以上离散速度结构和平衡态分布函数可得:

$$\Pi_{ij}^{(0)} = \sum_\alpha e_{\alpha i} e_{\alpha j} f_\alpha^{(0)} = p\delta_{ij} + \rho u_i u_j \quad (4.2\text{-}15)$$

$$\Pi_{ij}^{(1)} = \left(1 - \frac{1}{2\tau}\right)\sum_\alpha e_{\alpha i} e_{\alpha j} f_\alpha^{(1)} = \nu\left(\frac{\partial \rho u_i}{\partial x_j} + \frac{\partial \rho u_j}{\partial x_i}\right) \quad (4.2\text{-}16)$$

式中:p——压力项,$p = c_s^2 \rho$;

c_s——声速,$c_s^2 = c^2/3$;

ν——流动黏性系数,$u = c_s^2(\tau - 1/2)\Delta t$。

将式(4.2-15)和式(4.2-16)代入动量方程(4.2-4)可得:

$$\frac{\partial \rho u}{\partial t} + \nabla \cdot (\rho u u) = -\nabla p + \nu \nabla \cdot \{\nabla(\rho u) + [\nabla(\rho u)]^T\} \quad (4.2\text{-}17)$$

对于黏性不可压缩流,可以得到以下方程,

$$\nabla \cdot u = 0 \quad (4.2\text{-}18)$$

$$\frac{\partial u}{\partial t} = -\frac{1}{\rho}\nabla p + \nu \nabla^2 u \quad (4.2\text{-}19)$$

方程(4.2-18)就是连续方程,方程(4.2-19)是黏性不可压缩流动的 Navier-Stokes 方程。

LBGK 方程与 Navier-Stokes 方程的主要区别在于:LBGK 方程是基于分子运动论的动力学方程,对流项是线性的,依赖于网格的结构,计算时不需要迭代过程,是针对时间步的流动模拟;而 Navier-Stokes 方程是基于连续介质假设的非线性偏微分方程,对流项是非线性的,数值

计算时需要通过迭代得到收敛结果，流动模拟可以分为定常和非定常形式。

4.2.3 LB 方法的并行计算过程及并行算法设计

高性能计算机并行计算的研究和应用对现代科学的发展具有重要作用和意义，也是流体动力学数值模拟研究中的重要内容。20 世纪 70 年代，以并行处理为特征的巨型计算机问世，元胞自动机理论及应用得到了深入研究，并诞生了完全并行的流体运动仿真模拟 LGA 方法。LB 方法作为 LGA 方法的发展和延伸，为高度并行化的流体计算提供了新的方法。

4.2.3.1 LB 方法的基本计算过程

LB 方法是基于网格的方法，它将流场离散化为一组互相连接的网格，将表征流场特征的数据定义在网格节点上，节点的状态由流场在该点处的特征(如速度、压力和分布函数等)决定，这些特征可以用数据结构来描述。在数值计算时，流场的演化就是对由时间步控制的所有网格节点的循环计算。

将 LBGK 演化方程离散到物理空间的网格节点上，可得：

$$f_\alpha(\bm{x}_i+\bm{e}_\alpha\Delta t,t+\Delta t)=f_\alpha(\bm{x}_i,t)-\frac{1}{\tau}[f_\alpha(\bm{x}_i,t)-f_\alpha^{(eq)}(\bm{x}_i,t)] \qquad (4.2\text{-}20)$$

式中：$\bm{x}_i$——物理空间的离散网格点。

在求解过程中，将该方程分解为碰撞和迁移两个步骤来进行，即：

碰撞步 $\qquad \tilde{f}_\alpha(\bm{x}_i,t+\Delta t)=f_\alpha(\bm{x}_i,t)-\frac{1}{\tau}[f_\alpha(\bm{x}_i,t)-f_\alpha^{(eq)}(\bm{x}_i,t)] \qquad (4.2\text{-}21)$

迁移步 $\qquad f_\alpha(\bm{x}_i+\bm{e}_\alpha\Delta t,t+\Delta t)=\tilde{f}_\alpha(\bm{x}_i,t+\Delta t) \qquad (4.2\text{-}22)$

其中，$\tilde{f}_\alpha$ 表示碰撞后的状态。这样，LB 方法的基本计算过程可以用图 4.2-3 来描述。

```
BEGIN
  初始化:节点变量、分布函数 f_α(x_i,t) = f_α(x_i,0)、时间 t: = 0
  while (不满足终止条件)  do
    在全部流场节点 x_i 上,do
       计算宏观物理量:ρ = Σ f_α, ρu = Σ e_α f_α
                        α=0         α=0
    end
    在全部流场节点 x_i 上,do
       碰撞:f̃_α(x_i,t+Δt) = f_α(x_i,t) - (1/τ)[f_α(x_i,t) - f_α^(eq)(x_i,t)]
    end
    在全部流场节点 x_i 上,do
       迁移:f_α(x_i+e_α Δt,t+Δt) = f̃_α(x_i,t+Δt)
    end
    在边界节点上,do
       边界条件处理
    end
    t: = t + Δt;
  end
  输出计算结果
END
```

图 4.2-3　LB 基本计算过程

①初始化流场节点变量及分布函数；
②计算每个节点处的宏观物理量；
③在每个节点上进行碰撞计算；
④在流场内部节点中，将粒子迁移运动到相邻节点；
⑤在边界节点上进行边界条件处理；
⑥重复②~⑤的过程，直到流场演化满足要求。

从以上基本计算过程可以发现，宏观物理量计算和粒子碰撞计算都是对自身节点信息的改变，与其他的节点无关，只有粒子的迁移过程才会涉及相邻的节点信息。这样使得 LB 方法的流场演化运算具有非常好的局部性，有利于并行计算的开展，完全抛开了串行算法的影响。

4.2.3.2 LB 并行计算模型

LB 方法从物理世界本身的并行性出发，将并行计算深入到物理建模层次，根据不同的并行系统，可以设计出不同层次的 LB 并行算法。本项目根据"分而治之"的思想，将流场计算区域划分成多个相对独立的子区域，并把这些子区域分配到并行系统的各个处理器上，每个处理器对分配到的子区域进行相应的演化计算，从而实现流场的并行化求解，在此称之为区域分解法。这样设计的算法并行度由实际处理器数量确定，计算粒度大，并且通信开销小。

进行并行计算的各个处理器之间的拓扑关系如图 4.2-4 所示，其中一个处理器充当主机的角色，其他处理器为子机。主机负责控制整个计算过程，将计算任务分配给各个并行子机进行处理，主机中运行的进程称为 Master 进程；子机负责处理由主机分配的任务，相邻计算区域的子机之间需要进行数据通信，子机中运行的进程称为 Slaver 进程。

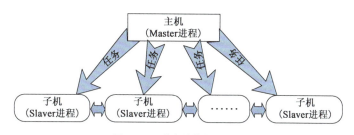

图 4.2-4　并行计算拓扑结构

根据区域分解并行算法，可以把 LB 方法的流场演化过程看作是由"计算 + 数据交换"构成的迭代过程，如图 4.2-5 所示。具体过程为：①Master 进程对流场进行区域划分，将计算任务分配给各子机的 Slaver 进程；②各 Slaver 对本地子区域的流场信息和相关计算参数进行初始化；③各 Slaver 进程对本地子区域节点计算宏观物理量；④各子区域全部节点进行流场演化计算；⑤各子区域进程进行边界条件处理；⑥相邻子区域之间进行信息交换；⑦Master 进程判断流场演化是否满足要求。若流场不满足要求，则重复③~⑦的过程；若流场满足要求，则输出计算结果，退出并行系统。

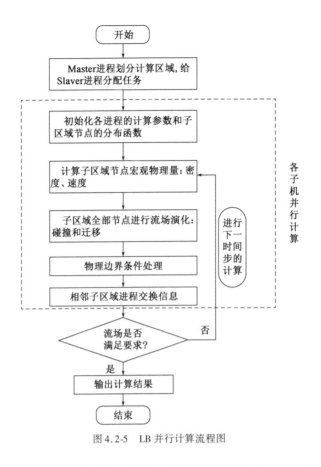

图 4.2-5 LB 并行计算流程图

4.3 桥梁结构气动参数数值识别的 LB 方法

在过去的十几年中,LB 方法在解决流体动力学问题方面取得了很大的发展,但是要实现桥梁结构绕流的模拟,还需要对 LB 基本方法进行相应的改进。对于桥梁风效应研究中,气动力是关心的重点内容之一,这要求数值模拟时能够准确、高效地计算出绕流物体的气动力;桥梁结构的几何外形复杂,边界上的节点位置往往与网格节点不一致,这对边界处理方法提出了更高的要求;桥梁结构附近的流场通常呈现为高雷诺数湍流流动,这需要从 LBGK 演化方程本身出发,使其能够描述随时空变化的湍流流动;桥梁结构与气流之间的相互作用问题是计算流体动力学面临的共同难题之一,需要通过动网格技术来解决运动桥梁模型的绕流模拟。本研究将从 LB 方法的基础理论和流体力学基本原理出发,对气动力计算方法、曲面边界处理格式、出口边界处理格式、湍流计算和动网格技术进行深入的研究和探讨,从而实现 LB 方法对桥梁结构气动弹性现象的数值模拟。

4.3.1 气动力计算方法

根据粒子动量守恒原理,通过粒子迁移过程产生的动量来计算绕流物体的气动力。在

图 4.3-1 中,单位时间作用在流固交界点 x_w 上(在 $x_f - x_b$ 速度方向上)的流体力,用相邻节点(点 x_f 和点 x_b)之间的两个相反方向上(e_α 和 $e_{\bar{\alpha}}$)的粒子动量之差来计算,并对所有物体表面点的全部离散速度方向上的作用力进行求和,从而得到物体受到的气动力,在此称之为动量交换法。该方法的基本思想是保证单位时间内运动粒子的动量守恒。在求解粒子分布函数 f_α 时通过引入曲线边界条件处理方法来隐含考虑曲线边界的影响,从而方便地实现几何外形复杂物体的气动力计算。以下对该方法的具体计算过程进行论述。

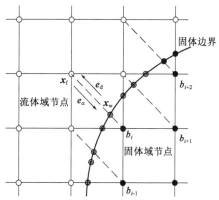

图 4.3-1　曲线边界的粒子及其运动过程

首先计算单个固体域节点的作用力,以 x_b 节点为对象来说明。在时间 Δt 内,粒子从 x_f 点沿 e_α 向 x_b 点运动,并在固体边界 x_w 处发生边界碰撞而改变运动方向(即由 e_α 方向变为 $e_{\bar{\alpha}}$ 方向);在这过程中,粒子动量也由 $f_\alpha e_\alpha$ 变为 $f_{\bar{\alpha}} e_{\bar{\alpha}}$,由于这两个方向上的粒子动量不相等,根据动量守恒定律,两者的差值表现为运动粒子作用在物体表面上的作用力,即 $f_\alpha e_\alpha - f_{\bar{\alpha}} e_{\bar{\alpha}}$。将固体域点 x_b 与其全部相邻流体点之间发生的动量改变量进行累加,就可以得到作用在 x_b 点上的流体力 F_{x_b},则:

$$F_{x_b} = \sum_{\alpha=1}^{N} \frac{e_\alpha}{\Delta t} [\tilde{f}_\alpha(x_b,t) + \tilde{f}_{\bar{\alpha}}(x_b + e_{\bar{\alpha}} \Delta t, t)] \tag{4.3-1}$$

式中:N——与固体域点 x_b 相邻的流体域节点的数量;

$\tilde{f}$——分布函数的碰撞后状态;

$e_\alpha = -e_{\bar{\alpha}}$。

对全部固体域节点 x_b 进行求和,就可计算出作用在物体上的总气动力 F,即:

$$F = \sum_{\text{all } x_b} \sum_{\alpha=1}^{N} \frac{e_\alpha}{\Delta t} [\tilde{f}_\alpha(x_b,t) + \tilde{f}_{\bar{\alpha}}(x_b + e_{\bar{\alpha}} \Delta t, t)] \tag{4.3-2}$$

在以上过程中,气动力的计算可以在粒子迁移操作中完成,直接利用粒子分布函数计算得到,避免了间接量计算而造成的误差,使气动力的计算精度与 LB 模型的整体精度一致。曲面边界对气动力的影响可以通过用曲面边界格式求解的 $\tilde{f}_{\bar{\alpha}}(x_b,t)$ 隐含考虑。另外,对于几何形状复杂的绕流物体,省略了烦琐的插值和积分等过程,从而提高了气动力计算的方便性和效率。

4.3.2　特殊边界格式

当绕流物体边界节点与 LB 方法的笛卡尔网格节点重合时,可以用反弹法、半路径反弹法、外推法和非平衡外推法等来处理边界条件问题。但是桥梁结构物体的形状往往是不规则的,边界节点更多是处在笛卡尔网格节点之间的位置,因此需要探讨针对这类边界的处理方法,可以称之为曲线边界处理方法。另外,在计算区域的流动出口边界处,流体粒子与外界环境的流体相关联,使得出口边界的处理存在较大的困难,目前主要采用简化方法。

4.3.2.1 曲面边界的格式

对于曲面边界(图4.3-1),一般做法是用网格节点连起来的阶梯状折线来近似,从而可以用普通边界格式来处理该边界条件。这样虽然保持了方法的简单性,但是明显地降低了计算精度,若要获得较精确的结果,就需要加密网格近似得到曲边形状。为了解决曲边形状带来的计算困难,目前已经提出了一些求解思路和方法。本文将在现有方法基础上,通过其在理论上和数值计算上的分析和比较,得到满足本文计算要求的曲边处理方法。

取曲面边界上的一个离散速度方向来进行详细讨论,如图4.3-1所示,曲面边界两旁上的固体域节点和流体域节点分别用 x_b 和 x_f 表示,两点连线与边界壁面的交点 x_w 为流固边界点,边界点处的边界速度为 u_w。相邻流固节点之间的连线被边界点分为了两段,在流体域中的部分所占的比例用 Δ 来表示,即:

$$\Delta = \frac{|x_f - x_w|}{|x_f - x_b|} \tag{4.3-3}$$

显然 $0 \leq \Delta \leq 1$,这样边界点的位置可以用 Δ 表示。在正方形网格上,x_f 和 x_w 两点之间的水平距离和垂直距离为 $\Delta \delta x$。用 f_α 表示从流体域向固体域运动的粒子分布函数,用 $f_{\bar{\alpha}}$ 表示从固体边界返回到流体域的粒子分布函数,且 $e_{\bar{\alpha}} = -e_\alpha$。粒子分布函数的碰撞后状态 $\tilde{f}$ 在流体域节点是已知的,而在固体域节点是未知的,这里需要求出从固体域节点向流体域运动的粒子分布函数 $\tilde{f}_{\bar{\alpha}}(x_b, t)$,在迁移操作完成后就得到 x_f 点的粒子分布函数 $f_{\bar{\alpha}}(x_f, t+1)$。

Filippova 和 Hänel(1998)首先提出用线性插值的办法来求 $\tilde{f}_{\bar{\alpha}}(x_b, t)$,通过引入参数 χ 来调整由于 Δ 不同产生的影响,Mei(1999,2000,2002)通过修改 χ 和其他参数的计算方法对其进行了改进。后来 Yu(2003)将插值技术和反弹思想结合,得到了一致曲面边界格式。这些方法的稳定性和准确性在二维流动中已经进行了相应的检验,为了考察它们在三维物体绕流中的适用性,将对这些曲面边界条件处理方法进行理论上的分析和比较,然后再用具体的数值实验来检验,从而得到适合本文高雷诺数桥梁结构绕流计算的曲面边界格式。

(1) Filippova-Hänel 边界处理方法

Filippova 和 Hänel(1998)利用曲线边界的网格特点和插值技术得到了计算曲面边界处理方法,利用线性插值法求解粒子分布函数 $\tilde{f}_{\bar{\alpha}}(x_b, t)$,即:

$$\tilde{f}_{\bar{\alpha}}(x_b, t) = (1-\chi)\tilde{f}_\alpha(x_f, t) + \chi f_\alpha^{(*)}(x_b, t) + 2w_\alpha \rho \frac{3}{c^2} e_{\bar{\alpha}} \cdot u_w \tag{4.3-4}$$

式中：$\bar{\alpha}$——与 α 方向相反；

u_w——壁面边界速度；

χ——权重系数；

$f_\alpha^{(*)}(\boldsymbol{x}_b,t)$——一个假想的平衡分布函数，按下式计算：

$$f_\alpha^{(*)}(\boldsymbol{x}_b,t) = w_\alpha \rho(\boldsymbol{x}_f,t)\left[1 + \frac{3}{c^2}\boldsymbol{e}_\alpha \cdot \boldsymbol{u}_{bf} + \frac{9}{2c^4}(\boldsymbol{e}_\alpha \cdot \boldsymbol{u}_f)^2 - \frac{3}{2c^2}\boldsymbol{u}_f \cdot \boldsymbol{u}_f\right] \quad (4.3\text{-}5)$$

式中：$\boldsymbol{u}_f$——点 $\boldsymbol{x}_f$ 的流体速度；

$\boldsymbol{u}_{bf}$——为了进行插值计算引入的虚拟速度。

这些参数需要根据 Δ 的不同情况来确定：

当 $\Delta \geqslant \dfrac{1}{2}$ 时，$\quad\boldsymbol{u}_{bf} = \dfrac{(\Delta-1)\boldsymbol{u}_f}{\Delta} + \dfrac{\boldsymbol{u}_w}{\Delta}, \quad \chi = \dfrac{2\Delta-1}{\tau}$ \quad (4.3-6)

当 $\Delta < \dfrac{1}{2}$ 时，$\quad\boldsymbol{u}_{bf} = \boldsymbol{u}_f, \quad \chi = \dfrac{2\Delta-1}{\tau-1}$ \quad (4.3-7)

以上计算方法在本文中称之为"F-H 曲面边界格式"，方程(4.3-4)本质上是一种线性插值过程，当权数 χ 的值很大时会出现计算不稳定性。当 $\Delta \geqslant 0.5$ 时，由于黏性保持为正值，根据式(4.3-6)计算的 χ 将小于2，因此可以确保 χ 值限制在一定范围内；当 $\Delta < 0.5$ 时，特别是当松弛时间 τ 趋向于 1 时，根据式(4.3-7)计算的 χ 值将出现极值情况，因此松弛时间 τ 的取值将受到严格的限制。F-H 曲面边界格式在数值上具有二阶计算精度，能够满足 LB 方法的整体精度要求，但由于计算稳定性的问题会受到应用限制。在推导 F-H 曲面边界格式时，为了保证曲面边界附近的速度在级数展开时的有效性，要求非定常流动时间应该比在网格尺度上的演化时间大得多，且网格空间要比流动特征尺度小。

(2) Mei 改进边界处理方法

为了提高 F-H 曲面边界格式的数值稳定性，Mei 等(1999,2000,2002)先后对该格式进行了改进，将相关参数的计算进行了调整，即：

当 $\Delta \geqslant \dfrac{1}{2}$ 时，$\quad\boldsymbol{u}_{bf} = \left(1-\dfrac{3}{2\Delta}\right)\boldsymbol{u}_f + \dfrac{3}{2\Delta}\boldsymbol{u}_w, \quad \chi = \dfrac{2\Delta-1}{\tau+\dfrac{1}{2}}$ \quad (4.3-8)

当 $\Delta < \dfrac{1}{2}$ 时，$\quad\boldsymbol{u}_{bf} = \boldsymbol{u}_{ff}, \quad \chi = \dfrac{2\Delta-1}{\tau-2}$ \quad (4.3-9)

这样，当 $\Delta \geqslant 0.5$ 时，根据式(4.3-8)计算的 χ 值将小于 1.0；当 $\Delta < 0.5$ 时，将松弛时间 τ 的取值极限范围提高到 2.0 附近，只有当松弛时间趋向于 2.0 时才会出现 χ 的极值情况。通过 Mei 等的努力，扩大了 F-H 曲面边界处理方法的应用范围，在此称之为"Mei 曲面边界格式"。

(3) 一致曲面边界格式

Yu(2003)基于插值技术和非平衡反弹思想，设计了一致曲面边界处理方法，将曲面边界节点位置的不同情况按照统一的格式进行处理。

在粒子迁移操作后,点 f 和点 b 在 α 方向的粒子分布函数 $[f_\alpha(\boldsymbol{x}_b,t+\delta t)$ 和 $f_\alpha(\boldsymbol{x}_f,t+\delta t)]$ 以及点 ff 在 $\bar{\alpha}$ 方向的粒子分布函数 $[f_{\bar{\alpha}}(\boldsymbol{x}_{ff},t+\delta t)]$ 是已知的,而点 f 在 $\bar{\alpha}$ 方向的粒子分布函数 $[f_{\bar{\alpha}}(\boldsymbol{x}_f,t+\delta t)]$ 是未知的,需要对它进行求解。首先利用内插法对边界点 w 在 α 方向的粒子分布函数 $f_\alpha(\boldsymbol{x}_w,t+\delta t)$ 进行求解,即:

$$f_\alpha(\boldsymbol{x}_w,t+\delta t)=f_\alpha(\boldsymbol{x}_f,t+\delta t)+\Delta[f_\alpha(\boldsymbol{x}_b,t+\delta t)-f_\alpha(\boldsymbol{x}_f,t+\delta t)] \quad (4.3\text{-}10)$$

为了确保边界的无滑移条件和动量的守恒,设:

$$f_{\bar{\alpha}}(\boldsymbol{x}_w,t+\delta t)=f_\alpha(\boldsymbol{x}_w,t+\delta t) \quad (4.3\text{-}11)$$

由 $f_{\bar{\alpha}}(\boldsymbol{x}_w,t+\delta t)$ 和 $f_{\bar{\alpha}}(\boldsymbol{x}_{ff},t+\delta t)$,利用内插值算法可求出点 f 在 $\bar{\alpha}$ 方向的粒子分布函数值,即:

$$f_{\bar{\alpha}}(\boldsymbol{x}_f,t+\delta t)=f_{\bar{\alpha}}(\boldsymbol{x}_w,t+\delta t)+\frac{\Delta}{1+\Delta}[f_{\bar{\alpha}}(\boldsymbol{x}_f+\boldsymbol{e}_{\bar{\alpha}},t+\delta t)-f_{\bar{\alpha}}(\boldsymbol{x}_w,t+\delta t)] \quad (4.3\text{-}12)$$

上式还可以扩展到二次或高次插值格式。

对于速度不等于零的边界,可以通过动量附加项来考虑边界速度 $\boldsymbol{u}_w$ 的影响,则:

$$f_{\bar{\alpha}}(\boldsymbol{x}_w,t+\delta t)=f_\alpha(\boldsymbol{x}_w,t+\delta t)+2w_\alpha\rho_w\frac{3}{c^2}\boldsymbol{e}_{\bar{\alpha}}\cdot\boldsymbol{u}_w \quad (4.3\text{-}13)$$

式中:ρ_w——壁面处的流体密度,可以由其周围的格点用外插值法得到。为了避免由于外插法产生的数值不稳定性,在不可压缩流动中可以通过密度外推法得到边界节点处的密度值,即 $\rho_w=\rho(\boldsymbol{x}_f)$。

通过对以上三种曲面边界格式的分析和比较可知,F-H 曲面边界格式具有二阶计算精度,但是当松弛时间趋向于 1.0 时会出现计算发散情况,从而限制了计算雷诺数的取值范围;Mei 曲面边界格式虽然对 F-H 曲面边界格式进行了有效的改进,但是仍然没有突破 F-H 的计算模式,需要在固体域中构造虚拟节点来进行碰撞计算,并且对不同边界节点位置,Δ 需要分别进行处理,且当松弛时间曲线为 2.0 时也会出现发散情况,并没有完全消除 F-H 格式的缺陷。一致曲面边界格式保留了反弹法的物理思想,简化了数值计算,且具有二阶计算精度。由于对不同位置的曲面边界可以采用相同的格式来处理,且对松弛时间的取值在数学上没有特别的限制,因此能够保证曲面边界处理的联系性,具有更广阔的应用范围。

4.3.2.2 出口边界格式

对于出口边界(outlet)条件,一般用以下方法来进行简化处理。①出口不用做任何处理,即该区域不做任何改变,依赖于流体流动和流场的几何形状。这是最简单的方法,有时能得到满意的结果。②在出口处施加零梯度,将出口区域节点之前的相邻流体域节点的分布函数值直接外推到出口边界节点上。当出口与入口间的距离较大时,这些方法能获得合理的结果,但是无谓地增大了计算区域,从而增大了计算量和存储需求量,并且经常会出现数值不稳定的现象。当流体粒子运动到出口边界时,为了使流场满足守恒规律,需要根据出口边界条件调整反射回流场的粒子量。本书将根据粒子平衡分布函数的计算方法和非平衡反弹思想来探讨出口边界的处理方法。

出口边界处的网格结构如图 4.3-2 所示,这里以一对方向相反的离散速度为例进行讨论。在图 4.3-2 中,出口边界后面设置一层虚拟节点 A,点 B 是与出口边界相邻的流场内部节点,假设出口边界位于 A 点和 B 点之间的 O 处,O 点的具体位置用 Δ 表示。粒子通过 $\tilde{f}_\alpha(\boldsymbol{x}_B)$ 沿着 $\boldsymbol{e}_\alpha$ 方向迁移,然后在出口边界节点处发生方向改变,并通过 $\tilde{f}_{\bar{\alpha}}(\boldsymbol{x}_A)$ 沿着 $\boldsymbol{e}_{\bar{\alpha}}$ 方向返回流场内部。在这过程中,A 点处碰撞操作后的粒子分布函数 $\tilde{f}_{\bar{\alpha}}(\boldsymbol{x}_A)$ 是未知的,需要通过内部流场信息和出口宏观边界条件进行求解,也就是求解迁移运动后在 B 点 $\bar{\alpha}$ 方向上的粒子分布函数 $f_{\bar{\alpha},B}$。

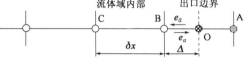

图 4.3-2　出口边界形式及粒子的运动

粒子分布函数 f 由平衡部分 $f^{(\mathrm{eq})}$ 和非平衡部分 $f^{(\mathrm{neq})}$ 构成,并且平衡部分远远大于非平衡部分。为了得到粒子分布函数 f,可以先求出 $f^{(\mathrm{eq})}$ 和 $f^{(\mathrm{neq})}$,然后将它们相加得到。出口边界处 O 点 $\bar{\alpha}$ 方向的平衡分布函数 $f_{\bar{\alpha},O}^{(\mathrm{eq})}$ 可以根据 O 点处的宏观密度和宏观速度计算得到,碰撞计算后 C 点的平衡分布函数 $f_{\bar{\alpha},C}^{(\mathrm{eq})}$ 是已知的,应用线性插值技术可求出 B 点在 $\bar{\alpha}$ 方向上的粒子分布函数 $f_{\bar{\alpha},B}^{(\mathrm{eq})}$,即:

$$f_{\bar{\alpha},B}^{(\mathrm{eq})} = f_{\bar{\alpha},O}^{(\mathrm{eq})} + \frac{\Delta}{1+\Delta}[f_{\bar{\alpha},C}^{(\mathrm{eq})} - f_{\bar{\alpha},O}^{(\mathrm{eq})}] \tag{4.3-14}$$

为了求解非平衡部分 $f_{\bar{\alpha},B}^{(\mathrm{neq})}$ 的值,先用非平衡反弹思想构造 O 点分布函数的非平衡部分,令 $f_{\bar{\alpha},O}^{(\mathrm{neq})} = f_{\alpha,O}^{(\mathrm{neq})} = f_{\alpha,B} - f_{\alpha,B}^{(\mathrm{eq})}$,然后用插值法求出 $f_{\bar{\alpha},B}^{(\mathrm{neq})}$,则:

$$f_{\bar{\alpha},B}^{(\mathrm{neq})} = f_{\bar{\alpha},O}^{(\mathrm{neq})} + \frac{\Delta}{1+\Delta}[f_{\bar{\alpha},C}^{(\mathrm{neq})} - f_{\bar{\alpha},O}^{(\mathrm{neq})}] \tag{4.3-15}$$

这样,B 点处分布函数的平衡部分由式(4.3-14)计算,非平衡部分由式(4.3-15)计算,两者求和就得到 B 点处的分布函数值。

在以上计算过程中,需要知道出口边界 O 点处的宏观密度和速度值。对于压力边界形式,可以根据流场环境确定出口处的压力值,从而得到相应的宏观密度;宏观速度值则根据内部流场节点的宏观速度通过插值得到。另外,为了避免出口处宏观量的插值求解,可以将出口边界设置在 B 点位置处,按 $\Delta = 0$ 的特殊情况来处理,可以利用 B 点的宏观量代替 O 点的值,这样也消除了粒子分布函数非平衡部分的插值计算误差。

4.3.3　LB 湍流松弛时间模型

对于某一特定的流场,当雷诺数很小时,流动常常表现为层流状态;而当雷诺数超过某一界限时,流动会变得不稳定而过渡到湍流状态。湍流是自然界流体运动的主要形态(如:桥梁结构周围的流体运动通常呈湍流状态),流场的速度、压力等物理量随时间和空间都以很不规则的方式变化,湍流的研究对自然科学和工程技术有极大价值。

4.3.3.1 湍流的数值模拟

根据流体运动在宏观层次和细观层次的描述,研究流体运动的途径也包括宏观层次的连续介质方法和细观层次的统计力学方法。以黏性不可压缩流体运动为研究对象,以连续介质假设为出发点,可以得到描述黏性不可压缩流体运动的宏观Navier-Stokes方程;从流体的分子运动论出发,以统计力学为工具,可以建立描述大量粒子动力系统行为的Boltzmann方程,并通过对分子碰撞的假设,得到用松弛时间描述的BGK方程。以下从宏观和细观层次来讨论湍流的数值模拟方法。

(1) 湍流模拟的宏观CFD方法

到目前为止,对湍流的数值模拟研究绝大部分是从宏观流体运动数学模型来进行的,即数值求解黏性不可压缩Navier-Stokes方程。湍流包含了各种尺度大小不同的旋涡,湍流数值模拟的重要问题是对小尺度旋涡的分辨。湍流中最小的涡是Kolmogorov微尺度旋涡,在自然风中Kolmogorov微尺度大约为$0.1 \sim 1\text{mm}$,若通过直接求解瞬时Navier-Stokes方程来模拟湍流,需要的最小网格尺度应为Kolmogorov微尺度,这样密的网格在实际工程计算中几乎是不可行的。为了解决这个问题,人们用均值化的流场代替原始流场,不直接计算湍流的脉动特性,小尺度的涡在均值化过程中加以忽略,小涡的贡献则通过湍流模型来体现。目前有两种均值化方法,一是时间平均,得到的是雷诺时均法(RANS);另一种是空间平均,得到的是大涡模拟法(LES)。

①雷诺时均方法。将速度和压力表示成时均量和脉动量之和,把脉动流动对平均流动的影响从瞬时运动中分离出来,从而得到雷诺时均Navier-Stokes方程组。该方程组在求解时存在封闭性问题,方程的数目少于未知量的数目,无法直接求解。这就需要找到足够多的关系式使方程组在数学上成为封闭的,这种附加的关系式就是引入的湍流模型。

②大涡模拟法。认为湍流流动是由不同尺度的旋涡组成的,大尺度的旋涡对湍流能量以及各种量的湍流扩散起主导作用,大涡的行为强烈地依赖于边界条件,随流动的类型而异。小涡对上述职能的贡献较小,主要起耗散作用,被认为是各向同性的,受边界条件影响较小,具有较大的共同性,可以用相对简单的亚格子湍流模型来模划其对流动的贡献。采用滤波方法(空间上加以平均)将那些控制动量运输等的大尺度涡与小尺度涡分解开来,消去流动中的小涡,从而得到表示大涡行为的滤波后可解分量方程,通过求解滤波后的方程就可以确定大尺度流动。但是在对Navier-Stokes方程求解滤波过程中,会出现亚格子分量关联项,这需要用亚格子模型来描述。

以上这些间接方法在求解平均后的N-S方程时,需要用基于尺度分离假设建立的湍流模型或亚格子模型对方程进行封闭。一个世纪以来,人们为解决封闭性问题进行了艰难的研究和探索,虽然取得了很大成就,但是封闭性问题还远远没有解决。目前对湍流这样复杂的尺度分离效应还不能准确地描述,所建立的湍流模型存在很强的经验性,没有一种湍流模型能够适用于变化范围很大的复杂流动现象。

(2) LB方法湍流模拟思想

借鉴基于宏观N-S方程的湍流模拟基本思想和途径,一些学者在用LB方法进行湍流计算时也采取了间接模拟的办法。目前出现的主要思路有:①将传统湍流模型引入到LB方法中,用湍流模型来计算流动黏性;②在LB方法中引入大涡模拟思想,用亚网格模型来考虑小尺度脉动的贡献。另外还有一种思路是基于分子热运动H定律,通过调整熵变量的办法构造出熵函数演化方程。本书将在现有理论和方法的基础上,根据湍流理论和气体分子运动论假设,通过湍流松弛时间来描述湍流黏性对流动的贡献,利用亚格子模型推导了湍流松弛时间的计算方法,从而实现高雷诺数的湍流模拟。

4.3.3.2 湍流松弛时间BGK方程

在BGK方程的论述中提到,若用松弛时间τ表示局部粒子分布函数松弛到平衡状态的过程,就可以得到在分子层次上描述大量粒子动力系统的BGK方程:

$$\frac{\partial f}{\partial t} + \bm{v} \cdot \frac{\partial f}{\partial \bm{x}} = -\frac{1}{\tau}[f - f^{(eq)}] \tag{4.3-16}$$

以上方程对流动的最小捕获尺度为一个网格单位,最大的捕获尺度取决于流场的特征尺度,若要完全分辨出高雷诺数湍流中包含的尺度不同的旋涡,就需要数量巨大的网格,其计算量在目前的计算条件下是无法承受的。根据对湍流的认识,本书尝试将湍流模型与BGK方程结合,从而实现对湍流场的求解。

用松弛时间τ表示的BGK碰撞算子反映了流体分子热运动的复杂过程,决定了流动的性质。粒子碰撞的结果导致局部涡黏性,松弛时间随空间变化,涡黏性可以直接与松弛时间τ联系起来。在LB方法中,格子间距为1,松弛时间与平均自由程等价。这样,松弛时间的改变就等价于局部平均自由程的改变,从而改变了局部黏性。一般认为湍流是大尺度流动和小尺度脉动共同作用的结果,将大尺度流动用粒子分布函数f和粒子平衡分布函数f^{eq}表示的BGK方程进行直接求解;小尺度脉动类似于分子碰撞对宏观量的影响,具有局部平衡的性质,用湍流模型来描述小尺度脉动对整体流动的贡献。若将小尺度脉动的贡献也通过松弛时间来描述,并加入BGK碰撞算子中,就可以用新的BGK方程来同时考虑不同尺度旋涡的共同作用,从而实现湍流的求解。这时,松弛时间由两部分构成,一部分是反映分子黏性的松弛时间τ_0,另一部分是反映小尺度脉动的湍流松弛时间τ_t,并用τ_{total}来表示两者之和,即$\tau_{\text{total}} = \tau_0 + \tau_t$。分子松弛时间$\tau_0$依赖于流体分子黏性,在流动演化过程中保持不变;湍流松弛时间τ_t在空间和时间上是变化的,反映了当地涡黏性的变化。

将总松弛时间 τ_{total} 代入方程(4.3-16)就可得到模拟湍流流动的湍流松弛时间 BGK 方程,即:

$$\frac{\partial f}{\partial t} + \boldsymbol{v} \cdot \frac{\partial f}{\partial \boldsymbol{x}} = -\frac{1}{\tau_{\text{total}}}[f - f^{(\text{eq})}] \tag{4.3-17}$$

其中总松弛时间 τ_{total} 反映了湍流流动的物理性质。在方程(4.3-17)中,BGK 碰撞模型反映了在高维相空间 $(\boldsymbol{x},\boldsymbol{v},t)$ 中的物理动力结构,这些在 $(\boldsymbol{x},t)$ 空间表述的流体动力学方程中往往被忽略掉,因此在理论上湍流松弛时间 BGK 方程能反映出更丰富和更复杂的物理特性。

在速度、空间和时间上对方程(4.3-17)进行离散,可以得到完全离散形式的湍流松弛时间 LBGK 演化方程:

$$f_\alpha(\boldsymbol{x}_i + \boldsymbol{e}_\alpha \Delta \boldsymbol{x}, t + \Delta t) = f_\alpha(\boldsymbol{x}_i, t) - \frac{1}{\tau_{\text{total}}}[f_\alpha(\boldsymbol{x}_i, t) - f_\alpha^{(\text{eq})}(\boldsymbol{x}_i, t)] \tag{4.3-18}$$

式中:$\boldsymbol{x}_i$——离散空间点;

$\Delta \boldsymbol{x}$、Δt——空间格子步长、时间步长。

Chapman-Enskog 展开推导宏观方程的过程不受松弛时间是空间函数假设的影响,在小马赫数不可压缩条件下,湍流松弛时间 LBGK 方程通过多尺度展开,并根据质量和动量守恒原理可导出黏性不可压缩流动的 Navier-Stokes 方程。压力项通过状态方程求解,即 $p = c_s^2 \rho$,其中 $c_s = c/\sqrt{3}$ 为模型声速。黏性系数可用松弛时间表示为 $\nu = c_s^2(\tau_{\text{total}} - 1/2)\Delta t$。

4.3.3.3 湍流松弛时间的计算

湍流松弛时间 LBGK 方程在形式上和原来的 LBGK 方程一致,因此可以采用同样的并行计算方法进行求解。不同的是:在求解过程中,粒子碰撞计算之前必须先计算出随时间和空间变化的湍流松弛时间 τ_t,从而得到总松弛时间 τ_{total},才能进行湍流粒子的碰撞操作。由于湍流松弛时间在物理意义上反映了湍流涡黏性的变化,而湍流涡黏性一般能用涡黏湍流模型来描述,如基于重正化群思想的 RG k-ε 模型、亚格子湍流模型等。因此可以根据湍流模型理论来建立湍流松弛时间 τ_t 与湍流涡黏性之间的关系。为了最大限度地继承 LB 方法的计算优势,以下根据亚格子湍流模型 Smagorinsky 模型理论来建立湍流松弛时间的计算方法。

根据黏性系数与松弛时间之间的关系,可以得到用总流动黏性系数表示的总松弛时间为

$$\tau_{\text{total}} = 3\frac{\Delta t}{\Delta x^2} v_{\text{total}} + \frac{1}{2} \tag{4.3-19}$$

式中:v_{total}——总流动黏性系数,包括流体分子黏性系数 v_0 和湍流涡黏性系数 v_t,即 $v_{\text{total}} = v_0 + v_t$。流体分子黏性系数 v_0 为常数,湍流涡黏性 v_t 是局部变化的。

根据 Smagorinsky 涡黏模型,湍流涡黏性 v_t 可以表示为:

$$v_t = C_s^2 \Delta^2 |\bar{S}| \tag{4.3-20}$$

式中:C_s——Smagorinsky 模型常数;

Δ——流动过虑尺度,这里取为空间网格步长 Δx;

$|\bar{S}|$——可分辨粗粒度上的应变率张量大小,即 $|\bar{S}| = \sqrt{2\bar{S}_{ij}\bar{S}_{ij}}$,其中 $\bar{S}_{ij}$ 为局部应变率张量。

从式(4.3-20)可知,湍流黏性随 $|\bar{S}|$ 的变化而变化。

在传统大涡模拟方法中,一般根据速度场信息来计算 $\bar{S}_{ij}$,即 $\bar{S}_{ij} = (\partial_j u_i + \partial_i u_j)/2$。在 LB 方法中,由于宏观速度量是通过粒子分布函数 f 进行积分得到的,若从速度场入手,通过有限差分法来计算 $\bar{S}_{ij}$,必然增加计算截断误差和计算量,从而影响计算精度,同时计算的局部性也会受到影响。为了避免这些问题,在此根据分布函数的非平衡特性,直接通过分布函数的非平衡动量通量 $\Pi_{ij} = \sum_{\alpha} e_{\alpha i} e_{\alpha j}(f_{\alpha} - f_{\alpha}^{(eq)})$ 来计算 $\bar{S}_{ij}$,根据离散速度结构可得:

$$\bar{S}_{ij} = -\frac{3}{2\rho\,\tau_{\text{total}}\Delta t}\Pi_{ij} = -\frac{3}{2\rho\,\tau_{\text{total}}\Delta t}\sum_{\alpha}e_{\alpha i}e_{\alpha j}(f_{\alpha}-f_{\alpha}^{(eq)}) \quad (4.3\text{-}21)$$

将式(4.3-21)代入式(4.3-20)得:

$$\upsilon_{t} = \frac{3}{\sqrt{2}\rho\,\tau_{\text{total}}\Delta t}(C_{s}\Delta)^{2}\sqrt{Q} \quad (4.3\text{-}22)$$

式中:Q——张量 Π_{ij} 的标量积,$Q = \Pi_{ij}\Pi_{ij}$。

在均匀网格 LB 模型中,$\Delta = \Delta x$,Q 属于当前时间步的值。由于数值计算时在物理单元上的时间步相对很小,因此也可以用前一个时间步的 Q 值来计算涡黏性系数。

根据式(4.3-19)和式(4.3-22),结合离散速度网格拓扑结构可以求解出总松弛时间 τ_{total},即:

$$\tau_{\text{total}} = \frac{1}{2}\left(\sqrt{\tau_{0}^{\,2} + \frac{18}{\Delta x^{2}\rho}(C_{s}\Delta)^{2}\sqrt{2Q}} + \tau_{0}\right) \quad (4.3\text{-}23)$$

从以上推演过程可知:湍流模型在 LB 方法中的作用完全不同于它在 RANS 或 LES 方法中的作用,他们之间存在本质性的区别。在宏观 CFD 方法中,湍流模型的作用是对均化后的流动控制方程(如雷诺时均方程)进行封闭,从而进行方程的数值求解;LES 方法中,亚格子应力假设为与瞬时局部应变平衡,涡黏性的影响只是瞬时的,且非流体动力学变量被完全忽略。在扩展 LBGK 方程中,湍流模型不是对方程的求解进行封闭,它完全出于对小尺度脉动现象的描述;应力与大尺度应变不是瞬时平衡的,而是松弛到由当前涡黏性决定松弛时间上。

4.3.4　LB 动网格气弹模拟模型

LB 方法从气体分子运动理论出发,用简单的分子碰撞来描述宏观流体的运动状态,并以 LBGK 方程作为流动控制方程来求解出流场空间离散网格点上的宏观物理量。在流体和结构动力相互作用问题中,由于结构运动产生变位,结构本身占据的空间随时间变化导致结构周围的流体所占的空间也随时间变化。对于这种运动物体绕流问题,在流体数值模拟中采用的离散网格点分布也应该是随时间变化的,原来模拟静态物体绕流的 LB 方法不再适合这类问题的求解。

本书以桥梁断面气动弹性问题的数值模拟为目标,通过引入惯性力分布函数来考虑桥梁结构与流体的动力相互作用,从而实现运动物体绕流的模拟。

4.3.4.1 刚体区域内的流体运动

桥梁断面在风作用下的变形一般非常小,因此桥梁节段模型可以简化为具有竖向和扭转两个自由度的刚性模型。针对这个特点,可以将断面周围的流动计算区域按形状不变的刚性区域来处理,它和桥梁节段同步运动,如图4.3-3所示。由于所考虑的流动区域的形状不随时间变化,所以计算区域的形状可取为与实际区域相同。

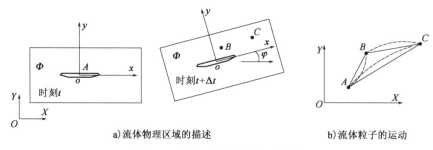

a) 流体物理区域的描述　　　b) 流体粒子的运动

图 4.3-3　刚体区域内的流体运动描述

如图4.3-3所示,取合适的固定参考系并在其上建立直角坐标系 OXY,需要考虑的流动区域用 $\Phi(X,Y,t)$ 表示,流动区域的形状不随时间变化。另外建立一个计算区域,计算区域的形状取为与实际流动区域相同,取绕流物体的质量中心位置 o 为参考点,并作为计算区域坐标系 oxy 的原点,参考点描述了流动刚性区域的运动情况(即平动和转动)。将任意时刻流动区域 $\Phi(X,Y,t)$ 内的流体粒子 $A(X,Y,t)$ 映射到不随时间变化的计算区域 oxy 内。设在某瞬时 t 流动刚体区域 $\Phi(X,Y,t)$ 在图4.3-3a)的左边位置,流体粒子位于 A 处;经过时间间隔 Δt 后,流动刚体区域运动到图4.3-3a)的右边位置,流体粒子运动到 C 处,在 t 时刻与 A 点对应的计算区域牵连点则运动到 B 处。根据运动学理论,可以用点的合成运动来描述流体粒子点的运动情况,如图4.3-3b)所示,连接矢量 $\overrightarrow{AC}$、$\overrightarrow{BC}$、$\overrightarrow{AB}$。在时间间隔 Δt 中,$\overrightarrow{AC}$ 是流体粒子绝对运动的位移,$\overrightarrow{BC}$ 是流体粒子相对于绕流物体质心的相对运动位移,$\overrightarrow{AB}$ 是瞬时 t 的牵连点位移。流体粒子的绝对位移是牵连位移和相对位移的矢量和,即 $\overrightarrow{AC}=\overrightarrow{AB}+\overrightarrow{BC}$。

根据速度的基本概念,可以得到流体运动粒子在 t 时刻的绝对速度 v_a、牵连速度 v_e 和相对速度 v_r 分别为:

$$v_a = \lim_{\Delta t \to 0}\frac{\overrightarrow{AC}}{\Delta t};\ v_e = \lim_{\Delta t \to 0}\frac{\overrightarrow{AB}}{\Delta t};\ v_r = \lim_{\Delta t \to 0}\frac{\overrightarrow{BC}}{\Delta t} \tag{4.3-24}$$

根据运动学理论,流体粒子的绝对速度等于它的牵连速度和相对速度的矢量和,即:

$$v_a = v_e + v_r \tag{4.3-25}$$

同样,根据加速度的定义可以得到流体运动粒子的绝对加速度 a_a、牵连加速度 a_e 和相对加速度 a_r。当牵连运动为平动时,绝对加速度等于牵连加速度和相对加速度的矢量和,即:

$$a_a = a_e + a_r \tag{4.3-26}$$

当牵连运动为转动时,绝对加速度等于牵连加速度、相对加速度和科氏加速度的矢量和,即:

$$a_a = a_e + a_r + a_k \tag{4.3-27}$$

式中:a_k——科氏加速度,相对运动与牵连运动之间的相互作用对流体运动粒子的贡献。

当牵连运动的位移为零时,实际流动区域的形状和位置与计算区域完全一致,且不随时间变化,流体运动粒子的绝对运动与其相对运动一致,这时流动属于静态物体绕流,可以通过普通 LBGK 方程来求解流体的运动状态。当绕流物体作平面刚体运动时,需要考虑牵连运动对流体流动的影响,以下根据流体质量和动量守恒原理来推导模拟运动物体绕流的流动控制方程。

4.3.4.2 惯性算子 LBGK 模型

在时间间隔 Δt 内流体粒子的运动应该满足动量守恒定律,即:

$$(\rho a_a)\Delta t = \sum_\alpha e_\alpha f_\alpha(X_i + \Delta t e_\alpha, t+\Delta t) - \sum_\alpha e_\alpha f_\alpha(X_i, t) \tag{4.3-28}$$

式中:X_i——粒子在静参考系中的位置。在计算区域内,有:

$$(\rho a_r)\Delta t = \sum_\alpha e_\alpha f_\alpha(x_i + \Delta t\, e_\alpha, t+\Delta t) - \sum_\alpha e_\alpha f_\alpha(x_i, t) = -\sum_\alpha \frac{1}{\tau}[f_\alpha(x_i,t) - f_\alpha^{(eq)}(x_i,t)] \tag{4.3-29}$$

将(4.3-29)代入(4.3-28)得:

$$\sum_\alpha e_\alpha f_\alpha(X_i + \Delta t\, e_\alpha, t+\Delta t) - \sum_\alpha e_\alpha f_\alpha(X_i, t) = -\sum_\alpha \frac{1}{\tau}[f_\alpha(x_i,t) - f_\alpha^{(eq)}(x_i,t)] + \sum_\alpha e_\alpha F_\alpha(x_i, t) \tag{4.3-30}$$

式中:F_α——惯性力分布函数,当物体运动为平动时 $\sum_\alpha e_\alpha F_\alpha = (\rho a_e)\Delta t$,当物体运动为转动时 $\sum_\alpha e_\alpha F_\alpha = (\rho a_e + \rho a_k)\Delta t$。

这样,实际刚体流动区域内的粒子演化方程就可以通过计算区域内相对应的粒子分布函数碰撞项加上惯性力分布函数项 F_α 来表示,从而可得到考虑物体运动作用的 LBGK 演化方程,这里称之为"惯性算子 LBGK 模型":

$$f_\alpha(X_i + \Delta t\, e_\alpha, t+\Delta t) - f_\alpha(X_i, t) = -\frac{1}{\tau}[f_\alpha(x_i,t) - f_\alpha^{(eq)}(x_i,t)] + \frac{1}{\Delta t}F_\alpha(x_i, t) \tag{4.3-31}$$

由于实际流动区域与计算区域完全重合,X_i 与 x_i 之间存在一一对应的关系,因此将式(4.3-31)改写为式(4.3-32):

$$f_\alpha(\boldsymbol{x}_i + \Delta t\,\boldsymbol{e}_\alpha, t + \Delta t) - f_\alpha(\boldsymbol{x}_i, t) = -\frac{1}{\tau}[f_\alpha(\boldsymbol{x}_i, t) - f_\alpha^{(eq)}(\boldsymbol{x}_i, t)] + \frac{1}{\Delta t}F_\alpha(\boldsymbol{x}_i, t) \qquad (4.3\text{-}32)$$

通过以上方程就可以进行运动物体绕流的演化计算。将方程(4.3-32)中的分子松弛时间 τ 用考虑湍流黏性的总松弛时间 τ_{total} 表示时,就可以得到计算湍流状态下运动物体绕流的惯性算子 LBGK 方程,即:

$$f_\alpha(\boldsymbol{x}_i + \Delta t\,\boldsymbol{e}_\alpha, t + \Delta t) - f_\alpha(\boldsymbol{x}_i, t) = -\frac{1}{\tau_{\text{total}}}[f_\alpha(\boldsymbol{x}_i, t) - f_\alpha^{(eq)}(\boldsymbol{x}_i, t)] + \frac{1}{\Delta t}F_\alpha(\boldsymbol{x}_i, t)$$

$$(4.3\text{-}33)$$

有了粒子演化控制方程,剩下的问题是需要根据不同的离散速度模型构造相应的惯性力分布函数具体形式。这里将惯性力分布函数 $F_\alpha(\boldsymbol{x}_i, t)$ 构造成式(4.3-34):

$$F_\alpha(\boldsymbol{x}_i, t) = w_\alpha^F \boldsymbol{e}_\alpha F(\boldsymbol{x}_i, t) \qquad (4.3\text{-}34)$$

式中:w_α^F——惯性力权数,用于描述惯性力对不同离散速度方向上粒子的贡献;

$\boldsymbol{e}_\alpha$——粒子离散速度向量;

$F(\boldsymbol{x}_i, t)$——惯性力,平动时 $F(\boldsymbol{x}_i, t) = (\rho a_e)$,转动时 $F(\boldsymbol{x}_i, t) = (\rho a_e + \rho a_k)$。

为了保证流场内流体的质量和动量守恒,惯性力分布函数 $F_\alpha(\boldsymbol{x}_i, t)$ 必须满足式(4.3-35)~(4.3-37)要求:

$$\sum_\alpha F_\alpha(\boldsymbol{x}_i, t) = 0 \qquad (4.3\text{-}35)$$

$$\sum_\alpha \boldsymbol{e}_\alpha F_\alpha(\boldsymbol{x}_i, t) = F(\boldsymbol{x}_i, t) \qquad (4.3\text{-}36)$$

$$\sum_\alpha e_{\alpha i} e_{\alpha j} F_\alpha(\boldsymbol{x}_i, t) = 0 \qquad (4.3\text{-}37)$$

对于不同空间维数和离散速度数量的 LB 速度离散模型,根据网格拓扑结构和守恒原理可以确定惯性力权数 w_α^F 在不同离散速度方向上的不同取值。通过推导可得 D2Q9 模型的惯性力权数 w_α^F 的取值如下:

$$w_\alpha^F = \begin{cases} 0 & \alpha = 0 \\ 1/3 & \alpha = 1 \sim 4 \\ 1/12 & \alpha = 5 \sim 8 \end{cases} \qquad (4.3\text{-}38)$$

4.3.4.3 强迫运动物体的绕流计算方法

根据固体动力学理论和惯性算子 LBGK 模型,可以实现对固体与流体耦合运动问题的求解。本文根据桥梁节段模型气动导数数值识别的需要,仅对物体作强迫运动时的流场演化过程进行讨论。

根据 LB 并行求解算法,可以得到如图 4.3-4 所示的流场计算过程。从图中可知,运动物体绕流模拟的关键是根据物体在不同时刻的运动状态和当前位置的流体粒子信息求解得到相应的惯性力分布函数。首先根据物体运动确定流场刚性区域内不同位置上流体粒子的牵连加速度,对于扭转运动还要求出科氏加速度;然后根据牛顿力学定律得到作用在流体粒子上的惯性力;最后根据式(4.3-34)得到离散速度模型的惯性力分布函数的具体形式。

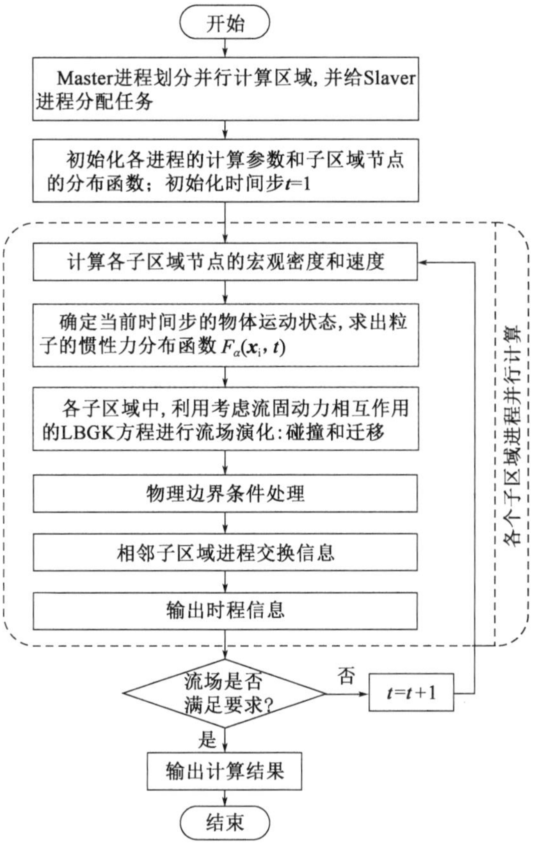

图 4.3-4 强迫运动物体绕流的流场演化过程

有了惯性力分布函数,就可以让其参与到粒子的演化计算过程当中,从而实现强迫运动物体绕流的模拟。

4.3.5 桥梁结构气动参数的数值识别方法

浸没于均匀来流中的桥梁节段模型,要受到流体对它的气动力作用。当物体静止或定常运动时,作用在其上的定常气动力通常采用气动力系数来描述。当桥梁模型作非定常运动时,受到的气动力通常采用气动导数来描述,气动导数反映了非定常气动力与运动物体相关自由度之间的关系,也隐含着不同自由度之间的相位关系。这些参数在桥梁抗风研究中一般通过节段模型风洞试验来测定和识别。根据前面论述的流动数值模拟方法,它们完全可以从数值模拟角度来识别,由于没有考虑来流湍流情况,这里不能对气动导数进行数值识别。

4.3.5.1 气动力系数的数值识别

气动力系数是桥梁工程研究中的一项基本内容,它反映了作用在桥梁结构上的气动力大小。根据得到的气动力系数,可以求得作用在桥梁结构上的定常气动力,从而进一步分析桥梁结构在静风荷载作用下的应力与位移,并进行静风稳定性分析。在物理风洞试验中,一般通过测力天平直接测量得到。对于桥梁节段模型,认为是二维下三自由度运动问题,需要考虑风轴中气动力的3个分量,即阻力 F_D、升力 F_L 和升力矩 F_M,如图4.3-5 所示,通常称之为三分力。三分力的数值试验原理是通过对建立的流体运动控制方程进行数值求解,得到物体计算区域内的速度和压力,从而计算物体模型的阻力、升力和升力矩,将三分力无量纲化就得到三分力系数。在数值模拟中,保持桥梁截面模型不动,进行静态绕流计算;利用动量交换法或应力积分法计算出任一时刻作用在模型上的气动力;将气动力的时程做时间平均,就可以得到给定风速下的定常气动力,并根据下列式子计算得到相应的气动力系数。

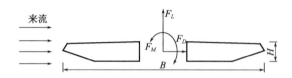

图 4.3-5　桥梁断面三分力示意图

阻力系数:
$$C_D = \frac{F_D}{\frac{1}{2}\rho U^2 H} \tag{4.3-39}$$

升力系数:
$$C_L = \frac{F_L}{\frac{1}{2}\rho U^2 B} \tag{4.3-40}$$

升力矩系数:
$$C_M = \frac{M_z}{\frac{1}{2}\rho U^2 B^2} \tag{4.3-41}$$

式中:ρ——流体密度;

U——来流速度;

H、B——桥梁节段模型的投影高度和投影宽度。

4.3.5.2　斯特劳哈尔数的数值识别方法

流体流过桥梁结构后通常会产生旋涡脱落现象,这是引起桥梁结构涡激振动的主要原因。对于给定的结构形状,旋涡脱落频率一般会随风速的增加而增大。为了更普遍地描述这种宏观旋涡脱落现象,可以采用斯特劳哈尔数来表示。斯特劳哈尔数是旋涡脱落频率和自由流速与绕流物体特征尺度的比例常数,即:

$$St = \frac{fH}{U} \tag{4.3-42}$$

式中:St——斯特劳哈尔数;

f——涡脱频率;

H——结构特征尺度,这里采用桥梁截面高度来描述;

U——流动速度。

一般来说,不同几何形状的物体得到的斯特劳哈尔数是不一样的。随着流场中旋涡周期性脱落,作用在固体表面上的粒子动量强度也呈现周期性变化,从而导致结构物受到的气动力也相应地发生周期性变化。因此,在数值计算中,对识别的三分力系数时程进行频谱变换分析,就可以获取相应的旋涡脱落频率 f,从而得到斯特劳哈尔数。由于三分力反映的是整个结构的受力情况,同一时刻可能会有多个旋涡发生共同作用,因此识别出的斯特劳哈尔数可能会有多个。

4.3.5.3 气动导数的数值识别方法

桥梁断面气动导数识别是大跨度桥梁结构颤抖振分析中最重要的基础环节之一。气动导数反映了作用在桥梁断面上非定常自激力的大小和相位,在一定风速下,如果桥梁通过自激作用从气流中吸取的能量大于机械阻尼耗散的能量,则会引起灾难性的发散振动——颤振发散。

对于任意桥梁断面(图4.3-6),结构运动可以用竖向位移 h、侧向位移 p 和扭转位移 α 及其他们对时间的一阶导数——速度 $(\dot{h},\dot{p},\dot{\alpha})$ 和二阶导数——加速度 $(\ddot{h},\ddot{p},\ddot{\alpha})$ 来表示。根据 Scanlan(1971,1978)的颤振分析理论,仅考虑竖向和扭转运动的桥梁断面的自激气动力可以用自激升力 L_{se} 和自激升力矩 M_{se} 来表示,用 8 个气动导数表示成式(4.3-43)和式(4.3-44):

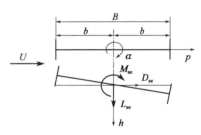

图 4.3-6 桥梁断面位移与气动力

$$L_{se} = \frac{1}{2}\rho U^2 (2B) \left[KH_1^*(K) \frac{\dot{h}}{U} + KH_2^*(K) \frac{B\dot{\alpha}}{U} + K^2 H_3^*(K)\alpha + K^2 H_4^*(K) \frac{h}{U} \right] \quad (4.3\text{-}43)$$

$$M_{se} = \frac{1}{2}\rho U^2 (2B^2) \left[KA_1^*(K) \frac{\dot{h}}{U} + KA_2^*(K) \frac{B\dot{\alpha}}{U} + K^2 A_3^*(K)\alpha + K^2 A_4^*(K) \frac{h}{U} \right] \quad (4.3\text{-}44)$$

式中:K——折减频率,$K = \omega B/U$;

H_i^*、A_i^*——气动导数($i = 1 \sim 4$)。

当采用强迫振动法进行气动导数数值识别时,将模型运动的自由度解耦,假定模型分别作正弦竖弯运动或扭转运动。当模型作竖弯运动时,有:

$$h(t) = A_h \sin(\omega_h t), \quad \dot{h}(t) = A_h \omega_h \cos(\omega_h t), \quad \ddot{h}(t) = -A_h \omega_h^2 \sin(\omega_h t) \quad (4.3\text{-}45)$$

$$\alpha(t) = \dot{\alpha}(t) = \ddot{\alpha}(t) = 0 \quad (4.3\text{-}46)$$

当模型作扭转运动时,有:

$$h(t) = \dot{h}(t) = \ddot{h}(t) = 0 \quad (4.3\text{-}47)$$

$$\alpha(t) = A_\alpha \sin(\omega_\alpha t), \quad \dot{\alpha}(t) = A_\alpha \omega_\alpha \cos(\omega_\alpha t), \quad \ddot{\alpha}(t) = -A_\alpha \omega_\alpha^2 \sin(\omega_\alpha t) \quad (4.3\text{-}48)$$

式中：h、$\dot{h}$、$\ddot{h}$——竖弯运动的位移、速度和加速度；

α、$\dot{\alpha}$、$\ddot{\alpha}$——扭转运动的角位移、角速度和角加速度；

A_h、A_α——竖弯和扭转运动的振幅，取常数值；

ω_h、ω_α——竖弯和扭转运动的圆频率。

对以上作竖弯和扭转运动的物体绕流，利用惯性算子 LBGK 方程进行模拟，当流场进入谐振稳定状态时，提取模型气动力的时程曲线。将 h、$\dot{h}$、α 和 $\dot{\alpha}$ 代入式（4.3-43）和式（4.3-44），然后利用最小二乘法拟合得到气动力分量的表达式，将拟合系数除以相应的常量就可求得相应的气动导数。

需要注意的是，由于模型作强迫振动时，式（4.3-43）和式（4.3-44）表示的气动力在整数倍周期内的时间平均值应为零。但是当模型上下不对称或来流相对模型振动的平衡位置攻角不为零时，数值识别的气动力已经包含了静力分量。因此，在计算气动导数前应将气动力信息进行零均值化处理。另外，为了提高识别气动导数的精度，气动力的采样时间总长度应尽量取为模型振动周期的整数倍。

4.4 桥梁结构数值风洞模拟软件研发

4.4.1 基于面向对象的 LB 并行计算软件研发

根据面向对象程序设计方法和基于消息传递的并行编程模型，利用 C++ 计算机语言和 MPI 消息交换平台开发了基于 LB 方法的桥梁结构数值风洞模拟软件 BridgeFluent。软件开发的过程主要体现在类结构的设计和实现，以下通过类结构的设计情况来阐述整个程序的构思。

构成 BridgeFluent 软件的类结构如图 4.4-1 所示，图中反映了主要类的相互关系和调用情况。BridgeFluent 以流体运动模拟控制类为核心，该类按照 LB 方法的并行计算过程来调度其他类协同工作，从而实现对流体运动的模拟。

其他主要的类包括粒子类、物体模型类、并行控制类、内存管理类、边界条件处理类、气动力类、动态物体绕流模拟类、数学算法类和数据处理类。流体运动模拟控制类负责输入计算参数、初始化流场信息、控制流场演化过程及分析计算结果，掌握了整个流体运动的模拟过程，但是各部分的具体实现是由其他相关的类来承担。值得说明的是，这些类之间并不是孤立存在的，它们之间协同工作，甚至多个类之间发生数据的交换和运算，从而完成不同种类流场的模拟任务。以上主要介绍了类内部及类之间的工作机制，没有过多地涉及数据流的变化和流动模拟的具体过程等内容。

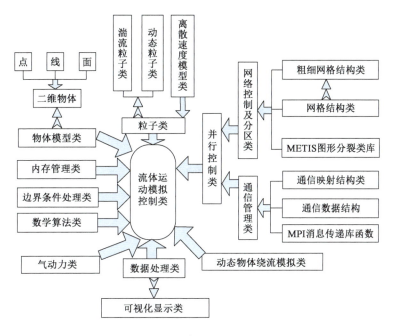

图 4.4-1 BridgeFluent 软件的类结构图

4.4.2 桥梁结构数值风洞模拟软件的计算流场

利用 BridgeFluent 软件进行桥梁结构绕流模拟的过程如图 4.4-2 所示,主要分为四个阶段进行,即:前处理过程、初始化、流场演化计算和后处理过程。

①前处理过程:包括各项计算控制信息、物体模型信息、边界条件信息和网格信息的输入;

②初始化:主要是根据输入信息对流场网格进行并行分区、建立进程间的信息交换机制(完成 Slaver 进程的任务分配工作)和初始化各个进程子区域的流场粒子属性等;

③流场演化计算:指各个进程对本地流场进行演化计算、相邻分区进程之间相互交换信息,按时间步计算物体受到的气动力;

④后处理过程:指各个进程将其当前流场信息进行提取、换算和输出,对流场进行可视化显示和流动显示等,完成用户的计算目的。

4.4.3 BridgeFluent 软件界面及功能

BridgeFluent 软件的界面形式如图 4.4-3 所示,主要包括:树形菜单、显示窗口、工具栏、输出窗口、命令行操作窗口等。其中树形菜单和工具栏负责对软件的全部功能的控制和操作。

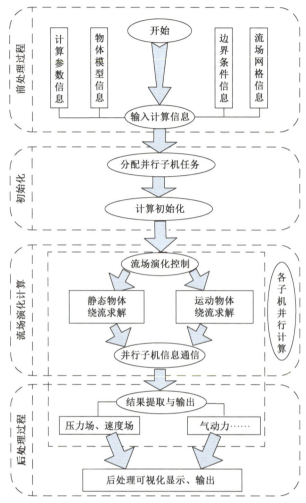

图 4.4-2 BridgeFluent 软件计算流程图

图 4.4-3 BridgeFluent 软件界面

BridgeFluent 软件的主要功能包括三大部分：Case 定义、流场演化求解和后处理，如图 4.4-4 所示。

（1）Case 定义模块（前处理模块）

Case 定义模块负责计算实例的定义，包括：流场区域大小和网格控制、绕流固体模型的导入或输入、流场边界条件的定义、湍流模型定义和动网格模型定义，如图 4.4-5 所示。

（2）流场演化计算及控制

主要完成流场计算参数定义、演化过程的控制、结果输出控制、计算初始化和流场模拟模块的调用。流场演化计算过程的情况如图 4.4-6 所示。

（3）后处理

图 4.4-4　BridgeFluent 软件功能

完成计算结果的提取、输出、可视化显示、动态显示等等。其中可视化显示包括：等值线图、云图、矢量图等，如图 4.4-7 所示。

图 4.4-5　Case 定义界面

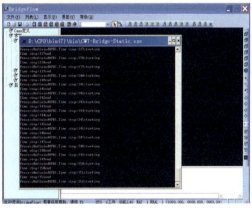

图 4.4-6　流场演化计算过程界面

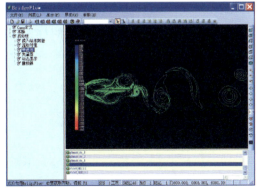

a) 涡量场等值线图

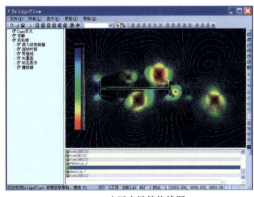

b) 压力场等值线图

图　4.4-7

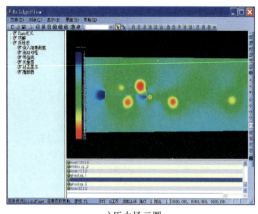
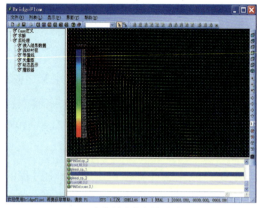

c) 压力场云图　　　　　　　　　　d) 流场速度矢量显示

图 4.4-7　流场可视化显示

4.5　典型钝体绕流数值风洞模拟

对流体运动数值模拟方法和软件可靠性的验证,一般可以通过两种方法进行:一是通过试验加以验证;二是运用相当成熟的理论求出解析解或精确数值解来验证。本书将采用两种方法相互结合的办法,以方柱和圆柱绕流四种不同的流动作为模拟对象来验证拓展 LB 方法及其并行计算软件的可靠性。绕钝体的流动是个非常复杂的物理现象,如流动分离、转捩及非定常旋涡结构等。流过圆柱和方柱的流动是两种典型的钝体绕流问题,对于圆柱结构,由于是流线型的外形,流动分离位置依赖于附着边界层的状态;相反对于方柱,由于它具有明显的棱角,近壁湍流模型对流动分离位置及其流场求解结果影响不是很明显。因此,通过对圆柱绕流和方柱绕流的模拟可以深入考察本书方法及软件在钝体分离流中的模拟能力。

4.5.1　圆柱绕流数值模拟

以下对不同雷诺数时的圆柱绕流进行模拟,并分析雷诺数对圆柱绕流特性的影响。

圆柱绕流的计算区域在 xoy 平面内取为 $L \times H = 2.5 \times 2$ 的矩形,沿 z 方向取圆柱长度为 0.05。圆柱中心位置距离上下边界为 $H/2$,距离入口边界 $L_f = 1$,圆柱直径 $D = 0.1$。边界条件设置如下:入口为均匀来流速度边界,流速为 $U = 0.065$;出口边界设置为压力形式,$p_{out} = 1.0$;流场上、下外边界为对称边界;圆柱表面为采用一致曲面边界格式处理的固定壁面边界。雷诺数定义为 $Re = DU/\nu$。

对雷诺数为 $Re = 10 \sim 3.0 \times 10^5$ 范围内的圆柱流动进行模拟,雷诺数为 1~100 时,取最小计算网格步长为 $D/26$;雷诺数为 200~5 000 时,取最小计算网格步长为 $D/40$;雷诺数大于 5 000 时,取最小计算网格步长为 $D/50$。松弛时间根据雷诺数确定。计算结果采用无量纲形式表示,即:阻力系数 $C_D = 2F_D/(\rho U^2 D)$;斯特劳哈尔数 $St = fD/U$。其中 ρ 为流体密度,U 为入口来流速度,F_D 为单位长度圆柱模型受到的时间平均阻力。

表 4.5-1 列出了雷诺数分别为 3 900 和 1.4×10^5 时圆柱绕流的阻力系数和斯特劳哈尔数,这时的流动呈现为湍流状态。从表中可知:本书计算结果与试验结果基本吻合,且与 LES 方法和采用显式代数应力模型的 RANS 方法也比较接近。

圆柱绕流模拟结果 表 4.5-1

Re	方法	C_D	S_t
3 900	本文结果	1.186 7	0.215
	试验结果(L Ong 等,1996)	0.99 ± 0.05	0.215 ± 0.005
	LES(Kravchenko 等,2000)	1.00	0.203
	RANS + 标准代数应力模型(H Lübcke,2001)	0.89	0.200
	RANS + 显式代数应力模型(H Lübcke,2001)	0.98	0.203
1.4×10^5	本文结果	1.259 3	0.209
	试验结果(B Cantwell 等,1983)	1.237	0.200
	LES(M Breuer,1999)	1.239	0.204
	RANS + 显式代数应力模型(H Lübcke,2001)	1.16	0.220

图 4.5-1 反映了雷诺数为 3 900 时圆柱绕流在不同时刻的涡量场情况,这时流动呈现为旋涡周期脱落状态。图中分别描述了一个变化周期内对应 $T/4$、$T/2$、$3T/4$ 和 T 时刻的涡量场变化,图中清楚地显示出流动分离、旋涡形成与脱落的交替变化过程。流体在圆柱表面分离后在尾部发展成为大尺度的旋涡,并随着流体运动发生脱落,同时在下部形成一个小尺度旋涡,随后不断发展变大,并向上部移动,最后在上方脱落。在旋涡周期脱落变化过程中,圆柱后面存在其他小尺度的旋涡在随机运动和变化,这样使得流动不再是单纯稳定的周期运动。

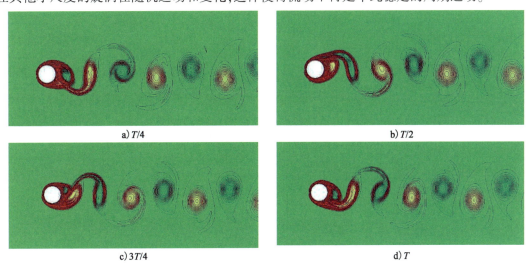

a) $T/4$ b) $T/2$
c) $3T/4$ d) T

图 4.5-1 $Re = 3 900$ 时圆柱绕流不同时刻的涡量场(一个周期)

雷诺数对圆柱绕流的影响还可以从圆柱的阻力系数和斯特劳哈尔数等量化结果来分析,图 4.5-2 和图 4.5-3 给出了阻力系数和斯特劳哈尔数随雷诺数的变化情况。通过与试验结果和其他 CFD 计算结果的比较可知,本书结果显著地反映了阻力系数和斯特劳哈尔数随雷诺数的变化趋势。

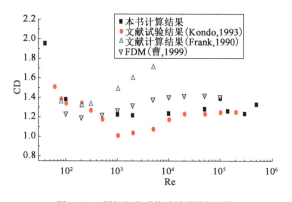

图 4.5-2　圆柱阻力系数随雷诺数的变化

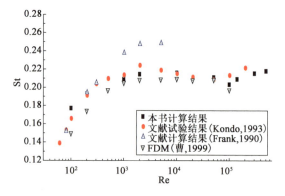

图 4.5-3　圆柱斯特劳哈尔数随雷诺数的变化

4.5.2　方柱绕流数值模拟

以下对雷诺数为 2.2×10^4 的方柱绕流进行模拟,以验证 BridgeFluent 软件在高雷诺数湍流模拟中的有效性。

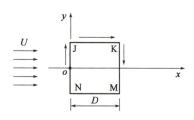

图 4.5-4　方柱截面示意图及坐标系

方柱的截面及坐标系设置如图 4.5-4 所示,计算区域取为 $L \times H$ 的矩形。方柱边长为 $D = 40$(按最小网格步长单位计),方柱中心位置距离上、下边界和入口边界为 $10D$,距离出口边界为 $20D$。边界条件设置如下:入口为速度边界形式;出口为压力条件;流场上、下外边界为对称边界;方柱表面为无滑移壁面边界。

计算结果采用无量纲形式表示,即:阻力系数 $C_D = 2F_D/(\rho U^2 D)$;斯特劳哈尔数 $St = Df/U$;时间平均压力系数 $C_p = P/(0.5\rho U^2)$。其中,ρ 表示流体密度;U 表示入口来流速度;F_D 表示单位长度模型的时间平均阻力;f 表示流体绕过方柱后发生的旋涡脱落频率,通过对升力时程进行傅里叶变换得到;P 表示表面某点的时间平均压力值。

计算得到的阻力系数 C_D 和斯特劳哈尔数 St 结果如表 4.5-2 所示,并与其他 CFD 方法的计算结果和试验结果进行比较。从表中可知,本书计算结果与试验结果吻合;与采用动态亚格子 S 模型的 LES 方法结果相比,本书计算的阻力系数更接近试验结果;本文计算的斯特劳哈尔数与 D. Durão 的试验结果吻合较好。另外,计算得到的升力系数均方根值(RMS)为 1.26,与试验结果 1.20～1.35 吻合一致。

方柱绕流的计算结果　　　　　　　　　　　　　　　　表 4.5-2

方　　法	C_D	St
本文结果	2.084 4	0.140 8
试验结果（D A Lyn 等，1995）	2.10	0.132
试验结果（D Durão 等，1988）	2.05～2.23	0.139
RANS + k-ε 模型（D Bruno Koobus，2000）	1.97	0.137
LES + 动态亚格子 S 模型（S Vengadesan 等，2005）	2.24	0.136
LES + 动态一方程模型（H Lübcke 等，2001）	2.178	0.130
DVM（I Taylor 等，1999）	2.38	0.127 8

图 4.5-5 比较了不同方法得到的流场速度分布情况。图 4.5-5a)为沿流场水平中心线的时间平均速度分量 U_x 的分布情况。在方柱上游,本书计算得到的速度与试验结果吻合一致;在方柱的下游,本书计算结果与试验结果也基本符合,特别是在靠近方柱后缘的地方,比其他 CFD 方法更接近试验值。图 4.5-5b)反映了方柱侧面 $x/D=0.5$ 处沿 y 坐标的时间平均速度分量 U_x 的分布情况,本文计算结果与试验结果和 LES 结果都吻合很好,能够分辨出近壁面附近速度梯度的激烈变化状况。

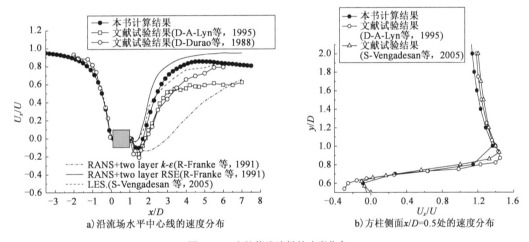

a) 沿流场水平中心线的速度分布　　　　b) 方柱侧面 $x/D=0.5$ 处的速度分布

图 4.5-5　方柱绕流流场的速度分布

4.6　桥梁结构数值风洞模拟

利用桥梁结构气动弹性数值模拟 LB 方法及研发的桥梁结构数值风洞模拟软件(Bridge-Fluent),以有代表性的箱形截面梁、H 形截面梁、分体双箱梁和桁架梁为对象,进行桥梁结构气动参数的数值识别,包括:静力三分力系数、斯特劳哈尔数、流场流态和气动导数。

4.6.1　箱形截面梁数值风洞模拟

以苏通大桥钢箱梁和丹麦大贝尔特桥主桥钢箱梁为工程背景,对箱形截面梁进行气动弹性绕流模拟,数值识别相应的气动参数,包括:静力三分力系数、斯特劳哈尔数、气流流态变化和气动导数。

4.6.1.1 箱形截面梁数值计算模型

苏通大桥和丹麦大贝尔特桥钢箱梁基本截面几何形状如图4.6-1所示,数值模拟模型对细部附属设施进行了简化处理。为了便于结果的比较和进行准确性验证,两个箱形截面梁数值模拟的雷诺数与对应桥梁节段模型风洞试验的雷诺数保持一致,即:苏通大桥箱形截面梁数值模拟雷诺数为 $Re = UH/\nu = 4.6 \times 10^4$(其中 H 为模型的高度,U 为来流速度);大贝尔特桥箱形截面梁数值模拟雷诺数为 $Re = UH/\nu = 1.0 \times 10^5$。

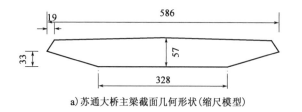
a) 苏通大桥主梁截面几何形状(缩尺模型)

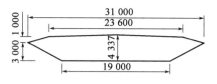
b) 大贝尔特桥主桥箱形截面梁断面示意图

图4.6-1 箱形截面梁基本截面(尺寸单位:mm)

数值模拟时,在保证计算雷诺数与试验雷诺数相同条件下,各个计算参数和变量采用LB模型空间的无量纲形式来描述。计算区域和边界条件设置如图4.6-2所示,模型形心距离入口边界为 $20H$,距离流场外侧上、下边界为 $15H$,距离出口边界为 $40H$。模型结构包括施工状态(不考虑栏杆等细部构造)和成桥状态(考虑了栏杆等细部构造)。

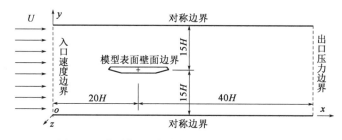

图4.6-2 箱形截面梁气动绕流模拟计算区域示意图

通过对攻角分别为 $-7°$、$-3°$、$0°$、$+3°$ 和 $+7°$ 的箱梁模型进行绕流模拟,可以得到相应箱形截面梁的静力三分力系数、斯特劳哈尔数和流态变化过程。

4.6.1.2 箱形截面梁静力三分力系数识别

(1)苏通大桥箱形截面梁静力三分力系数

苏通大桥箱形截面梁施工状态和成桥状态在不同攻角时的三分力系数计算结果如图4.6-3和图4.6-4所示,并且将本书计算结果与风洞试验结果(林志兴等,2004)和用RANS方法结合 SST k-ω 湍流模型和标准 k-ε 湍流模型的计算结果(邓文,2006)进行了详细的比较。

从结果比较可以看出,本书计算得到的阻力系数 C_D、升力系数 C_L 和升力矩系数 C_M 随攻角的变化趋势和风洞试验结果完全一致,在绝对数值上本书结果与风洞试验结果也有良好的一致性。在图 4.6-3 中,采用 RANS 方法计算时,其结果精度受湍流模型的影响非常大,采用 SST k-ω 模型的计算结果与试验结果基本符合,但是采用标准 k-ε 模型的计算结果与试验结果相差很大。

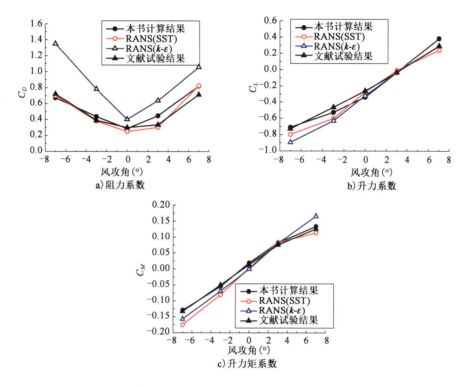

图 4.6-3 箱形截面梁的静力三分力系数(苏通大桥,施工状态)

进一步从数值上对计算结果和试验结果进行比较,如表 4.6-1 所示。从结果比较分析可知,本书方法数值识别的箱形截面梁的三分力系数随攻角的变化规律与试验结果完全一致,在绝对值上也有良好的可比性。其中:阻力系数计算结果与试验结果的偏差为 8.1%,升力系数随攻角变化斜率偏差为 9.7%,升力矩系数随攻角变化斜率的偏差为 8.9%。

箱形截面梁的静力三分力系数结果比较(苏通大桥,0°风攻角)　　表 4.6-1

结构状态	C_D			$dC_L/d\alpha$			$dC_M/d\alpha$		
	计算值	试验值	偏差	计算值	试验值	偏差	计算值	试验值	偏差
施工状态	0.2871	0.299	4.0%	4.5	4.1	9.7%	1.3	1.2	8.3%
成桥状态	0.9839	0.911	8.1%	4.8	4.5	6.7%	0.98	0.9	8.9%

(2)大贝尔特桥箱形截面梁静力三分力系数

数值识别得到的大贝尔特桥箱形截面梁的阻力系数 C_D、升力系数 C_L 和升力矩系数 C_M 随攻角变化情况如图 4.6-5 所示。

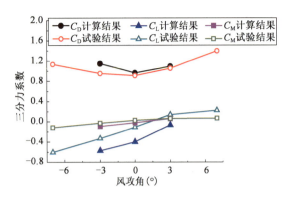

图4.6-4 箱形截面梁的静力三分力系数(苏通大桥,成桥状态)

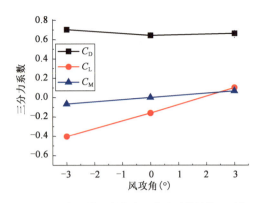

图4.6-5 箱形截面梁静力三分力系数数值识别结果(大贝尔特桥,成桥状态)

进一步将数值识别结果与风洞试验结果(Larsen A,1998)进行比较,见表4.6-2。从结果比较分析可知,本书方法数值识别的大贝尔特桥主梁三分力系数结果与试验结果吻合良好,阻力系数计算结果与试验结果的偏差为2.4%,升力系数随攻角变化斜率偏差为8%,升力矩系数随攻角变化斜率的偏差为8.9%[试验结果取自文献(Larsen A,1998)的大贝尔特东桥主梁1:80节段模型试验结果,并将阻力系数按主梁高度为参考尺度换算]。

箱形截面梁的静力三分力系数结果比较(大贝尔特桥,0°风攻角)　　表4.6-2

C_D			$dC_L/d\alpha$			$dC_M/d\alpha$		
计算值	试验值	偏差(%)	计算值	试验值	偏差(%)	计算值	试验值	偏差(%)
0.6429	0.628	2.4	4.718	4.37	8.0	1.274	1.17	8.9

4.6.1.3 箱形截面梁斯特劳哈尔数值识别

通过对不同攻角箱梁的升力系数和升力矩系数时程信号进行频谱变换,可以得到相应的旋涡脱落频率 f,从而根据公式 $St = fH/U$(H 为主梁高度,U 为来流速度)推算出相应的斯特劳哈尔数,如表4.6-3所示。

箱形截面梁的斯特劳哈尔数计算结果　　表4.6-3

风攻角	苏通大桥		大贝尔特桥施工状态	大贝尔特桥成桥状态	
	施工状态	成桥状态		计算结果	试验结果
−3°	0.152	0.169	0.156	0.18	—
0°	0.2023	0.156	0.256	0.167	0.158
+3°	0.2023	0.169	0.204	0.141	—

从计算结果可知,箱形截面梁的斯特劳哈尔数在不同攻角和不同结构状态时存在明显的变化,这表明主梁在不同攻角、施工状态和成桥状态发生涡激共振的锁定风速也不相同。同时,大贝尔特桥成桥状态0°风攻角的斯特劳哈尔数计算结果与风洞试验结果(A Larsen,1997)吻合良好,两者偏差为5.3%,验证了本书方法的准确性。苏通大桥0°风攻角时箱形截面梁气动力系数时程及其幅值谱如图4.6-6所示。

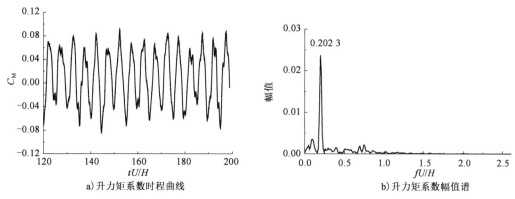

图 4.6-6　0°风攻角时箱形截面梁气动力系数时程及其幅值谱(苏通大桥)

4.6.1.4　箱形截面梁气动导数识别

气动导数的数值模拟属于气弹问题,需要采用 LB 气弹模拟模型来进行,并利用强迫振动法来识别气动导数。将模型分别作竖向正弦运动和扭转正弦运动,模型运动的参考点取 0°攻角平衡状态时截面的形心位置,竖向正弦运动的振幅为 $0.03B$,扭转正弦运动的振幅为 $3°$,其中 B 为箱形截面模型的总宽度。计算模型与前面进行的气动模拟相同,计算区域外边界为矩形,计算域的宽度和高度分别为 $10B$ 和 $7B$。边界条件设置如下:入口为均匀来流速度边界;流场外部的上、下边界为速度边界;模型表面为无滑移壁面边界;出口为压力边界。数值计算参数和变量采用 LB 模型空间的无量纲形式表示。苏通大桥主梁模型的数值模拟雷诺数为 $Re = UH/\nu = 4.6 \times 10^4$,大贝尔特桥的数值模拟雷诺数为 $Re = UH/\nu = 1.0 \times 10^5$。苏通大桥成桥状态下扭转强迫振动模型的气动力时程及其拟合结果如图 4.6-7 所示。

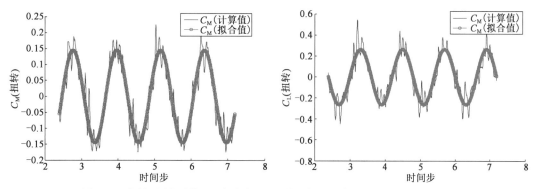

图 4.6-7　扭转强迫振动模型的气动力时程及其拟合结果(苏通大桥成桥状态,$V_r = 6$)

(1)苏通大桥主梁气动导数计算结果

在苏通大桥主梁气动导数识别中,折算风速分别取 $V_r = U/fB = 4$、6、8 和 10 四种情况,并通过改变模型的振动频率来得到不同的折算风速值,其中 f 为模型振动频率。在数值模拟中,先计算若干步,以使流场进入稳定谐振状态,然后开始采集气动力时程信息。模型分别作扭转和竖向强迫振动时得到的气动力时程及其拟合结果如图 4.6-8 所示(在气动力拟合过程中,对气动力进行了0均值处理)。从得到的气动力时程曲线来看,升力和升力矩系数均表现为无量纲时间的正弦关系,与物体运动具有很强的相关性。

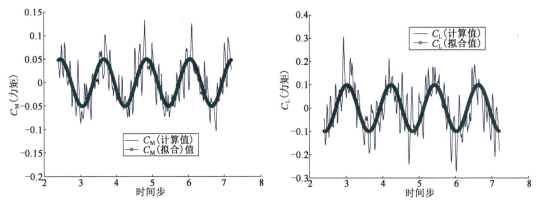

图4.6-8 竖弯强迫振动模型的气动力时程及其拟合结果(苏通大桥成桥状态,$V_r=6$)

根据气动力时程信息,利用最小二乘法拟合得到的气动导数。图4.6-9给出了苏通大桥成桥状态和施工状态0°攻角的气动导数数值识别结果。为了便于比较,图中同时给出了风洞试验结果(陈艾荣等,2003)。从图中可知,本书数值识别的气动导数结果与风洞试验结果在变化趋势上吻合一致;与扭转振动直接关联派生的导数 A_2^*、A_3^*、H_2^* 和 H_3^* 的数值计算结果与试验结果吻合良好,与竖弯振动直接相关的 H_1^* 和 A_1^* 导数也与试验结果吻合良好。

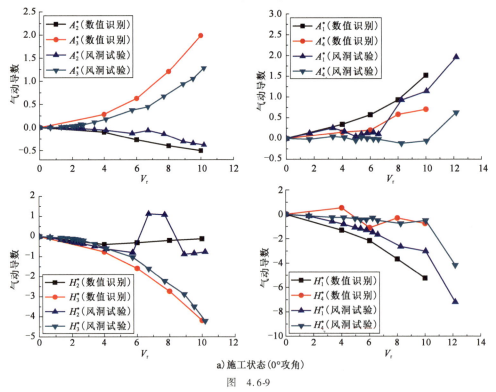

a)施工状态(0°攻角)

图 4.6-9

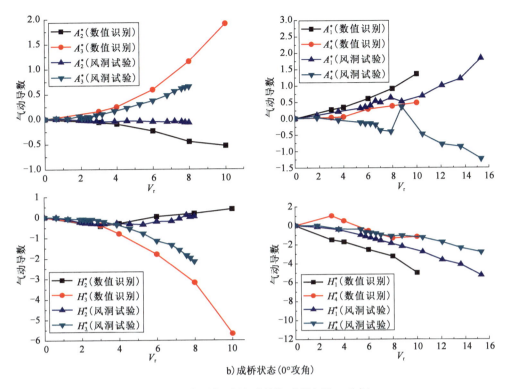

图 4.6-9 箱形截面梁气动导数(苏通大桥,0°攻角)

(2) 大贝尔特桥主梁气动导数计算结果

在大贝尔特桥主梁气动导数识别中,折算风速分别取 $V_r = U/fB = 2.5$、5、7.5 和 10 四种情况,并通过改变模型的振动频率来得到不同的折算风速值,其中 f 为模型振动频率。

根据气动力时程信息,利用最小二乘法拟合得到的气动导数如图 4.6-10 所示。为了便于比较,图中同时给出了风洞试验结果(Wallther J H,1994;Poulsen N K,1992)。从图中可知,本书计算结果与试验结果在变化趋势上吻合一致;在数值上,A_2^* 和 A_3^* 与试验结果吻合较好,H_2^*、H_3^*、A_1^* 和 H_1^* 在折算风速低于 10 时与试验结果吻合良好,但是当折算风速大于 10 时的偏差略大,不过这时的折算风速已经超出了桥梁的颤振发生临界风速;H_4^* 和 A_4^* 的计算结果偏差相对较大些。

总的来说,对于闭口箱形截面的气动导数识别,本书数值识别结果与风洞试验结果在趋势上吻合一致,在数值上也有良好的一致性。

(3) 颤振临界风速推算

利用上面识别的气动导数,采用二维颤振分析法来计算桥梁的颤振临界风速。用于颤振分析的结构参数如表 4.6-4 所示。其中,B 为截面宽度;I 和 I_m 分别为结构竖向和扭转振动的等效质量或质量惯矩;f_{h0} 和 $f_{\alpha 0}$ 分别表示结构竖向和扭转振动的频率;ξ_{h0} 和 $\xi_{\alpha 0}$ 分别表示结构竖向和扭转振动的阻尼比,结构阻尼比简化为 0.005。

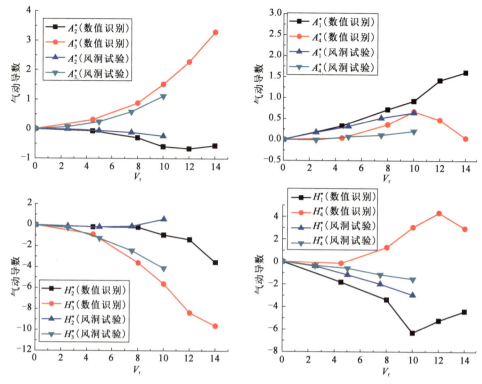

图 4.6-10 箱形截面梁气动导数（大贝尔特桥成桥状态，0°攻角）

二维颤振分析的结构参数（箱形截面桥梁）　　　　　表 4.6-4

断面形式	B(m)	m(kg/m)	I_m(kg·m²/m)	f_{h0}(Hz)	$f_{\alpha 0}$(Hz)	ξ_{h0}	$\xi_{\alpha 0}$
苏通大桥施工状态	41	27 500	4 910 000	0.189	0.589	0.005	0.005
苏通大桥成桥状态	41	32 170	8 610 000	0.175	0.532	0.005	0.005
大贝尔特桥	31	22 700	2 470 000	0.096	0.278	0.005	0.005

基于数值识别气动导数和风洞试验气动导数，分别推算了相应的颤振临界风速，如表 4.6-5 所示。U_{cr} 为颤振发散临界风速，f_{cr} 为颤振频率。

二维颤振分析主要结果 [注：U_{cr}(m/s)，f_{cr}(Hz)]　　　　　表 4.6-5

断面形式	苏通大桥施工合拢状态			苏通大桥成桥状态			大贝尔特桥		
方法/气动导数	数值识别导数	风洞试验导数	偏差(%)	数值识别导数	风洞试验导数	偏差(%)	数值识别导数	风洞试验结果	偏差(%)
U_{cr}	147.1	168.6 (186)	-12.7	182.1	174.3 (154)	4.5	71.6	70	2.3
f_{cr}	0.545	0.523	4.2	0.486	0.504	-3.6	0.257	—	—

从表 4.6-5 中的颤振推算结果可知，采用本书拓展 LB 方法识别的气动导数推算得到的颤振临界风速与根据风洞试验导数推算的颤振临界风速吻合良好，最大偏差为 -12.7%；两者的颤振频率也吻合很好，最大偏差为 4.2%。

4.6.1.5 箱形截面梁气流流态分析

流场流态的变化会引起流场压力场的改变,因此可以从压力分布来分析流动的变化情况。以下以苏通大桥为例,对箱形截面梁的气流流态变化进行分析。箱梁截面梁在 0°攻角时计算的压力等值线如图 4.6-11 所示,并将 LB 方法计算结果与 RANS 方法计算结果进行比较。其中,图 4.6-11a) 为拓展 LB 方法的计算结果,图中清楚地反映了不同尺度旋涡结构的分布以及流动的分离-再附-旋涡脱落的现象;图 4.6-11b) 为在高密度网格中采用直接求解瞬时 Navier-Stokes 方程组(即直接数值模拟,DNS)得到的结果,由于采用的网格较密,该方法也分辨出了较丰富的旋涡结构;图 4.6-11c) 和 d) 为 RANS 方法分别采用标准 k-ε 模型和 SST k-ω 模型计算获得的结果,图中显示了尺度较大的旋涡结构分布。

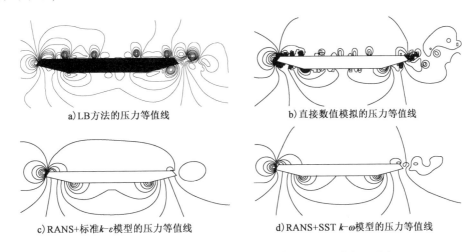

a) LB 方法的压力等值线　　　　　　　　b) 直接数值模拟的压力等值线

c) RANS+标准 k-ε 模型的压力等值线　　d) RANS+SST k-ω 模型的压力等值线

图 4.6-11　闭口箱梁截面的压力分布比较(苏通大桥施工状态,0°攻角)

从图 4.6-11 的比较可知,对于尺度较大的旋涡结构,拓展 LB 方法和 RANS 方法都能够很好地分辨出来,并且它们的结果大致相同;对于尺度较小的旋涡结构,拓展 LB 方法也有很强的分辨能力,能够识别出丰富的小尺度流动,而 RANS 方法却无法对其进行识别。结果表明采用湍流模型的 LB 方法对该类流场小尺度脉动的识别要比 RANS 方法具有更好的适应性。这是因为湍流模型在 LB 方法中的作用并不是对 BGK 方程进行封闭,而是完全为了对小尺度脉动进行描述,并且 BGK 方程本身是从微观角度出发来研究物理现象的;RANS 方法是对均值化处理后的 Navier-Stokes 方程进行求解,在求解过程中需要用湍流模型来对时均 Navier-Stokes 方程组进行封闭,从而导致对流场旋涡结构的分辨存在不完全性。值得注意的是,采用湍流模型的 RANS 方法虽然无法识别出这些小尺度旋涡的变化,但是当湍流模型能够恰当地描述出这些小尺度脉动对流动的作用时,RANS 方法也能实现对时间平均参数的识别,如三分力系数。因此,在 RANS 方法中,湍流模型的适应性是问题求解的关键所在。采用直接数值模拟方法进行计算时,若要分辨出小尺度的流动,就需要数量巨大的计算网格,从而对计算资源提出了非常高的要求。

4.6.2 H形截面梁数值风洞模拟

4.6.2.1 H形截面梁数值计算模型

最著名的采用H形截面的桥梁就是在1940年发生风毁的美国华盛顿州旧塔科马大桥,该桥是历史上唯一有详细记载的颤振风毁桥梁,60多年来吸引了大量的风工程学者从事该断面形式的风振机理研究。本书也以旧塔科马桥加劲梁为背景,对H形截面梁进行气动弹性绕流模拟,数值识别相应的气动参数,包括:静力三分力系数、斯特劳哈尔数、气流流态变化和气动导数。计算中忽略了加劲梁附属物的影响,简化后的截面如图4.6-12所示,宽度为$B=11.9\mathrm{m}$,高度为$H=0.2B=2.38\mathrm{m}$,桥面板和外侧腹板厚度均取$t=0.02B$。

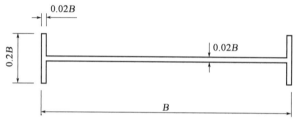

图4.6-12 旧塔科马大桥主梁截面几何形状

在气动绕流数值模拟时,计算雷诺数与风洞试验雷诺数相同,即$\mathrm{Re}=UB/\nu=1.0\times10^5$。数值模拟时,在保证计算雷诺数与试验雷诺数相同条件下,各个计算参数和变量采用LB模型空间的无量纲形式来描述。计算区域和边界条件设置如图4.6-13所示。模型表面附近的最小网格步长为$B/200$。

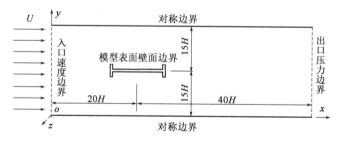

图4.6-13 箱形截面梁气动绕流模拟计算区域示意图

4.6.2.2 H形截面梁静力三分力系数识别

H形截面在攻角分别为0°、+3°和+7°时的静力三分力系数如表4.6-6所示,将本文计算结果与试验结果和其他CFD方法计算结果进行比较。当攻角为0°时,本文计算的阻力系数为1.440 7,与试验结果1.50非常接近,偏差仅为-3.9%。随着攻角的增大,阻力系数也随之增大,当攻角为+3°和+7°时,计算得到的阻力系数分别为1.861 2和2.340 3,同时也得到了相应的升力系数和升力矩系数。

旧塔科马大桥 H 形截面的三分力系数结果　　　　　　表 4.6-6

攻角	方法/数据来源	阻力系数 C_D	升力系数 C_L	升力矩系数 C_M
0°	本书结果	1.440 7	—	—
	试验结果（A Larsen,1997）	1.500	—	—
	DVM（A Larsen,1997）	1.400	—	—
	DVM（周,2001）	1.500	—	—
+3°	本书结果	1.861 2	0.525 7	0.022 8
+7°	本书结果	2.340 3	1.236 5	0.047 6

4.6.2.3　H 形截面梁斯特劳哈尔数识别

通过对不同攻角模型的三分力系数时程信号进行频谱变换,可以得到相应的旋涡脱落频率 f(其中 0°攻角的三分力系数时程及其幅值谱如图 4.6-14 所示),从而根据公式 $St = fH/U$(H 为主梁高度,U 为来流速度)推算出相应的斯特劳哈尔数。

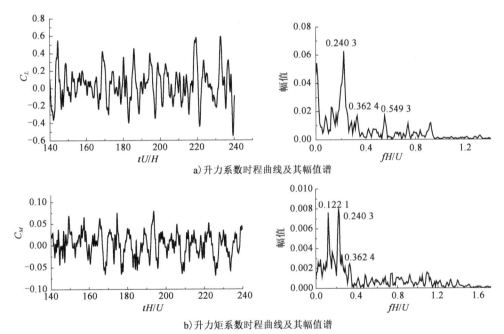

a) 升力系数时程曲线及其幅值谱

b) 升力矩系数时程曲线及其幅值谱

图 4.6-14　H 形主梁模型的三分力系数时程曲线及其幅值谱(0°攻角)

数值模拟得到 H 形截面梁不同攻角时的斯特劳哈尔数结果列于表 4.6-7 中,同时与试验结果和其他 CFD 方法计算结果进行比较。从表 4.6-7 可知,0°攻角时本文识别的一阶斯特劳哈尔数为 0.122 1,与试验结果 0.115 0 吻合很好,两者偏差为 +6.1%。

当攻角为 +3°和 +7°时,一阶斯特劳哈尔数分别为 0.076 3 和 0.045 8,呈随着攻角的增加而逐渐递减的变化趋势。另外,攻角为 0°、+3°和 +7°时都识别出了多阶斯特劳哈尔数,表 4.6-7 中列出了前四阶的结果。

旧塔科马大桥主梁断面的斯特劳哈尔数结果 表 4.6-7

攻角	方法/数据来源	一阶 St_1	二阶 St_2	三阶 St_3	四阶 St_4
0°	本书结果	0.122 1	0.240 3	0.362 4	0.549 3
	试验结果（A Larsen,1997）	0.115 0	—	—	—
	DVM（A Larsen,1997）	0.114 0	—	—	—
	DVM（周,2001）	0.125 0	—	—	—
+3°	本书结果	0.076 3	0.122 1	0.160 2	0.244 1
+7°	本书结果	0.045 8	0.091 6	0.198 4	0.274 6

4.6.2.4 H 形截面梁气动导数识别

在气动导数值识别时,让模型分别作竖向正弦运动和扭转正弦运动。模型运动的参考点取 0°攻角平衡状态时截面的形心位置,竖向正弦运动的振幅为 $0.05B$,扭转正弦运动的振幅为 3°,其中 B 为截面宽度。计算区域外边界为矩形,宽度和高度分别为 $10B$ 和 $10B$。对于各个折算风速,通过改变模型的振动频率来得到不同的折算风速值 $V_r = U/fB$。根据原塔科马大桥实际颤振风速和频率推算的折算风速 $V_r = U/fB$ 约等于 5,因此仅计算了折算风速为 4 和 6 时的气动导数。

根据气动导数拟合方法,得到 H 形截面的气动导数识别结果如图 4.6-15 所示,同时给出了 Larsen(1997)论文的风洞试验结果和 DVM 计算结果,以及葛耀君教授(2006)分别用 RANS、FEM(曹,1999)和 DVM(周,2001)计算的结果。当折算风速从 4 增加到 6 时,本书计算的 A_1^* 值和 Larsen 的 DVM 结果一样出现了由负值到正值的变化,而本书的 A_2^* 值则与周(2001)的 DVM 结果一样从负值变为正值。对于 A_2^*,曹(1999)的计算结果在折算风速为 2.5~5 时发生由负到正的变化,风洞试验结果(Larsen,1997)在折算风速为 2.5~5 时出现了变号,这些结果都表明该 H 形截面会发生单自由度颤振。H_1^* 结果与试验值差别不大,且呈递增变化。H_2^* 和 H_3^* 的变化趋势和试验结果一致。从总体上看,本书结果与试验结果和其他 CFD 结果存在合理的可比性,对于主要气动导数有一致的变化趋势,如 A_1^*、A_2^*、H_1^* 和 H_3^*。

利用以上识别的气动导数,采用二维颤振分析法可以计算出桥梁的颤振临界风速。H 形截面梁和箱形截面梁用于颤振分析的结构参数如表 4.6-8 所示。其中:B 为截面宽度;m_h 和 I 分别为结构竖向和扭转振动的等效质量或质量惯性矩;f_{h0} 和 $f_{\alpha 0}$ 分别表示结构竖向和扭转振动的频率;ξ_{h0} 和 $\xi_{\alpha 0}$ 分别表示结构竖向和扭转振动的阻尼比,结构阻尼比简化为 0。

二维颤振分析的结构参数（H 形截面梁） 表 4.6-8

B(m)	m_h(kg/m)	I(kg·m²/m)	f_{h0}(Hz)	$f_{\alpha 0}$(Hz)	ξ_{h0}	$\xi_{\alpha 0}$
11.9	4 250	173 730	0.130	0.200	0	0

根据不同方法得到的气动导数,计算得到 H 形断面桥梁的颤振临界风速和颤振振动频率如表 4.6-9 所示。

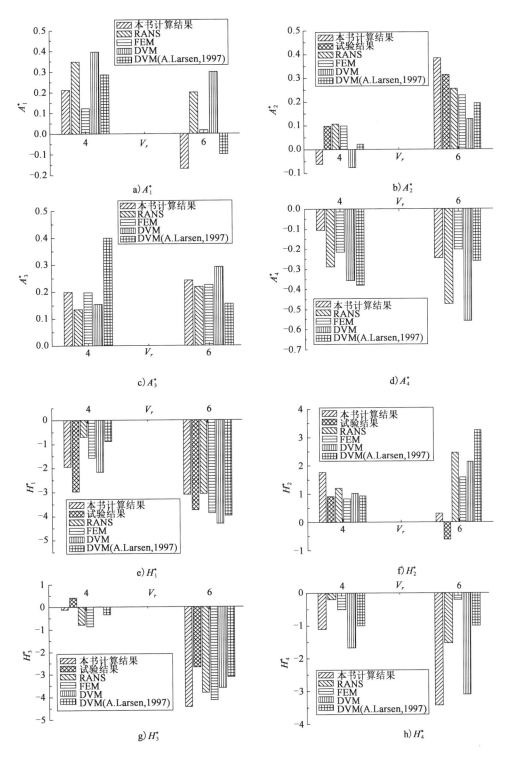

图 4.6-15 H 形截面的气动导数识别结果（旧塔科马大桥）

二维颤振分析主要结果　　　　　　　　　表 4.6-9

模拟方法	本书结果		RANS		DVM		试验结果	
	U_{cr}(m/s)	f_{cr}(Hz)	U_{cr}(m/s)	f_{cr}(Hz)	U_{cr}(m/s)	f_{cr}(Hz)	U_{cr}(m/s)	f_{cr}(Hz)
计算结果	12.05	0.198	8.7	0.198	12.6	0.198	10.5	0.200

表 4.6-9 中，DVM 表示 Walther(1994) 和 Larsen(1997) 用离散涡模型识别的结果; RANS 表示用 BridgeFluent 软件的 RANS 方法模拟的结果(葛耀君, 2006); U_{cr} 为颤振发散临界风速, f_{cr} 为颤振频率。从表 4.6-9 中的颤振分析结果可发现，尽管数值识别的气动导数与试验结果存在一定的偏差，但是得到的颤振临界风速与试验值吻合较好。根据识别的气动导数推算得到的 H 形截面桥梁的颤振临界风速与试验结果的误差为 14.8%。

4.6.2.5　H 形截面梁气流流态分析

H 形截面在不同攻角时的流态分布如图 4.6-16 所示。当攻角为 0°时，由于结构形状和流场条件的对称性，流体绕过模型迎风面角点后在模型上、下表面产生近似对称的旋涡脱落，并在模型尾部发生交替脱落。当攻角不为零时，流动的对称性发生破坏，当攻角增大到 +3°时，模型上表面的旋涡结构变得更丰富，而模型下表面由于受到高速流动的干扰作用，从而表面的流动形态造成了破坏，上表面的主涡尺度也要大于下表面的主涡尺度。

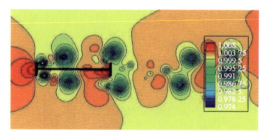
a) 0°攻角的压力等值线

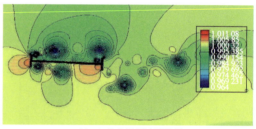
b) +3°攻角的压力等值线

图 4.6-16　H 形截面的流态分布

H 形截面梁 0°攻角时的绕流周期变化过程如图 4.6-17 所示，流体流过模型前缘后在上下

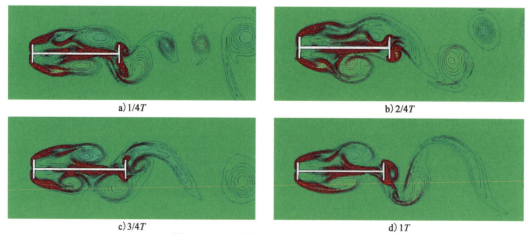

a) 1/4T　　　　　　　　　　　　　　b) 2/4T

c) 3/4T　　　　　　　　　　　　　　d) 1T

图 4.6-17　H 形截面不同时刻的流态变化

表面发生分离和旋涡脱落,并不断向后运动,在模型中部附近发生流动再附;再附旋涡继续向后运动,与模型后缘边梁发生碰撞,旋涡破碎;随后,模型上、下表面的流体在模型背风侧再次发生分离和旋涡脱落运动,并且出现周期变化过程。

4.6.3 分体双箱梁数值风洞模拟

4.6.3.1 分体双箱梁数值计算模型

分体双箱梁以青岛海湾桥大沽河航道桥主梁和西堠门大桥分体双箱梁为工程背景进行绕流模拟,其中青岛海湾桥大沽河航道桥主梁简化后的主梁截面几何形状如图4.6-18所示,数值模拟模型对细部附属设施进行了简化处理。

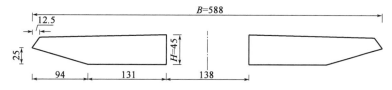

图 4.6-18 青岛海湾桥主梁截面几何形状(缩尺模型,尺寸单位:mm)

数值模拟时,两个分体双箱梁截面的数值模拟的雷诺数与对应桥梁节段模型风洞试验的雷诺数保持一致,即:青岛海湾桥分体双箱梁截面模拟雷诺数为 $Re = UH/\nu = 3.02 \times 10^4$;西堠门大桥分体双箱梁模拟雷诺数为 $Re = UH/\nu = 5.8 \times 10^4$。其中,$H$ 为模型的高度,U 为来流速度。计算区域和边界条件设置如图4.6-19所示。

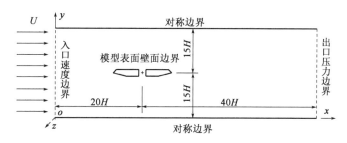

图 4.6-19 分体双箱梁气动绕流模拟计算区域示意图

模型结构包括施工状态(不考虑栏杆等细部构造)和成桥状态(考虑了栏杆等细部构造)。青岛海湾桥模型表面附近的最小网格步长为 $B/294$,西堠门大桥模型表面附近的最小网格步长为 $B/260$。

4.6.3.2 分体双箱梁截面梁三分力系数识别

通过对青岛海湾桥和西堠门大桥两类分体双箱梁模型在施工状态和成桥状态的气动绕流模拟,得到了 $-5°$、$-3°$、$0°$、$+3°$ 和 $+5°$ 等风攻角的静力三分力系数。模拟识别得到的青岛海湾桥和西堠门大桥两类分体双箱梁模型在不同攻角时的静力三分力系数结果分别如图4.6-20和图4.6-21所示,并与风洞试验结果进行比较。同时,对升力系数和升力矩系数随风攻角变化的斜率进行了分析,如表4.6-10所示。从比较结果可以看出,本书计算得到的三分力系数随攻角的变化趋势和风洞试验结果完全一致,在数值上也吻合良好;与风洞试验结果相比,阻力系数计算结果的平均偏差为8.9%,升力系数随攻角变化斜率的最大偏差为15.6%,升力矩系数随攻角变化斜率的最大偏差为13.5%。

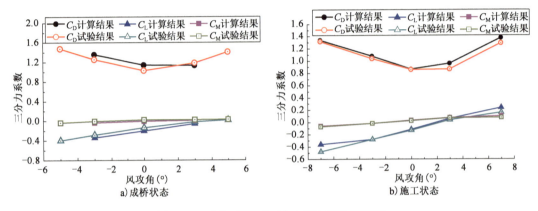

图4.6-20　分体双箱梁的三分力系数(青岛海湾桥)

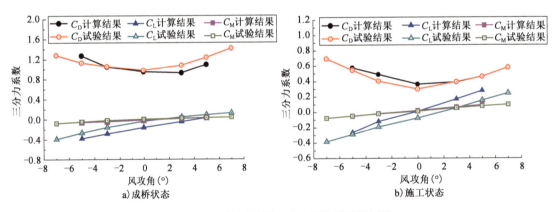

图4.6-21　分体双箱梁的三分力系数(西堠门大桥)

分体双箱梁升力和升力矩斜率(0°攻角)　　　　表4.6-10

结构状态		$dC_L/d\alpha$			$dC_M/d\alpha$		
		计算值	试验值	偏差	计算值	试验值	偏差
青岛海湾桥	施工状态	3.25	3.02	7.6%	0.88	0.85	3.5%
	成桥状态	2.69	2.53	6.3%	0.42	0.37	13.5%
西堠门大桥	施工状态	2.57	2.32	10.8%	0.83	0.74	12.1%
	成桥状态	2.36	2.04	15.6%	0.51	0.47	8.5%

为了考察本书方法与其他数值模拟方法的可比性,将计算得到的青岛海湾桥分体双箱梁模型施工状态的静力三分力系数与 RANS 方法计算结果(邓文,2006)进行比较,如图 4.6-22 所示,其中 RANS 方法计算时分别采用了 SST k-ε 湍流模型和标准 k-ε 湍流模型。从比较结果看出,本书计算得到的三分力系数和风洞试验结果吻合良好;在 RANS 方法计算中,采用标准 k-ε 模型的计算结果与试验结果吻合较好,但是采用 SST k-ε 模型的计算结果与试验结果相差却很大。

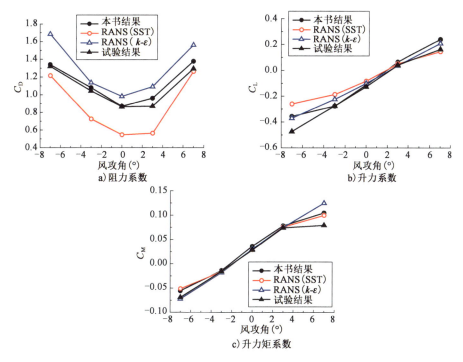

图 4.6-22　分体双箱梁的三分力系数随攻角的变化(青岛海湾桥,施工状态)

4.6.3.3　分体双箱梁斯特劳哈尔数值识别

通过对不同攻角分体双箱梁三分力系数时程信号进行频谱变换,可以得到相应的旋涡脱落频率 f,再根据公式 $St = fH/U$(H 为主梁高度,U 为来流速度)推算出相应的斯特劳哈尔数,其中根据卓越频率得到的斯特劳哈尔数结果如表 4.6-11 所示。为了分析数值识别斯特劳哈尔数的准确性,将其与风洞试验结果进行了比较。其中,青岛海湾桥试验斯特劳哈尔数取自缩尺比为 1∶70 的节段模型涡振风洞试验结果(葛耀君等,2005),并通过涡振锁定风速和振动频率换算得到;西堠门大桥试验斯特劳哈尔数取自缩尺比为 1∶20 的节段模型涡振风洞试验结果(葛耀君等,2005),通过涡振锁定风速和振动频率换算得到。

从计算结果分析比较可知,分体双箱梁的斯特劳哈尔数在不同攻角和不同结构状态时存在明显的变化,这表明气流在不同攻角、不同结构状态绕过主梁模型时发生了不同频率的旋涡脱落;斯特劳哈尔数数值识别结果与风洞试验结果吻合良好,两者的最大偏差为 -9%,表明本书方法具有很好的准确性和稳定性。

分体双箱梁的斯特劳哈尔数计算结果(卓越频率斯特劳哈尔数) 表 4.6-11

结构状态		数据来源/方法	-3°攻角	0°攻角	+3°攻角
青岛海湾桥	施工状态	数值识别结果	0.199 8	0.194 4	0.151 2
		试验结果	0.197 6	0.192 2	0.166 1
		偏差	1.1%	1.1%	-9.0%
	成桥状态	数值识别结果	0.114 5	0.080 5	0.083 7
		试验结果	—	0.086	0.086
		偏差	—	-6.4%	-2.7%
西堠门大桥	施工状态	数值识别结果	0.136 5	0.143 5	0.143 6
		试验结果	0.148 8	0.155	0.149
		偏差	-8.3%	-7.4%	-3.6%
	成桥状态	数值识别结果	0.223 8	0.109 4	0.109 4
		试验结果	0.220	0.101	0.101
		偏差	1.7%	8.3%	8.3%

由于气流绕过桥梁钝体结构后会发生气流分离、再附、旋涡漂移、旋涡脱离和回流等过程,因此在表征结构旋涡脱离频率的斯特劳哈尔数上表现为多阶涡脱离频率现象。表 4.6-12 列出了青岛海湾桥施工状态时识别得到的多阶斯特劳哈尔数,其中阶数是按照旋涡脱离频率从小到大顺序确定的。通过与风洞试验结果的比较可知,在总体上 LB 方法识别结果与试验结果吻合良好,各个攻角都出现了频率很低的一阶斯特劳哈尔数;随着攻角的变化,二阶、三阶和四阶斯特劳哈尔数都发生了明显的变化;比较各阶斯特劳哈尔数的数值大小,发现各阶斯特劳哈尔数之间存在近似 2 的倍数关系。

分体双箱梁多阶斯特劳哈尔数计算结果(青岛海湾桥施工状态) 表 4.6-12

攻角	方法/数据来源	St_1	St_2	St_3	St_4
-3°	本书	0.043 2	0.199 8	0.394 1	0.593 9
	试验结果	0.045 5	0.197 6	0.225 0	—
0°	本书	0.042 4	0.194 4	0.388 7	0.561 5
	试验结果	0.045 8	0.192 2	0.225 0	—
+3°	本书	0.043 2	0.086 4	0.151 2	0.302 4
	试验结果	0.045 6	0.072 8	0.166 1	—

4.6.3.4 分体双箱梁气动导数识别

气动导数的数值模拟属于气弹问题,需要采用 LB 气弹模拟模型来进行,并利用强迫振动法来识别气动导数。将模型分别作竖向正弦运动和扭转正弦运动,模型运动的参考点取 0°攻角平衡状态时截面的形心位置,竖向正弦运动的振幅为 0.05B,扭转正弦运动的振幅为 3°,其中 B 为箱形截面模型的总宽度。

(1) 青岛海湾桥分体双箱梁气动导数计算结果

在青岛海湾桥分体双箱梁气动导数识别中,折算风速分别取 $V_r = U/fB = 4、6、8、10、12$ 和 15 共六种情况,并通过改变模型的振动频率来得到不同的折算风速值,其中 f 为模型振动频率。在数值模拟中,先计算若干步,以使流场进入稳定谐振状态,然后开始采集气动力时程信息。模型分别作扭转和竖向强迫振动时得到的气动力时程及其拟合结果如图 4.6-23 所示(在气动力拟合过程中,对气动力进行了 0 均值处理)。从得到的气动力时程曲线来看,升力和升力矩系数均表现为无量纲时间的正弦关系,与物体运动具有很强的相关性。

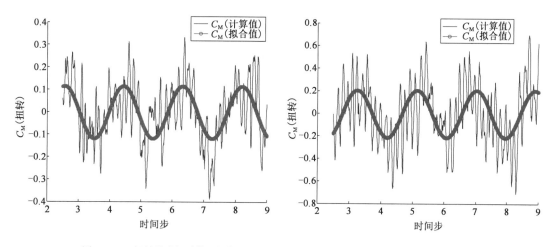

图 4.6-23 扭转强迫振动模型的气动力时程及其拟合结果(青岛海湾桥成桥状态,$V_r = 8$)

图 4.6-24 描述了分体双箱梁截面分别作扭转运动时在不同时刻的流态变化情况。其中:图 4.6-24a)为模型附近流场的压力等值线图;图 4.6-24b)为反映涡黏性的流动松弛系数分布图。从图中可以发现,前箱迎风端的压力驻点位置会随着模型的运动而在上、下表面之间逐渐移动,压力分布呈现为明显的周期变化过程。在图 4.6-24 中,由于模型扭转运动的作用使得流动发生了周期性的强烈分离和旋涡脱落。与闭口箱形截面相比,由于中央的开槽对流动产生了强烈的干扰作用,流动变得更加复杂,随机性更强。

根据气动力时程信息,利用最小二乘法拟合得到了分体双箱梁截面的气动导数,如图 4.6-25 所示。为方便比较,同时给出了风洞试验结果(葛耀君等,2005)。从图中可知,与流线型闭口箱形截面的气动导数相比,分体双箱截面的气动导数随折算风速呈现出更强的非线性,存在较大的波动性;本书数值识别的气动导数结果与风洞试验结果在变化趋势上吻合良好;与扭转振动直接关联派生的导数 A_2^*、A_3^*、H_2^* 和 H_3^* 的数值计算结果与试验结果在数值上和趋势上都吻合一致,与竖弯振动直接相关的 H_1^* 和 A_1^* 导数也与试验结果吻合良好。

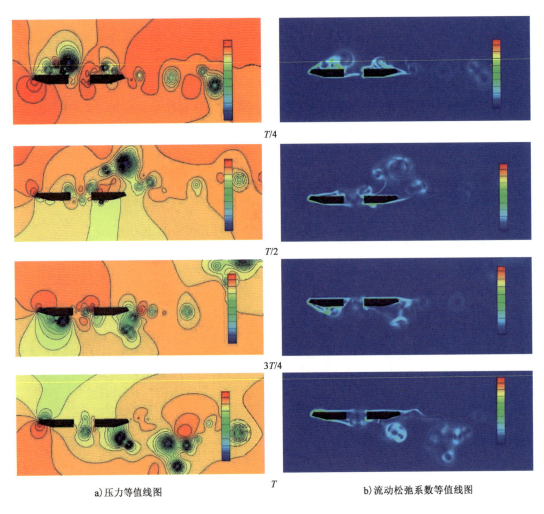

图4.6-24 扭转运动模型在不同时刻的流态变化（青岛海湾桥，$V_r = 4$）

(2) 西堠门大桥分体双箱梁气动导数

在西堠门大桥分体双箱梁气动导数识别中，折算风速分别取 $V_r = U/fB = 6、8、10、12$ 和 15 五种工况，并通过改变模型的振动频率来得到不同的折算风速值，其中 f 为模型振动频率。根据气动力时程信息，利用最小二乘法拟合得到气动导数。图4.6-26 给出了西堠门大桥成桥状态和施工状态 0°攻角的气动导数数值识别结果。为了便于比较，图中同时给出了风洞试验结果（葛耀君等，2003，2005）。从图中可知，本书数值识别的气动导数结果与风洞试验结果在变化趋势上吻合一致；在数值上，施工状态的 A_2^*、A_3^*、H_2^* 和 H_3^* 导数与风洞试验结果吻合一致，成桥状态的 A_2^*、A_3^*、H_2^* 和 H_3^* 导数在折算风速小于 8 时与试验结果吻合一致，高风速时偏差增大；相对而言，两种状态与竖弯振动相关的导数偏差略大，但是在总体趋势上与试验结果还是吻合一致的。

第4章 桥梁气动参数识别的数值风洞技术

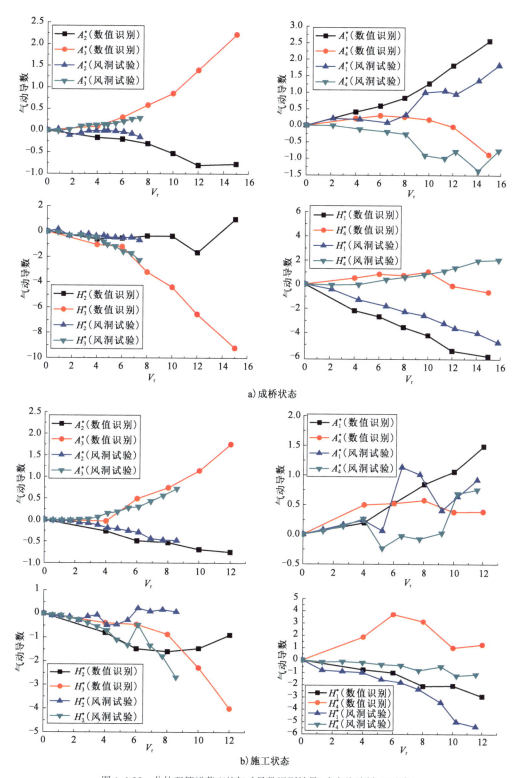

图 4.6-25 分体双箱梁截面的气动导数识别结果（青岛海湾桥，0°攻角）

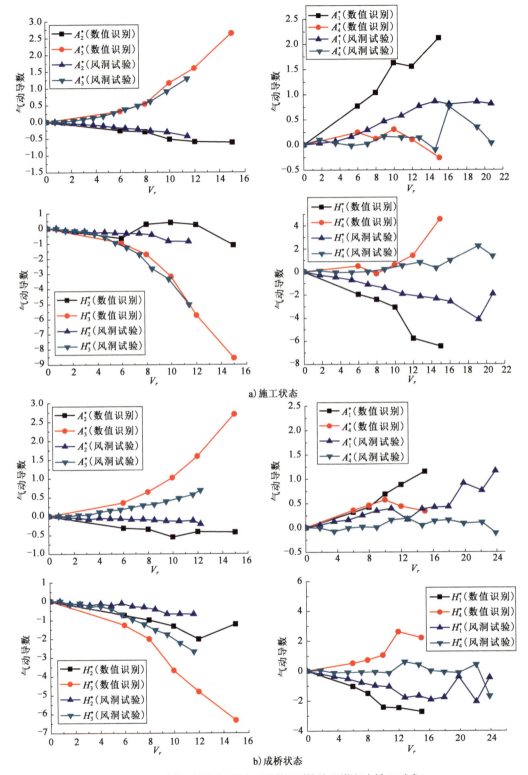

a) 施工状态

b) 成桥状态

图 4.6-26 分体双箱梁截面的气动导数识别结果(西堠门大桥,0°攻角)

(3)颤振临界风速推算

以下将利用数值识别的气动导数和风洞试验的气动导数,采用二维颤振分析法来计算桥梁的颤振临界风速。用于颤振分析的结构参数如表4.6-13所示,其中:B为截面宽度;m_{eq}和I_{eq}分别为结构竖向和扭转振动的等效质量或质量惯性矩;f_{h0}和$f_{\alpha0}$分别表示结构竖向和扭转振动的频率;ξ_{h0}和$\xi_{\alpha0}$分别表示结构竖向和扭转振动的阻尼比,结构阻尼比简化为0.005。

二维颤振分析的结构参数(分体双箱梁桥) 表4.6-13

断面形式		B(m)	m_{eq}(kg/m)	I_{eq}(kg·m²/m)	f_{h0}(Hz)	$f_{\alpha0}$(Hz)	ξ_{h0}	$\xi_{\alpha0}$
青岛海湾桥	施工状态	47	34 884	6 866 600	0.321	1.119	0.005	0.005
	成桥状态	47	41 352	8 043 310	0.295	1.003	0.005	0.005
西堠门大桥	施工状态	36	23 608	3 933 900	0.102	0.238	0.005	0.005
	成桥状态	36	27 511	4 002 800	0.100	0.232	0.005	0.005

基于数值识别气动导数和风洞试验气动导数,分别推算了相应的颤振临界风速,如表4.6-14所示。其中,U_{cr}为颤振发散临界风速,f_{cr}为颤振频率。

分体双箱梁二维颤振分析主要结果 表4.6-14

断面形式		方法	U_{cr}(m/s)	f_{cr}(m/s)
青岛海湾桥	施工状态	数值识别导数	441.6	0.924
		风洞试验导数	448.67	1.01
		偏差	−1.6%	−8.5%
	成桥状态	数值识别导数	494.5	0.990 1
		风洞试验导数	463.25	1.047 8
		偏差	6.7%	−5.5%
西堠门大桥	施工状态	数值识别导数	101.45	0.210 7
		风洞试验导数	118.65	0.192 6
		偏差	−14.5%	9.4%
	成桥状态	数值识别导数	88.3	0.204 6
		风洞试验导数	96.59	0.208 4
		偏差	−8.6%	−1.8%

从表4.6-14中的颤振推算结果可知,采用本书拓展LB方法识别的气动导数推算得到的颤振临界风速与根据风洞试验导数推算的颤振临界风速吻合良好,最大偏差为−14.5%;两者的颤振频率也吻合很好,最大偏差为9.4%。因此,本书LB方法在对分体双箱梁气弹模拟的结果与试验结果具有良好的一致性,对研发的数值风洞模拟软件的可靠性和稳定性进行了验证。

4.6.3.5 分体双箱梁气流流迹显示

主梁的气动性能在微观角度上能够通过气流流态来反映,如压力等值线表征了结构周围的气流旋涡结构信息。下面以青岛海湾桥施工状态的流场为例,对气流流态进行分析。模型在0°攻角时计算得到的压力等值线如图4.6-27所示,并将LB方法模拟结果与RANS方法计算结果(邓文,2006)进行比较分析。其中,图4.6-27a)为LB方法计算结果,图中明显地反映了流体绕过障碍物后发生的分离、碰撞和脱落等现象,以及不同尺度大小的旋涡结构分布情况;图4.6-27b)为在高密度网格中采用直接求解瞬时Navier-Stokes方程组得到的结果,由于采用的网格较密,该方法也分辨出了较丰富的流场信息;图4.6-27c)、d)为RANS方法分别采用标准k-ε模型和SST k-ω模型计算获得的结果,该方法能够识别出大尺度的旋涡结构。从图4.6-27中的比较可知:与闭口箱梁绕流类似,湍流松弛时间模型和RANS方法对分体双箱梁绕流中的大尺度旋涡结构也能够很好地分辨出来;对于小尺度的旋涡结构,湍流松弛时间模型同样具有很强的分辨能力,识别了丰富的小尺度流动分布。

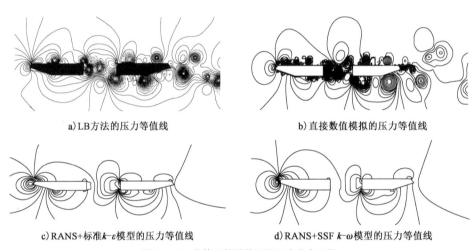

a) LB方法的压力等值线 b) 直接数值模拟的压力等值线

c) RANS+标准k-ε模型的压力等值线 d) RANS+SSF k-ω模型的压力等值线

图4.6-27 分体双箱梁截面的压力分布比较

4.6.4 桥塔结构数值风洞模拟

4.6.4.1 桥塔气动力数值识别

以坝陵河大桥的桥塔为研究对象,进行不同风偏角状态下桥梁各个截面的气动力系数。计算中选用了4个桥塔截面用于气动力模拟,各个截面的位置和形状如图4.6-28所示。

桥塔的气动力方向定义如图4.6-29所示。

图中,F_x和F_y为单位长度墩柱所受横桥向气动力和纵桥向气动力,气动力系数C_x和C_y定义如下:

$$C_x = \frac{F_x}{0.5\rho U^2 H}, \quad C_y = \frac{F_y}{0.5\rho U^2 B} \tag{4.6-1}$$

式中:U——风速;

ρ——空气密度;

H、B——桥墩墩柱截面的尺寸,如图4.6-29所示。

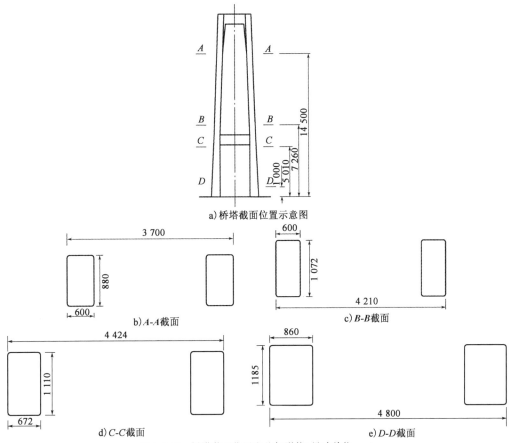

图 4.6-28 桥塔截面位置和几何形状(尺寸单位:cm)

利用 BridgeFluent 分别对四种断面、三种风偏角(风偏角分别为 0°、10°、45°)进行数值风洞绕流模拟。数值模拟时,为了减少流场边界对桥梁结构模型周围流场的影响,将计算流场设置如下:桥塔截面模型形心距离入口边界为 $10H$,距离流场外侧上、下边界为 $10H$,距离出口边界为 $20H$。边界条件设置如下:入口为均匀来流速度边界;流场外部的上、下边界为对称边界;模型表面为固定壁面边界;出口为压力边界。模型表面附近的最小网格步长为 $H/50$。

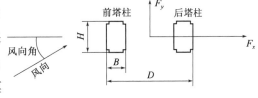

图 4.6-29 桥塔截面气动力方向图

通过计算得到不同位置桥塔截面在不同风偏角时的气动力系数如表 4.6-15 所示。

坝陵河大桥桥塔气动力数值模拟结果　　　　表 4.6-15

截　面	风偏角	前 塔 柱		后 塔 柱	
		C_x	C_y	C_x	C_y
A-A ($B=6$m,$H=8.8$m)	0°	1.014 2	0.019 5	0.489 6	0.012 3
	10°	2.448 9	0.371 2	0.659 0	-0.155 2
	45°	1.736 6	-0.401 4	1.895 1	-0.667 0

续上表

截 面	风偏角	前 塔 柱		后 塔 柱	
		C_x	C_y	C_x	C_y
B-B ($B=6m, H=10.72m$)	0°	1.386 6	−0.101 9	0.674 4	0.010 6
	10°	2.987 7	−0.228 2	0.646 3	−0.146 8
	45°	1.563 8	−1.043 9	1.877 0	−1.262 3
C-C ($B=6.72m, H=11.1m$)	0°	1.398 9	−0.031 7	0.658 1	−0.018 8
	10°	3.176 0	−0.047 4	0.652 3	−0.161 3
	45°	1.605 7	−0.955 9	2.103 6	−0.97
D-D ($B=8.6m, H=11.85m$)	0°	1.427 0	0.030 9	0.606 6	−0.025 8
	10°	3.126 5	0.292 4	0.682 8	−0.166 4
	45°	1.796 2	−0.559 6	3.107 2	−0.849 0

4.6.4.2 高墩结构气动参数数值风洞模拟

以位于厦蓉高速公路贵州境榕江格龙至都匀段的猴子河特大桥为工程背景,利用研发的桥梁结构数值风洞软件对该桥主跨桥墩的气动力进行数值风洞识别。

猴子河大桥桥墩为柔性薄壁墩,如图4.6-30所示。桥墩下部是整箱式薄壁墩,外形呈矩形

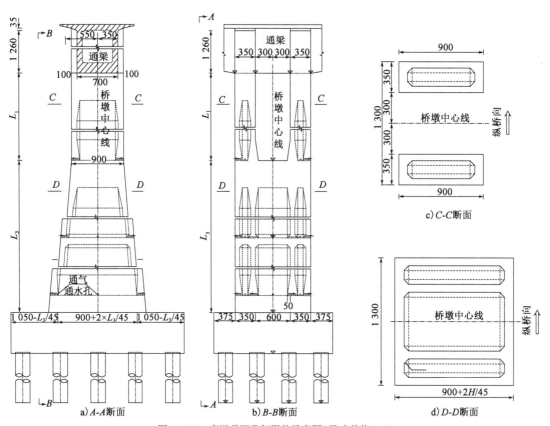

图 4.6-30 高墩截面几何形状示意图(尺寸单位:cm)

(如断面 D-D 所示);桥墩上部由两个分离的箱形薄壁墩构成,呈分离双柱形(如断面 C-C 所示)。由于类似的矩形断面类型已经在方柱绕流模拟中进行了详细计算,以下仅对分离双柱断面进行详细的气动力模拟。

在数值模拟中,计算雷诺数为 $\mathrm{Re} = UB/v = 3 \times 10^5$, $B = 9\mathrm{m}$。在计算区域中,模型形心位置距离入口边界为 $20H$,距离上下边界为 $15H$,距离出口为 $40H$。模型表面附近的最小网格步长为 $B/60$。边界条件设置如下:入口为均匀来流速度边界;流场外部上、下边界为对称边界;模型表面为固定壁面边界;出口为压力边界。

桥墩的气动力方向定义如图 4.6-31 所示,其中 F_x 和 F_y 为单位长度墩柱所受顺风向气动力和横风向气动力,气动力系数 C_x 和 C_y 定义如下:

$$C_x = \frac{F_x}{0.5\rho U^2 H}, \quad C_y = \frac{F_y}{0.5\rho U^2 B} \quad (4.6\text{-}2)$$

式中:U——风速;

ρ——空气密度;

H、B——桥墩墩柱截面的尺寸,如图 4.6-31 所示。

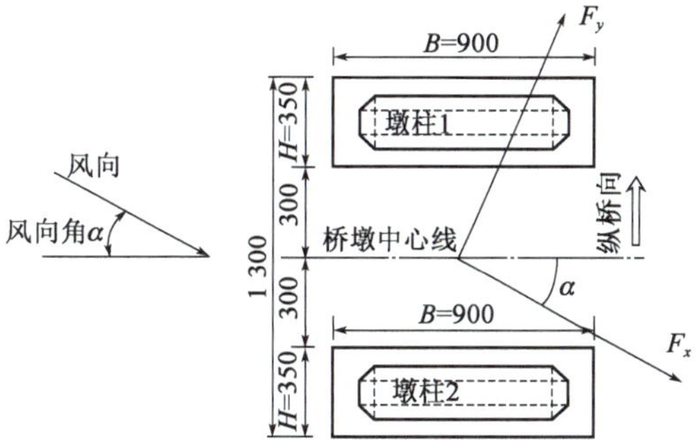

图 4.6-31 桥墩气动力方向图(尺寸单位:cm)

桥墩截面的斯特劳哈尔数定义为 $\mathrm{St} = fB/U$,其中 f 为 C_x 或 C_y 的频率。

利用 BridgeFluent 分别对分离双柱断面桥墩在 0°~90°攻角的气动特性进行模拟,计算得到的风轴坐标系下桥墩气动力系数和斯特劳哈尔数分别如图 4.6-32、图 4.6-33 所示。从图中知:由于两个墩柱之间存在干扰,上游柱的尾流对下游柱影响非常大,导致 1 号柱和 2 号柱的气动力存在较大的差别;另外,由于两个墩柱之间距离很近,尾流干扰作用使得两墩柱之间的斯特劳哈尔数几乎一致,表明主涡的脱落频率是一致的。

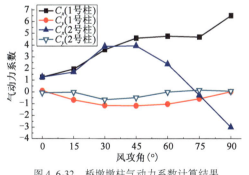

图 4.6-32 桥墩墩柱气动力系数计算结果

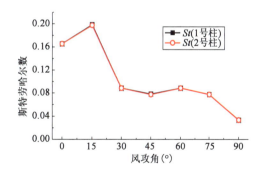

图 4.6-33 桥墩墩柱斯特劳哈尔数计算结果

本章参考文献

[1] Bouris D, Bergeles G. 2D LES of vortex shedding from a square cylinder[J]. Journal of Wind Engineering & In-

dustrial Aerodynamics,1999,80(1-2):31-46.

[2] Chen H,Kandasamy S,Orszag S,et al. Extended Boltzmann Kinetic Equation for Turbulent Flows[J]. Science, 2003,301(5633):633-636.

[3] Chen H,Chen S,Matthaeus W H. Recovery of the Navier-Stokes equations using a lattice-gas Boltzmann method [J]. Phys. rev. a,1992,45(8):R5339.

[4] Chen S,Doolen G D. Lattice Boltzmann method for fluid flows[J]. Annual review of fluid mechanics,1998,30 (1):329-364.

[5] Chen S,Daniel Martínez,Mei R. On boundary conditions in Lattice-Boltzmann methods[J]. Physics of Fluids, 1996,8(9):2527-2536.

[6] Chen Y,Ohashi H. Lattice-BGK methods for simulating incompressible fluid flows[J]. International Journal of Modern Physics C,1997,8(4):793-803.

[7] D F G Durao,Heitor M V,Pereira J C F. Measurements of turbulent and periodic flows around a square cross-section cylinder[J]. Experiments in Fluids,1988,6(5):298-304.

[8] D A Lyn,W Rodi. The flapping shear layer formed by flow separation from the forward corner of a square cylinder[J]. Journal of fluid Mechanics,1994,267:353-376.

[9] Eggels J G M. Direct and large-eddy simulation of turbulent fluid flow using the Lattice-Boltzmann scheme[J]. Fuel and Energy Abstracts,1996,17(3):307-323.

[10] Franke R,Rodi W. Calculation of vortex shedding past a square cylinder with various turbulence models[M]. Turbulent shear flows 8. Springer,Berlin,Heidelberg,1993:189-204.

[11] Frisch U,Hasslacher B,Pomeau Y. Lattice-Gas automata for the Navier-Stokes equation[J]. Physical review letters,1986,56(14):1505.

[12] 郭卫斌,王能超. Lattice-BGK simulation of a two-dimensional channel flow around a square cylinder[J]. 中国物理B:英文版,2003(1):67-74.

[13] Guo Z L,Zheng C G,Shi B C. Non-equilibrium extrapolation method for velocity and boundary conditions in the lattice Boltzmann method[J]. Chinese Physics,2002,11(4):366.

[14] Lübcke,H,Schmidt S,Rung T,et al. Comparison of LES and RANS in bluff-body flows[J]. Journal of Wind Engineering & Industrial Aerodynamics,2001,89(14):1471-1485.

[15] He X,Doolen G. Lattice Boltzmann method on curvilinear coordinates system:flow around a circular cylinder [J]. Journal of Computational Physics,1997,134(2):306-315.

[16] He X,Luo L S. Lattice Boltzmann model for the incompressible Navier-Stokes equation[J]. Journal of Statistical Physics,1997,88(3-4):927-944.

[17] Higuera F J,Succi S,Benzi R. Lattice Gas dynamics with enhanced collisions[J]. Europhysics Letters (EPL), 1989,9(4):345-349.

[18] Higuera F J,Jiménez J. Boltzmann approach to Lattice Gas simulations[J]. Epl,1989,9(7):663.

[19] D d'Humières,Lallemand P,Frisch U. Lattice gas models for 3D hydrodynamics[J]. EPL (Europhysics Let-

ters),1986,2(4):291.

[20] Kravchenko A G,Moin P. Numerical studies of flow over a circular cylinder at ReD = 3900[J]. Physics of Fluids,2000,12(2):403-417.

[21] Larsen A,Walther J H. Discrete vortex simulation of flow around five generic bridge deck sections[J]. Journal of Wind Engineering and Industrial Aerodynamics,1998,77:591-602.

[22] Larsen A,Walther J H. Aeroelastic analysis of bridge girder sections based on discrete vortex simulations[J]. Journal of Wind Engineering and Industrial Aerodynamics,1997,67(97):253-265.

[23] Liu T C,Ge Y J,Cao F C,et al. Reynolds number effects on the flow around square cylinder based on Lattice Boltzmann method[M]. New Trends in Fluid Mechanics Research. Springer Berlin Heidelberg,2007.

[24] T,C,Ge Y J,Cao F C. Turbulence flow simulation based on the Lattice-Boltzmann method combined with LES[C]. 12th International Conference on Wind Engineering,Cairns,Australia,July,1-6,(2007a).

[25] Luo L S. Unified theory of Lattice Boltzmann models for nonidealgases[J]. Physical review letters,1998,81(8):1618.

[26] Me Namara G R,Zanetti G. Use of the Boltzmann equation to simulate lattice automata[J]. Physical Review Letters,1988,61(20):2332.

[27] Mei R,Luo L S,Shyy W. An Accurate Curved Boundary Treatment in the Lattice Boltzmann Method[M]. Institute for Computer Applications in Science and Engineering (ICASE),2006.

[28] Mei R,Yu D,Shyy W,et al. Force Evaluation in the Lattice Boltzmann Method involving curved geometry[J]. Physical Review E,2002,65(4 Pt 1):041203.

[29] Mei R,Shyy W. On the finite difference-based Lattice Boltzmann method in curvilinear coordinates[J]. Journal of Computational Physics,1998,143(2):426-448.

[30] Mei R W,Shyy W,Yu D Z,et al. Development of an innovative algorithm for aerodynamics-structure interaction using Lattice Boltzmann method[J]. 2001.

[31] Noble D R,Chen S,Georgiadis J G,et al. A consistent hydrodynamic boundary condition for the Lattice Boltzmann method[J]. Physics of Fluids,1995,7(1):203-209.

[32] Qian Y H,D Humières,D,Lallemand P. Lattice BGK models for Navier-Stokes equation[J]. Europhysics Letters (EPL),1992,17(6):479-484.

[33] Ansumali S,Chikatamarla S S,Frouzakis C E,et al. Entropic Lattice boltzmann simulation of the flow past square cylinder[J]. International Journal of Modern Physics C,2004,15(03):435-445.

[34] Scanlan R H,Tomo J. Air foil and bridge deck flutter derivatives[J]. Journal of Soil Mechanics & Foundations Div,1971,97(6):1717-1733.

[35] Scanlan R H. Problematics in formulation of wind-force models for bridge decks[J]. Journal of engineering mechanics,1993,119(7):1353-1375.

[36] Scanlan R H,Gade R H. Motion of suspended bridge spans under gusty wind[J]. Journal of the Structural Division,1977,103(ASCE 13222).

[37] Schäfer M, Turek S, Durst F, et al. Benchmark computations of laminar flow around a cylinder[J]. Notes on Numerical Fluid Mechanics,1996,48:547-566.

[38] Schewe G, Larsen A. Reynolds number effects in the flow around a bluff bridge deck cross.[J]. Journal of Wind Engineering & Industrial Aerodynamics,1998,74-76(2):829-838.

[39] Succi S, Filippova O, Chen H, et al. Towards a renormalized Lattice Boltzmann equation for fluid turbulence[J]. Journal of Statistical Physics,2002,107(1-2):261-278.

[40] Teixeira C M. Incorporating turbulence models into the Lattice-Boltzmann method[J]. International Journal of Modern Physics C,1998,09(08):1159-1175.

[41] Vengadesan S, Nakayama A. Evaluation of LES models for flow over bluff body from engineering application perspective[J]. Sadhana,2005.

[42] Honoré Walther J, Larsen A. Two dimensional discrete vortex method for application to bluff body aerodynamics[J]. Journal of Wind Engineering and Industrial Aerodynamics,1997,67:183-193.

[43] Yu D, Mei R, Shyy W. A multi-block Lattice Boltzmann method for viscous fluid flows[J]. International Journal for Numerical Methods in Fluids,2002,39(2):99-120.

[44] 刘天成.桥梁结构气动弹性数值计算的Lattice Boltzmann方法[D].上海:同济大学,2007.

[45] 刘天成,葛耀君,曹丰产,等.基于Lattice Boltzmann方法的方柱绕流模拟[J].同济大学学报(自然科学版),2008,36(8).

[46] 刘天成,葛耀君,曹丰产.桥梁断面静风荷载的格子Boltzmann方法数值计算[J].空气动力学学报,2009(1):17-24.

[47] 刘天成,刘高,葛耀君,等.基于拓展LB方法的桥梁结构数值风洞软件研发及应用[C].全国结构风工程学术会议,2009.

[48] Liu T C. Turbulence flow simulation based on the lattice-Boltzmann method combined with LES[C]. Proceeding of the 12th International Conference on Wind Engineering,2007.

[49] Liu T, Liu G, Li Y, et al. Extended Lattice Boltzmann method with application to predict aerodynamic loads of long span bridge[C]. American Institute of Physics,2010.

[50] 曹丰产.桥梁气动弹性问题的数值计算[D].上海:同济大学,1999.

[51] 陈艾荣,等.苏通长江公路大桥主梁结构抗风性能研究[R].同济大学土木工程防灾国家重点实验室,2003.

[52] 邓文.桥梁断面二维数值风洞的雷诺时均模拟方法[D].上海:同济大学,2006.

[53] 都志辉.高性能计算并行编程技术:MPI并行程序设计[M].北京:清华大学出版社,2001.

[54] 葛耀君.大跨度桥梁空气动力稳定性计算原理及方法[C].全国风工程和空气动力学学术会议.2006.

[55] 葛耀君,等.西堠门大桥抗风性能研究[R].同济大学土木工程防灾国家重点实验室,2003—2005.

[56] 葛耀君,等.青岛海湾桥大沽河航道桥抗风性能研究[R].同济大学土木工程防灾国家重点实验室,2005—2006.

[57] 顾明.土木结构抗风研究进展及基础科学问题[C].全国风工程和空气动力学学术会议.2006.

[58] 郭照立.模拟不可压流体流动的格子Boltzmann方法研究[D].武汉:华中科技大学,2000.

[59] 黄本才.结构抗风分析原理及应用[M].上海:同济大学出版社,2001.

[60] 李如生.平衡和非平衡统计力学[M].北京:清华大学出版社,1995.

[61] 林志兴,等.苏通长江公路大桥主梁结构抗风性能研究[R].同济大学土木工程防灾国家重点实验室,2002-2004.

[62] 是勋刚.湍流[M].天津:天津大学出版社,1994.

[63] 苏铭德,黄素逸.计算流体动力学基础[M].北京:清华大学出版社,1997.

[64] 项海帆.进入21世纪的桥梁风工程研究[J].同济大学学报(自然科学版),2002,30(5):529-532.

[65] 项海帆.现代桥梁抗风理论与实践[M].北京:人民交通出版社,2005.

[66] 翟志轩.桥梁断面气动参数数值识别的基本问题[D].上海:同济大学,2005.

[67] 张兆顺,崔桂香,许春晓.湍流理论与模拟[M].北京:清华大学出版社,2005.

[68] 周志勇.离散涡方法用于桥梁截面气动弹性问题的数值计算[D].上海:同济大学,2001.

第5章 桥梁多模态耦合颤振分析的能量法

5.1 概 述

通过对现有桥梁颤振研究现状分析可知：①桥梁颤振失稳的本质在于由气流输入到结构-气流系统中的能量大于结构阻尼所耗散的能量所致，因此，从能量的角度研究结构-气流系统的颤振稳定性将更有利于深入揭示桥梁发生颤振失稳的物理机理；②将桥梁作为线弹性结构，在模态坐标空间研究结构-气流系统的颤振将具有足够的精度；③由于桥梁在发生颤振时，主梁横向、竖向和扭转振动以及缆索振动之间将发生相互耦合，因此应发展能够反映全桥耦合振动的三维多模态耦合颤振分析方法；④为了与结构有限元模型相匹配，应基于有限元模型处理作用于主梁和缆索上的自激气动力。

基于上述认识，本书在模态坐标空间研究桥梁三维颤振分析方法。在模态坐标空间，首先研究作用在主梁和缆索上自激力的有限元模型，在此基础上，发展了一种新的桥梁多模态颤振分析方法——能量法。该方法从结构-气流系统能量反馈的角度进行研究，建立了系统等效阻尼比与系统能量变化率之间的关系，推演了系统及各阶模态等效阻尼比的计算方法，并由不同风速下系统的等效阻尼比来判断系统的颤振稳定性，该方法能够考虑全桥振动的三维多模态耦合。

基于以上建立的桥梁多模态耦合颤振分析的能量方法，本书编制了计算分析程序。然后，以英国塞文桥(三跨两铰悬索桥)、我国虎门大桥(单跨简支悬索桥)和伶仃洋跨海大桥方案(三跨连续悬索桥)为工程背景，研究了多模态耦合颤振分析中模态振型的选取、模态组合的选取以及结构的颤振形态等问题。

5.2 桥梁多模态耦合颤振分析的运动方程

5.2.1 桥梁颤振基本方程

在平滑流中，桥梁在自激力作用下的运动方程为：

$$M_s \ddot{v} + C_s \dot{v} + K_s v = P \tag{5.2-1}$$

式中：M_s、C_s、K_s——结构的质量、阻尼和刚度矩阵；

$\ddot{v}$、$\dot{v}$、v——节点加速度、速度和位移列向量；

P——作用在结构节点上的自激力列向量。

5.2.2 结构等效自激节点力列向量的计算

欲求解颤振运动方程(5.2-1)，首先必须处理作用在结构单元上的自激力，然后通过单元组集将其转化为作用在结构节点上的等效自激节点力 P。目前，计算单元上等效自激力的方法主要有两种，一种是利用有限单元的概念，采用分析单元刚度类似的方法计算结构每一个单元上的等效节点力，称为一致法；另一种是将作用于单元上的自激力堆积于单元两端的节点上，称为集中法。

按照上述思路，本节推演作用于主梁和主缆单元上等效自激节点力的计算方法。因索塔的刚度大、变形小，作用在其上与运动有关的自激气动力很小，故没有考虑作用在索塔上的自激力。

5.2.2.1 一致法

(1) 主梁单元

采用由 18 个气动导数表达的自激力模型，则作用在主梁单位展长上的自激力可表达为如下矩阵形式：

$$F_{ae} = F_d \phi + F_v \dot{\phi} \tag{5.2-2}$$

式中：F_{ae}——单位展长上的自激力列向量，其表达式为：

$$F_{ae} = \{F_m^L \quad F_m^D \quad F_m^M\}^T \tag{5.2-3}$$

ϕ——关于主梁截面弹性中心（现假定其与质心重合）的广义位移列向量；

$\dot{\phi}$——广义速度列向量，其表达式分别为：

$$\phi = \{\xi \quad \chi \quad \alpha\}^T, \dot{\phi} = \{\dot{\xi} \quad \dot{\chi} \quad \dot{\alpha}\}^T \tag{5.2-4}$$

ξ、χ、α——竖向、侧向和扭转广义位移；

F_d、F_v——刚度和阻尼系数矩阵，其表达式分别为：

$$F_d = \frac{1}{2}\rho U^2 (2B) \begin{bmatrix} \dfrac{K^2 H_4^*}{B} & \dfrac{K^2 H_6^*}{B} & K^2 H_3^* \\ \dfrac{K^2 P_6^*}{B} & \dfrac{K^2 P_4^*}{B} & K^2 P_3^* \\ K^2 A_4^* & K^2 A_6^* & K^2 A_3^* B \end{bmatrix}, F_v = \frac{1}{2}\rho U^2 (2B) \begin{bmatrix} \dfrac{KH_1^*}{U} & \dfrac{KH_5^*}{U} & \dfrac{KH_2^* B}{U} \\ \dfrac{KP_5^*}{U} & \dfrac{KP_1^*}{U} & \dfrac{KP_2^* B}{U} \\ \dfrac{KA_1^* B}{U} & \dfrac{KA_5^* B}{U} & \dfrac{KA_2^* B^2}{U} \end{bmatrix}$$

(5.2-5)

对于主梁上第 k 个单元,单元局部坐标系及单元等效自激节点力的正方向如图 5.2-1 所示。

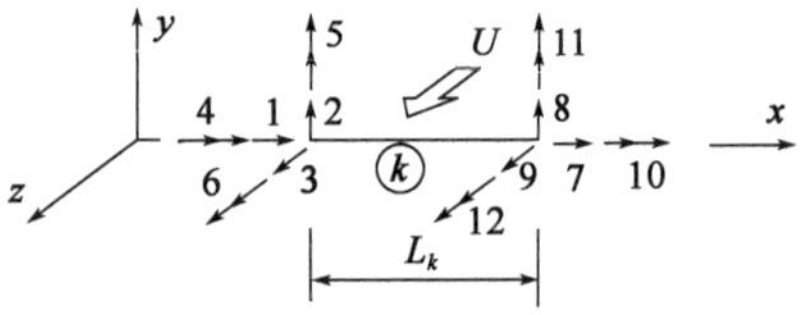

图 5.2-1 单元局部坐标系及单元等效自激节点力正方向

单元位移矢量 $\boldsymbol{v}_k$ 与广义坐标矢量 $\boldsymbol{\phi}_k$ 通过单元位移形函数 $\boldsymbol{N}_k(x)$ 矩阵描述为:

$$\boldsymbol{\phi}_k = \boldsymbol{N}_k(x)\boldsymbol{v}_k \tag{5.2-6}$$

根据虚功原理,作用在第 k 个单元上的等效自激节点力为:

$$\overline{\boldsymbol{F}}_{ae}^k = \int_0^{L_k}(\boldsymbol{N}_k^T\boldsymbol{F}_d^k\boldsymbol{N}_k\boldsymbol{v}_k + \boldsymbol{N}_k^T\boldsymbol{F}_v^k\boldsymbol{N}_k\dot{\boldsymbol{v}}_k)\mathrm{d}x = \boldsymbol{K}_{ae}^k\boldsymbol{v}_k + \boldsymbol{C}_{ae}^k\dot{\boldsymbol{v}}_k \tag{5.2-7}$$

式中:$\boldsymbol{K}_{ae}^k$、$\boldsymbol{C}_{ae}^k$——第 k 单元的气动刚度和气动阻尼矩阵。

需要注意的是:如图 5.2-1 所示,单元升力 2、8 以向上为正,而主梁升力 F_m^L 以向下为正。这样,通过坐标变换可以导出,本研究中气动导数 H_2^*、H_3^*、H_5^*、H_6^*、P_5^*、P_6^*、A_1^*、A_4^* 与 Scanlan 等给出的相应气动导数相比,符号相反。

(2)主缆单元

对于悬索桥主缆,其上只有作用自激气动升力和阻力,而且这些自激力目前通常采用拟定常表达式加以描述。

$$F_m^L = \frac{1}{2}\rho U^2(2D)\left(KH_1^*\frac{\dot{\xi}_{def}}{U}\right), \quad F_m^D = \frac{1}{2}\rho U^2(2D)\left(KP_1^*\frac{\dot{\chi}_{def}}{U}\right) \tag{5.2-8}$$

式中:$H_1^* = \dfrac{-C_D}{K_C}$;

$P_1^* = \dfrac{-2C_D}{K_C}$;

D——主缆的直径;

C_D——主缆的阻力系数;

K_C——主缆的折算频率,$K_C = D\omega/U$。

按与主梁单元等效自激节点力同样的推导过程,可方便地导出主缆单元上的等效自激节点力。由式(5.2-8)可知,主缆单元将只含有气动阻尼矩阵。

5.2.2.2 集中法

(1)主梁单元

集中法组集单元等效自激节点力时,直接将作用在单元上的自激力堆积到单元的两端节点上。将作用在第 k 个单元上的等效自激节点力表达为:

$$\overline{\boldsymbol{F}}_{ae}^k = \boldsymbol{K}_{ae}^k\boldsymbol{v}_k + \boldsymbol{C}_{ae}^k\dot{\boldsymbol{v}}_k \tag{5.2-9}$$

则主梁单元 k 的气动刚度矩阵 $\boldsymbol{K}_{ae}^k$ 的显式表达式为:

$$\boldsymbol{K}_{\mathrm{ae}}^{k} = \begin{bmatrix} \boldsymbol{K}_{\mathrm{ae1}}^{k} & \boldsymbol{0} \\ \boldsymbol{0} & \boldsymbol{K}_{\mathrm{ae1}}^{k} \end{bmatrix}_{12 \times 12}, \boldsymbol{K}_{\mathrm{ae1}}^{k} = \frac{1}{2}\rho U^{2} L_{k} K_{k}^{2} \begin{bmatrix} 0 & 0 & 0 & 0 & 0 & 0 \\ 0 & H_{4}^{*} & -H_{6}^{*} & -BH_{3}^{*} & 0 & 0 \\ 0 & -P_{6}^{*} & P_{4}^{*} & BP_{3}^{*} & 0 & 0 \\ 0 & -BA_{4}^{*} & BA_{6}^{*} & B^{2}A_{3}^{*} & 0 & 0 \\ 0 & 0 & 0 & 0 & 0 & 0 \\ 0 & 0 & 0 & 0 & 0 & 0 \end{bmatrix}$$

(5.2-10)

式中：K_k——第 k 单元的折算频率；

L_k——第 k 单元的长度。

主梁单元 k 的气动阻尼矩阵 $\boldsymbol{C}_{\mathrm{ae}}^{k}$ 的显式表达式为：

$$\boldsymbol{C}_{\mathrm{ae}}^{k} = \begin{bmatrix} \boldsymbol{C}_{\mathrm{ae1}}^{k} & \boldsymbol{0} \\ \boldsymbol{0} & \boldsymbol{C}_{\mathrm{ae1}}^{k} \end{bmatrix}_{12 \times 12}, \boldsymbol{C}_{\mathrm{ae1}}^{k} = \frac{1}{2}\rho UB L_{k} K_{k} \begin{bmatrix} 0 & 0 & 0 & 0 & 0 & 0 \\ 0 & H_{1}^{*} & -H_{5}^{*} & -BH_{2}^{*} & 0 & 0 \\ 0 & -P_{5}^{*} & P_{1}^{*} & BP_{2}^{*} & 0 & 0 \\ 0 & -BA_{1}^{*} & BA_{5}^{*} & B^{2}A_{2}^{*} & 0 & 0 \\ 0 & 0 & 0 & 0 & 0 & 0 \\ 0 & 0 & 0 & 0 & 0 & 0 \end{bmatrix}$$

(5.2-11)

(2) 主缆单元

主缆单元等效自激节点力的集中法表达式同样可用式(5.2-9)描述，但其中只含有气动阻尼矩阵 $\boldsymbol{C}_{\mathrm{ae}(12 \times 12)}^{k}$，且在 $\boldsymbol{C}_{\mathrm{ae}}^{k}$ 中只有 4 个元素不为零，其值为：

$$\boldsymbol{C}_{\mathrm{ae}}^{k}(2,2) = \boldsymbol{C}_{\mathrm{ae}}^{k}(8,8) = \frac{1}{2}\rho UD L_{k} K_{k} H_{1}^{*} \tag{5.2-12}$$

$$\boldsymbol{C}_{\mathrm{ae}}^{k}(3,3) = \boldsymbol{C}_{\mathrm{ae}}^{k}(9,9) = \frac{1}{2}\rho UD L_{k} K_{k} P_{1}^{*} \tag{5.2-13}$$

5.2.2.3 两种自激力有限元模型的比较

由以上两种单元等效自激节点力的计算方法可以看出，其与两种单元质量矩阵(单元一致质量矩阵和集中质量矩阵)的推导方法相似。其中，一致法所得单元的气动刚度矩阵与气动阻尼矩阵均为满阵，计算工作量较大；而采用集中法所得单元的气动刚度矩阵与气动阻尼矩阵中大多数元素为零，计算工作量较小。

由两种单元质量矩阵对结构动力计算结果影响较小可以初步判断，采用两种自激力有限元模型对桥梁颤振分析结果不会产生大的差异。实践中，Namini 依据由 6 个气动导数表达的自激气动力,分别采用两种自激力的有限元模型对 Luling 斜拉桥进行了多模态颤振分析,分析中考虑了包括翼型、桁架、箱梁和 Luling 桥主梁截面在内的 10 组气动导数,计算结果表明:采用两种自激力有限元模型所得颤振临界风速与颤振频率均相差不大(大多数在 5% 左右),其中采用一致法处理自激力时所得颤振临界风速略高。

5.2.2.4 结构等效自激节点力 P 的组集

求得了结构各单元上等效自激节点力后,基于有限元法,进行组集即可得到作用在结构节点上的等效自激节点力列向量 P。

5.2.3 系统颤振状态空间方程

将结构和气流整体作为一个系统,组集系统的颤振运动方程为:

$$M_s\ddot{v} + C\dot{v} + Kv = 0 \tag{5.2-14}$$

$$C = C_s - C_{ae}, K = K_s - K_{ae} \tag{5.2-15}$$

式中:K_{ae}、C_{ae}——整个结构的气动刚度和气动阻尼矩阵。

引入模态广义坐标变换:

$$v(x,t) = \boldsymbol{\Phi}(x)\boldsymbol{q}(t) \tag{5.2-16}$$

式中:$\boldsymbol{\Phi}(x)$——模态振型矩阵;

$\boldsymbol{q}(t)$——模态广义坐标列阵。

将式(5.2-16)代入式(5.2-14),并左乘以 $\boldsymbol{\Phi}(x)^\mathrm{T}$,考虑到 M_s 和 K_s 的加权正交性,并假定结构为比例阻尼,经整理得:

$$I\ddot{q} + C^*\dot{q} + K^*q = 0 \tag{5.2-17}$$

$$K^* = \mathrm{diag}[\omega_i^2] - \boldsymbol{\Phi}^\mathrm{T}K_{ae}\boldsymbol{\Phi}, C^* = \mathrm{diag}[2\zeta_i\omega_i] - \boldsymbol{\Phi}^\mathrm{T}C_{ae}\boldsymbol{\Phi} \tag{5.2-18}$$

式中: I——单位矩阵;

$\mathrm{diag}[\cdot]$——对角矩阵符号;

ω_i、ζ_i——结构第 i 阶模态的固有频率和阻尼比,方程(5.2-17)的阶数等于参与颤振的模态数目 m。

结合恒等式 $\dot{q} \equiv \dot{q}$,系统的颤振运动方程式(5.2-17)可表达为关于状态向量 $X = \{q \ \dot{q}\}^\mathrm{T}$ 的状态空间方程,即:

$$\dot{X} = HX = \begin{bmatrix} 0 & I \\ -K^* & -C^* \end{bmatrix}X \tag{5.2-19}$$

5.3 桥梁多模态耦合颤振分析的能量方法

由于桥梁颤振的本质在于由气流输入结构中的能量与结构阻尼耗散的能量之间的平衡关系,所以由能量的角度研究结构-气流系统的颤振更有助于揭示系统发生颤振的物理机理。本书从结构-气流系统内部能量平衡的角度出发,发展了一种新的桥梁多模态颤振分析方法——能量法。该方法的具体实施过程是:针对结构-气流系统的颤振状态空间方程(5.2-19),首先应用精细时程积分法求解状态向量的时程响应;然后建立系统总能量随时间的变化率与系统等效阻尼比之间的关系,并由系统在不同风速下的等效阻尼比来判断系统的颤振稳定性。

5.3.1 状态向量精细时程积分

精细时程积分法是求解状态向量时程响应的一种有效工具。状态空间方程(5.2-19)为齐次方程,状态向量 X 在积分步长 $t \in [t_k, t_{k+1}]$ 内的精细时程积分格式为:

$$X(t) = T(\tau)X(t_k) = \exp(H \times \tau)X(t_k), \tau = t - t_k \quad (5.3\text{-}1)$$

将 τ 细分为 $m = 2^N$ 等份(一般取 $N = 20$),即 $\Delta t = 2^{-N}\tau$,则:

$$T(\tau) \approx [I + H \times \Delta t + (H \times \Delta t)^2/2! + (H \times \Delta t)^3/3! + (H \times \Delta t)^4/4!]^m$$
$$= [I + T_{a,0}]^m \quad (5.3\text{-}2)$$

$$[I + T_{a,N}] = [I + T_{a,N-1}]^2 = [I + T_{a,N-2}]^4 = \cdots = [I + T_{a,0}]^m = T(\tau) \quad (5.3\text{-}3)$$

$$T_{a,i} = 2 \times T_{a,i-1} + T_{a,i-1} \times T_{a,i-1} \quad (i = 1, 2, \cdots, N) \quad (5.3\text{-}4)$$

因单位矩阵 I 不参与加法运算,所以上述积分格式具有极高的计算精度。

在进行精细时程积分之前,应首先确定积分的初始条件。因在模态空间进行研究,桥梁本身为线性结构;纳入自激力之后,结构-气流系统成为一自激振动系统,而自激振动系统的特征量,如频率和幅值由系统的物理参数确定,与初始条件无关。在计算中,状态向量 X 的初值取为:$q_i(0)$ 均赋为 1.0,$\dot{q}_i(0)$ 均赋为 0.0。

5.3.2 系统颤振稳定性的能量判别法

结构-气流系统总能量 E 为动能 T 和势能 Π 之和,其随时间的变化率为 $\dot{E}$。系统的颤振稳定性可以通过 $\dot{E}$ 进行判断。

(1) $\dot{E} < 0$,表示由气流输入到系统中的能量小于结构阻尼耗散的能量,系统总的能量变化表现为耗能,系统处于气动稳定状态。

(2) $\dot{E} > 0$,表示由气流输入到系统中的能量大于结构阻尼耗散的能量,系统总的能量变化表现为吸能,系统处于气动不稳定状态。

(3) $\dot{E}=0$,表示由气流输入到系统中的能量与结构阻尼耗散的能量相平衡,系统总的能量变化表现为不吸能也不耗能,此时系统处于颤振临界状态。

$\dot{E}$ 的表达式为:

$$\dot{E} = \dot{\boldsymbol{v}}^{\mathrm{T}}(\boldsymbol{C}_{ae}^{s} - \boldsymbol{C}_{s})\dot{\boldsymbol{v}} + \dot{\boldsymbol{v}}^{\mathrm{T}}\boldsymbol{K}_{ae}^{a}\boldsymbol{v} \tag{5.3-5}$$

式中:$\boldsymbol{C}_{ae}^{s}$——气动阻尼矩阵 $\boldsymbol{C}_{ae}$ 的对称部分;

$\boldsymbol{K}_{ae}^{a}$——气动刚度矩阵 $\boldsymbol{K}_{ae}$ 的反对称部分,有:

应用模态坐标变换式(5.2-16),将式(5.3-5)变换到模态空间

$$\dot{E} = \dot{\boldsymbol{q}}^{\mathrm{T}}\boldsymbol{\Phi}^{\mathrm{T}}(\boldsymbol{C}_{ae}^{s} - \boldsymbol{C}_{s})\boldsymbol{\Phi}\dot{\boldsymbol{q}} + \dot{\boldsymbol{q}}^{\mathrm{T}}\boldsymbol{\Phi}^{\mathrm{T}}\boldsymbol{K}_{ae}^{a}\boldsymbol{\Phi}\boldsymbol{q} \tag{5.3-6}$$

由式(5.3-6)可以看出,系统能量变化率 $\dot{E}$ 不仅反映了各阶模态间的相互耦合,而且反映了系统能量的瞬变性质。

对于第 i 阶模态,其在一个周期内的能量增量为:

$$\Delta E_i = \int_{t_k}^{t_k+2\pi/\omega_i} [\dot{\boldsymbol{q}}_i^{*\mathrm{T}}\boldsymbol{\Phi}^{\mathrm{T}}(\boldsymbol{C}_{ae}^{s} - \boldsymbol{C}_{s})\boldsymbol{\Phi}\dot{\boldsymbol{q}} + \dot{\boldsymbol{q}}_i^{*\mathrm{T}}\boldsymbol{\Phi}^{\mathrm{T}}\boldsymbol{K}_{ae}^{a}\boldsymbol{\Phi}\boldsymbol{q}]\mathrm{d}t \tag{5.3-7}$$

式中:$\dot{\boldsymbol{q}}_i^{*\mathrm{T}} = \{0 \ \cdots \ 0 \ \dot{q}_i \ 0 \ \cdots \ 0\}$。

则在一个周期内,系统的能量增量 ΔE_{sys} 为:

$$\Delta E_{sys} = \sum_{i=1}^{m} \Delta E_i \tag{5.3-8}$$

式中:m——参与颤振的模态数。

根据等效阻尼的定义,系统的等效阻尼比 ζ_{sys} 及第 i 阶模态的等效阻尼比 ζ_i^{mode} 可分别表达为:

$$\zeta_{sys} = \frac{-\Delta E_{sys}}{4\pi T_{max}} \tag{5.3-9}$$

$$\zeta_i^{mode} = \frac{-\Delta E_i}{4\pi T_{max}} \tag{5.3-10}$$

式中:T_{max}——系统的最大动能。

系统动能 T 的表达式为:

$$T(t) = \frac{1}{2}\dot{\boldsymbol{q}}(t)^{\mathrm{T}}\boldsymbol{\Phi}^{\mathrm{T}}\boldsymbol{M}_s\boldsymbol{\Phi}\dot{\boldsymbol{q}}(t) = \frac{1}{2}\dot{\boldsymbol{q}}^{\mathrm{T}}(t)\dot{\boldsymbol{q}}(t) \tag{5.3-11}$$

由式(5.3-9)可知,在某一风速下:

若 $\zeta_{sys}>0$,则 $\Delta E_{sys}<0$,系统表现为耗能,系统处于气动稳定状态。 (5.3-12)

若 $\zeta_{sys}<0$,则 $\Delta E_{sys}>0$,系统表现为吸能,系统因颤振而失稳。 (5.3-13)

若 $\zeta_{sys}=0$,则 $\Delta E_{sys}=0$,系统内部能量平衡,系统处于颤振临界状态。 (5.3-14)

因此,可以通过计算系统的等效阻尼比 ζ_{sys} 来判断系统在不同风速下的颤振稳定性。

在颤振临界状态,此时对应的风速即为颤振临界风速 U_{cr},相应的频率为颤振频率 ω_{cr};状态向量将作稳态谐和振动,其可用正弦函数进行描述。

$$q_i = q_{0i}\sin(\omega_{cr}t + \varphi_i),\dot{q}_i = q_{0i}\omega_{cr}\cos(\omega_{cr}t + \varphi_i) \qquad (i=1,\cdots,m) \qquad (5.3\text{-}15)$$

式中:q_{0i}——q_i 的幅值,即模态参与系数;

φ_i——q_i 的相位角。

将求得的模态广义坐标位移矢量 $q(t)$ 代入式(5.2-16)中,即可求得桥梁颤振时的形态。

5.3.3 全桥三维多模态耦合颤振分析

在模态振型矩阵 $\boldsymbol{\Phi}(x)$ 中纳入主梁竖弯、侧弯、扭转振型以及与主缆有关的振型,则能量法就可进行全桥多模态耦合颤振分析。

由于使用和美观等要求,悬索桥的主梁在竖平面上一般做成上拱形,这样主梁高度沿桥跨将会发生变化。对于主缆,其高度也沿桥跨发生变化。如果考虑风速场在空间的非均匀分布,即使在同一高度处,桥跨各点的风速也不相同。鉴于此,有必要进行全桥三维颤振分析。

在进行全桥三维颤振分析时,按如下思路进行:因在计算中需对风速 U 和频率 ω 两个变量进行搜索迭代,当系统处于颤振临界状态时,各阶模态将会按同一频率,即颤振频率 ω_{cr} 相互耦合,但各个单元处的风速则各不相同。为了确定风速 U,将桥梁主跨主梁基准高度处的风速定义为参考风速 U_r。

假定风速沿高度按指数规律变化,则第 k 单元的风速为:

$$U_k = U_r\left(\frac{y_k}{y_r}\right)^\alpha \qquad (5.3\text{-}16)$$

式中:U_k——第 k 单元中点处的风速;

y_k——第 k 单元中点处的高度;

y_r——主跨主梁基准高度;

α——考虑地表粗糙度影响的无量纲幂指数。

由此可见,计算得到的颤振临界风速为主跨主梁基准高度处的临界风速。

5.3.4 颤振分析中几点策略

研究表明,系统的颤振频率必定介于第一竖弯模态频率与第一扭转模态频率(同为对称或反对称)之间,这样在对频率 ω 进行搜索时就有了一定的限定范围。此外,因 van der Put、Selberg 近似公式以及 Scanlan 二维分析方法等估算系统颤振临界风速简单、方便,也有一定的精度,因此在实际分析中可以先通过上述方法中的一种初步预测系统的颤振临界风速 U_0,然后在此风速的一个邻域 $(U_0 - U_\Delta, U_0 + U_\Delta)$ 内对风速由低到高进行搜索,这样也就确定了风速 U 的搜索范围。

$U_\Delta = 0.1 \sim 0.2 U_0$,按上述策略对多座悬索桥进行颤振分析,均收到了很好的效果。

5.4 桥梁多模态耦合颤振分析的程序开发

5.4.1 桥梁三维多模态颤振分析中对非线性效应的考虑

众所周知,悬索桥结构十分轻柔,非线性效应不容忽视。然而在模态空间中又不能进行非线性分析。那么在颤振分析中,如何考虑非线性影响呢?

我们知道,桥梁颤振属于气动力失稳问题,判断系统稳定与否关键在于结构的初始状态。这样,就可以按如下过程考虑非线性影响:

(1)首先对结构进行空气静力非线性分析,确定结构在静风作用下的位形和内力,在此基础上对结构进行动力特性分析。这一步考虑了结构在静风作用下的几何非线性影响。

(2)基于以上计算得到的结构动力特性进行颤振分析。因主梁的气动导数与风攻角有关,而主梁的有效风攻角沿桥跨变化(因静风引起的主梁扭转角沿桥跨变化),颤振分析中按不同的风攻角确定主梁各单元的自激气动力。这一步考虑了结构由于静风作用引起的气动非线性影响。

空气静力非线性(包括结构几何非线性与气动非线性)是颤振分析中的主要非线性来源,而且上述颤振非线性分析过程比较省时(与物理坐标非线性分析法相比),因此是一种很有实用价值的颤振分析方法。目前,已有文献按上述分析过程针对斜拉桥和悬索桥进行了非线性颤振分析的尝试。

5.4.2 主梁单元有效攻角的计算

在桥梁多模态颤振分析中,欲确定作用在主梁单元上的自激气动力,必须首先确定主梁单元的有效风攻角。

作用在主梁单元上的有效风攻角 α 主要来自两个方面:初始风攻角 α_0 和静风荷载产生的攻角 α_w。下面分别从这两个方面展开讨论。

(1)主梁单元的初始风攻角 α_0 是指风向与恒载状态下主梁单元平面间的夹角 α_0,其由主梁在恒载作用下的位形及风场信息确定。

(2)静风荷载产生的攻角 α_w 是指由于静风荷载作用使主梁产生的扭转角。因主梁静力三分力系数 C_D、C_L 和 C_M 是主梁总的有效风攻角 α 的函数,因此在计算 α_w 时须通过几何非线性迭代分析。

对于第 k 个主梁单元,其风攻角 α_k 为:

$$\alpha_k = \alpha_{k,0} + \alpha_{k,w} \tag{5.4-1}$$

5.4.3 多模态颤振分析的流程图

桥梁三维多模态耦合颤振能量分析流程如图 5.4-1 所示。

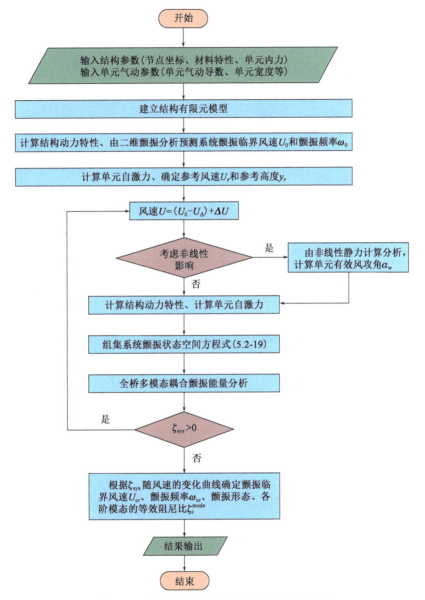

图 5.4-1 桥梁三维多模态耦合颤振能量分析流程图

5.5 桥梁多模态耦合颤振分析实例

下面以英国塞文桥(三跨两铰悬索桥)、虎门大桥(单跨简支悬索桥)和伶仃洋跨海大桥设计方案(三跨连续悬索桥)等三座悬索桥为工程背景,研究了多模态颤振分析中模态振型的选取、模态组合的选取以及结构的颤振形态等问题,旨在为工程实践中预测不同体系悬索桥颤振稳定性时提供指导和参考。

5.5.1 英国塞文桥

5.5.1.1 桥梁简介

英国塞文桥是世界上修建的第一座主梁采用流线型扁平钢箱梁的悬索桥,该桥结构体系为三跨两铰。塞文桥桥跨布置为305m + 976m + 305m,矢跨比为 $f/L_m = 1/12$,主缆间距为22.87m,主梁宽为31.85m。结构基本参数列于表5.5-1。

塞文桥结构基本参数　　　　　　　　　　　表5.5-1

构件	E(MPa)	A(m²)	J(m⁴)	I_z(m⁴)	m(kg/m)	I_m(kg·m²/m)
主梁	2.07×10^5	—	3.995	1.079	10.35×10^3	696.0×10^3
主缆(单根)	2.07×10^5	0.158	0.0	0.0	1.338×10^3	0.0
吊杆	2.07×10^5	0.0146	0.0	0.0	124.00	0.0
索塔	2.07×10^5	—	8.52	2.13	—	—

注:表中"—"对应的参数在文献[5]中没有给出。

5.5.1.2 结构动力特性分析

采用杆系有限元法,建立塞文桥动力计算模型,如图5.5-1所示。计算模型中索塔、主梁均采用空间梁单元模拟;主缆采用空间杆单元模拟;吊杆与主梁上伸出的刚性横梁组成带刚臂的杆单元。几何约束条件为:主缆在锚碇处固定,主梁在端部均为铰接,索塔塔柱在塔脚处固结。

采用集中质量矩阵及计入单元几何刚度效应的刚度矩阵,分析塞文桥的动力特性,计算结果列于表5.5-2,其与文献[5]报道的结果相吻合。

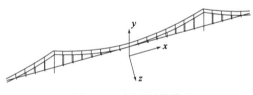

图5.5-1 塞文桥计算模型

塞文桥动力特性计算结果　　　　　　　　　　表5.5-2

阶　次	模态圆频率(rad/s)	模态特征
1	0.811(0.801)	反对称竖弯(主跨)
2	0.869(0.878)	对称竖弯(主跨加边跨)
3	1.233(1.251)	对称竖弯(主跨加边跨)
4	1.332(1.372)	反对称竖弯(边跨)
5	1.656(1.698)	反对称竖弯(主跨)
6	1.683(1.718)	对称竖弯(主跨加边跨)
7	2.147(2.221)	对称竖弯(主跨)
8	2.287(2.272)	对称扭转(主跨加边跨)
9	2.647(2.755)	反对称竖弯(主跨)

续上表

阶　　次	模态圆频率(rad/s)	模 态 特 征
10	2.867(3.039)	对称竖弯(边跨)
11	2.867(3.039)	反对称竖弯(边跨)
12	3.210(3.361)	对称竖弯(主跨)
13	3.625(3.580)	反对称扭转(主跨)
14	3.812	反对称竖弯(主跨)
15	4.465	对称竖弯(主跨)
16	4.897	反对称竖弯(边跨)
17	4.901	对称竖弯(边跨)
18	5.442	对称扭转(主跨加边跨)

注:模态频率一列( )内的数字为文献[5]报道的计算结果。

塞文桥部分对称弯扭模态的振型图(主梁部分)见图5.5-2。

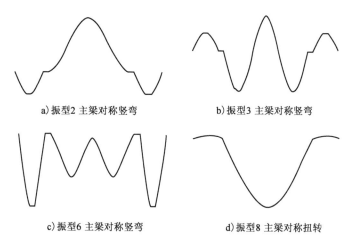

图 5.5-2　塞文桥部分对称弯扭模态振型

5.5.1.3　多模态颤振分析

为了与文献[5]进行比较,计算中假定结构阻尼为零,主梁气动导数采用 Theodorsen 理论平板气动导数。

根据以上结构惯性、阻尼和气动参数,采用不同的模态组合方案,应用桥梁三维颤振分析的能量法对塞文桥进行颤振分析,计算结果列于表 5.5-3。

塞文桥颤振分析结果　　　　　　　　表 5.5-3

类型	对 称 模 态			反对称模态		全部18阶模态
模态组合	2, 8	2, 6, 8	全部10阶	1, 13	全部8阶	
U_{cr}(m/s)	71.92(71.00)	78.40(76.90)	78.36(76.90)	115.50	115.49	78.36
ω_{cr}(rad/s)	1.521(1.545)	1.472(1.490)	1.481(1.495)	2.363	2.363	1.481

注:( )内的数字为文献采用模态技术法计算所得结果。

由颤振计算结果可以看出，本书关于塞文桥的颤振分析结果与文献[5]报道的结果相比，颤振临界风速 U_{cr} 相差 1.9%，颤振频率 ω_{cr} 相差 0.9%，从而证实了桥梁三维多模型耦合颤振能量分析方法的正确性。

同时，从结果中还可以发现，塞文桥的颤振形态为对称弯扭模态振型的耦合，而不是反对称弯扭模态振型的耦合，其原因主要有两点：一是因为对称扭弯模态基频的比值 $f_{t1}^s/f_{v1}^s = 2.632$ 比反对称扭弯模态基频的比值 $f_{t1}^a/f_{v1}^a = 4.470$ 小得多；二是因为对称扭弯模态振型相似性比较好。

按模态组合方案(2,6,8)计算所得系统颤振临界风速、颤振频率与按全部18个模态组合所得结果几乎一致。为了揭示这一现象的物理机理，下面研究系统处于颤振临界状态时各阶模态的等效阻尼比。

采用全部18个模态组合进行颤振分析，在颤振临界状态时各阶模态的等效阻尼比的计算结果列于表5.5-4。

塞文桥在颤振临界状态各阶模态的等效阻尼比 表5.5-4

阶 次	ζ_i^{mode}	阶 次	ζ_i^{mode}	阶 次	ζ_i^{mode}
1	0.000 000	7	0.008 480	13	0.000 000
2	2.557 844	8	−3.989 841	14	0.000 000
3	0.065 347	9	0.000 000	15	0.000 002
4	0.000 000	10	0.000 006	16	0.000 000
5	0.000 000	11	0.000 000	17	0.000 008
6	1.332 163	12	0.000 045	18	0.025 946

由等效阻尼计算结果可知，在颤振临界状态，系统的等效阻尼比主要分布在第2、6、8三阶模态。这样，当系统发生颤振时将主要表现为第2、6、8三阶模态间的耦合振动，因此按这三个模态进行组合计算所得系统的颤振临界风速、颤振频率与按全部18个模态组合所得结果十分接近。

从等效阻尼的结果中还可以发现：一是反对称模态的等效阻尼比均为零，证明它们对系统颤振稳定性没有贡献；二是频率高于第一阶扭转模态的更高阶模态的等效阻尼比均很小，系统的等效阻尼比主要分布在第一对称扭转模态及低阶对称竖弯模态上；三是第一对称扭转模态（模态8）与第二对称扭转模态（模态18）的等效阻尼比正负号相反，这就从能量的角度证实了文献[4]提出的同类扭转振型具有干扰效应的特征。此外，多模态分析所得系统的颤振临界风速高于二模态分析结果，表明对于塞文桥，多模态的参与使系统趋于稳定。

按全部18阶模态组合，系统等效阻尼比随风速的变化见图5.5-3。在颤振临界状态，第一对称与反对称弯扭模态广义坐标位移的时程曲线见图5.5-4。

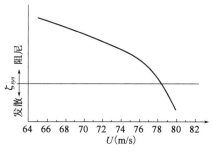
图 5.5-3 整体等效阻尼比随风速的变化曲线

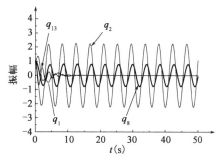
图 5.5-4 模态广义坐标位移时程响应

由图 5.5-3 可以看出,当风速低于颤振临界风速时,系统的等效阻尼比大于零,结构在外界干扰下将作阻尼振动,系统处于气动稳定状态;当风速大于颤振临界风速时,系统的等效阻尼比小于零,结构在外界干扰下将作发散振动,系统已经失稳;当风速等于颤振临界风速时,系统的等效阻尼等于零,其处于临界状态。

由图 5.5-4 可以看出,第一反对称弯扭模态广义坐标位移时程曲线随时间的增加很快衰减为一条直线,表明它们对系统的颤振稳定性没有贡献,且它们与对称模态互不耦合;第一对称弯扭模态广义坐标位移按同一频率-颤振频率作稳态谐和振动,二者按一定的幅值比和相位差相互耦合。

5.5.2 虎门大桥

5.5.2.1 桥梁简介

广东虎门大桥是跨度为 888m 的单跨简支悬索桥,东边跨主缆长 302.0m,西边跨主缆长 348.5m。虎门大桥主梁采用流线型扁平钢箱梁,梁宽 35.6m,梁高 3.012m,主缆间距 33.0m,矢跨比 $f/L = 1/10.5$。结构基本计算参数列于表 5.5-5。

虎门大桥主要结构参数　　表 5.5-5

构件	$E(MPa)$	$A(m^2)$	$J(m^4)$	$I_y(m^4)$	$I_z(m^4)$	$m(kg/m)$	$I_m(kg \cdot m^2/m)$
主梁	2.1×10^5	1.229	5.095 5	124.392	1.978 6	18.336×10^3	$1\,743.03 \times 10^3$
主缆(单根)	2.0×10^5	0.285 3	0.0	0.0	0.0	$2.396\,9 \times 10^3$	0.0
吊索	1.15×10^5	0.008 5	0.0	0.0	0.0	0.0	0.0
塔柱(上)	3.5×10^4	12.44	76.80	51.43	52.80	32.06×10^3	268.64×10^3
塔柱(中)	3.5×10^4	15.75	107.30	65.52	82.14	40.59×10^3	380.58×10^3
塔柱(下)	3.5×10^4	21.28	157.40	86.12	142.73	54.85×10^3	589.84×10^3

5.5.2.2 结构动力特性分析

利用空间杆系有限元法,建立结构的动力计算模型,如图 5.5-5 所示。模型中索塔、主梁采用空间梁单元模拟,主缆采用空间杆单元模拟,吊索与主梁上伸出的刚性横梁组成带刚臂的杆单元。约束条件为：主缆在锚碇处铰接，主梁在索塔处均为铰接，索塔塔柱在塔脚处固结。

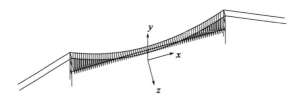

图 5.5-5　虎门大桥计算模型

采用集中质量矩阵及计入几何刚度矩阵影响的刚度矩阵，分析虎门大桥的动力特性，计算结果列于表 5.5-6（因桥梁颤振主要与主梁竖弯和扭转模态有关，限于篇幅，表中只列出了竖弯和扭转模态的计算结果）。

虎门大桥动力特性计算结果　　　　　　　　　　　表 5.5-6

阶次	模态频率(Hz)	模态特征	阶次	模态频率(Hz)	模态特征
2	0.113 2 (0.111 7)	反对称竖弯加纵漂	18	0.371 5 (0.368 2)	对称竖弯
3	0.162 8 (0.158 7)	纵漂加反对称竖弯	19	0.373 5	边跨主缆竖弯、带有主梁对称竖弯
4	0.172 4 (0.171 5)	对称竖弯	21	0.373 6 (0.397 4)	边跨主缆竖弯、带有主梁对称扭转
5	0.232 0 (0.225 1)	对称竖弯	22	0.441 2 (0.426 0)	反对称扭转
6	0.277 9 (0.276 5)	反对称竖弯	23	0.472 2 (0.467 3)	反对称竖弯
15	0.364 3	侧弯为主、带有对称扭转	28	0.589 7 (0.582 5)	对称竖弯
16	0.364 6 (0.361 6)	对称扭转	34	0.666 8 (0.643 0)	对称扭转

注：1."模态频率"一列（　）内的数字为文献[13]计算结果。
　　2.由于虎门大桥东西边跨主缆不对称(东边跨主缆长 302.0m，西边跨主缆长 348.5m)，因此不存在严格的对称和反对称振型。

由表 5.5-6 可以看出，本书关于虎门大桥动力特性的计算结果与文献[13]报道的结果相吻合，从而证实了本书关于该桥动力特性计算结果的可靠性。

虎门大桥部分弯扭模态的振型（主梁部分）如图 5.5-6 所示。

5.5.2.3　多模态颤振分析

对虎门大桥进行颤振分析时，结构各阶模态阻尼比 ζ_i 均取为 0.5%。不失一般性，主梁采用 Theodorsen 理论平板气动力。

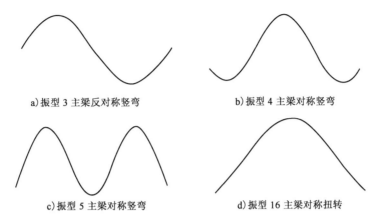

a) 振型 3 主梁反对称竖弯 b) 振型 4 主梁对称竖弯

c) 振型 5 主梁对称竖弯 d) 振型 16 主梁对称扭转

图 5.5-6 虎门大桥部分弯扭模态振型图

根据以上结构惯性、阻尼和气动参数,采用不同的模态组合方案,应用桥梁三维颤振分析的能量法对虎门大桥进行颤振分析,计算结果列于表 5.5-7。

虎门大桥颤振分析结果　　　　表 5.5-7

模态组合	对称模态			反对称模态		全部 14 阶模态
	4, 16	4, 5, 16	全部 9 阶	2, 22	全部 5 阶	
U_{cr}(m/s)	110.73	95.05	93.41	137.45	126.85	93.55
ω_{cr}(rad/s)	1.543	1.802	1.785	1.570	1.893	1.786

虎门大桥成桥状态的颤振临界风速(风攻角为 0°),全桥模型试验结果为 88.0m/s。本书多模态分析结果为 93.55m/s,该值与全桥模型试验结果相比增大 6.3%,这是由于主梁气动导数与 Theodorsen 函数之间的差异造成的。

由表 5.5-7 计算结果可以看出:一是虎门大桥颤振形态主要由对称模态控制,反对称模态的影响很小,反对称模态能够参与系统颤振是由于该桥东西边跨主缆长度略不对称引起的;二是多模态分析结果与二模态分析结果相差较大,且二模态分析结果偏于不安全,这就要求对该桥进行颤振分析时必须考虑多模态参与的耦合效应。

当按全部 14 阶模态组合进行颤振分析时,在风速 $U=90.0$m/s、$U=93.55$m/s、$U=95.0$m/s 三种工况下(颤振失稳前、颤振临界状态及颤振失稳后)第一阶对称扭转模态广义坐标位移 $q_{16}(t)$ 的时程响应如图 5.5-7 所示。系统的等效阻尼比随风速的变化曲线如图 5.5-8 所示。在颤振临界状态,系统等效阻尼比在模态空间的分布如图 5.5-9 所示。

由从计算结果可以看出:①当 $U<U_{cr}$ 时,$\zeta_{sys}>0$,系统耗能,系统处于气动稳定状态,此时 $q_{16}(t)$ 作衰减振动;②当 $U=U_{cr}$ 时,$\zeta_{sys}=0$,系统内部能量处于平衡状态,系统处于颤振临界状态,此时 $q_{16}(t)$ 作稳态谐和振动;③当 $U>U_{cr}$ 时,$\zeta_{sys}<0$,系统吸能,系统在自激力作用下将会失稳,此时 $q_{16}(t)$ 作发散振动。另外,系统的等效阻尼比主要分布在第 4、5、16 三阶模态,所以

按 4、5、16 三阶组合计算所得系统颤振临界风速、颤振频率与按 14 阶模态组合所得结果基本相等。此外还可看出,第一对称扭转模态的等效阻尼比为负值,表明其有使系统失稳的倾向,而竖弯模态的等效阻尼比均为正值,表明竖弯模态有使系统趋于稳定的倾向,且弯扭模态的等效阻尼比的和为零。

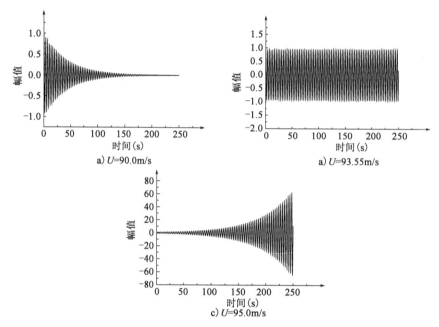

图 5.5-7　三种风速工况下 $q_{16}(t)$ 的时程响应

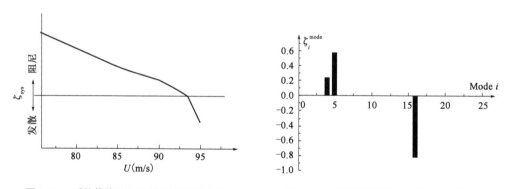

图 5.5-8　系统等效阻尼比随风速的变化曲线　　图 5.5-9　系统等效阻尼比在模态空间的分布

5.5.3　伶仃洋跨海大桥方案

5.5.3.1　桥梁方案简介

伶仃洋跨海大桥方案为三跨连续扁平钢箱梁悬索桥,桥跨布置为 438m + 1 450m + 438m,

矢跨比 $f/L_m = 1/10$,主缆间距 35.4m,主梁宽 38.0m。梁高为 5.0m 时,主梁横截面形式见图 5.5-10,结构基本参数列于表 5.5-8。

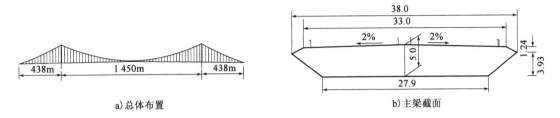

a) 总体布置　　　　　　　　　　　　　b) 主梁截面

图 5.5-10　伶仃洋跨海大桥方案示意图(尺寸单位:m)

伶仃洋跨海大桥方案基本结构参数　　　表 5.5-8

结构	E(MPa)	A(m^2)	J(m^4)	I_y(m^4)	I_z(m^4)	m(kg/m)	I_m(kg·m^2/m)
主梁	2.1×10^5	1.2845	15.4608	152.31	5.693	20.22×10^3	2187.0×10^3
主缆(单根)	2.0×10^5	0.467	0.0	0.0	0.0	4.1×10^3	0.0
吊索	1.4×10^5	0.0075	0.0	0.0	0.0	0.0	0.0
塔柱(上)	3.5×10^4	33.2	275.77	95.64	326.8	83.0×10^3	1056.0×10^3
塔柱(中)	3.5×10^4	36.2	381.60	111.4	412.0	90.5×10^3	1307.0×10^3
塔柱(下)	3.5×10^4	48.2	933.03	174.4	917.0	120.5×10^3	2727.0×10^3

注:吊索质量由主缆和主梁分担。

5.5.3.2　结构动力特性分析

利用空间杆系有限元法,建立结构动力计算模型,如图 5.5-11 所示。模型中索塔、主梁采用空间梁单元模拟,主缆采用空间杆单元模拟,吊索与主梁上伸出的刚性横梁组成带刚臂的杆单元。约束条件为:主缆在锚碇处铰接;索塔塔柱在塔脚处固结;主梁在塔处设纵向弹性约束、横向设抗风支座、并设液压抗扭装置,计算中偏于安全地仅将主梁横向位移由塔约束,其余自由度放松;主梁在端部设液压缓冲装置,计算中偏于安全地按纵向位移放松处理,竖向、横向线位移及扭转角位移约束,其余自由度放松。

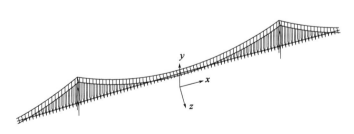

图 5.5-11　伶仃洋跨海大桥方案成桥状态计算模型

采用集中质量矩阵及计入几何刚度矩阵影响的刚度矩阵,分析伶仃洋跨海大桥方案的动力特性,第一对称及反对称弯扭模态振型如图5.5-12所示。伶仃洋跨海大桥方案竖弯和扭转模态的计算结果列于表5.5-9。

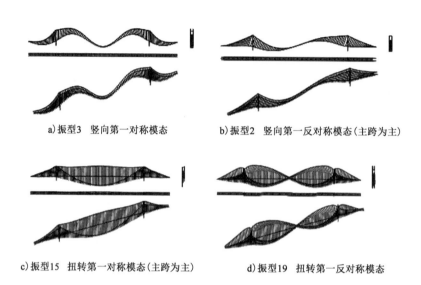

图5.5-12 伶仃洋跨海大桥方案第一对称及反对称弯扭模态振型

伶仃洋跨海大桥方案动力特性计算结果 表5.5-9

阶次	模态频率(Hz)	模态特征	阶次	模态频率(Hz)	模态特征
2	0.0875	反对称竖弯(主跨)加纵漂	16	0.2877	索塔同向振动、带有主梁反对称竖弯
3	0.1120	对称竖弯	17	0.2888	索塔异向振动、带有主梁对称竖弯
4	0.1121	反对称竖弯加纵漂	19	0.3098	反对称扭转
5	0.1496	对称竖弯	21	0.3247	反对称竖弯(主跨为主)
7	0.1666	反对称竖弯(边跨为主)	24	0.3671	对称竖弯(边跨为主)
9	0.2028	反对称竖弯(边跨为主)	25	0.3676	反对称竖弯(边跨为主)
13	0.2268	对称竖弯	27	0.3943	对称竖弯
14	0.2674	对称竖弯	31	0.4586	对称扭转
15	0.2751	对称扭转	32	0.4643	反对称竖弯

5.5.3.3 多模态颤振分析

对伶仃洋跨海大桥方案进行颤振分析时,结构各阶模态阻尼比 ζ_i 均取为0.5%。主梁的气动导数通过风洞试验获得。

(1) 主梁实测气动导数

在风攻角 $\alpha = 0°$ 和 $\alpha = +3°$ 两种工况下,主梁断面实测气动导数分别见图 5.5-13 和图 5.5-14（两种工况下 $A_4^* = 0$）。

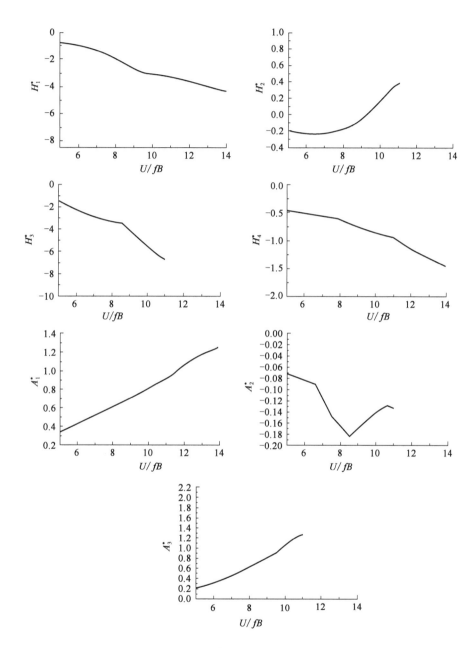

图 5.5-13　伶仃洋跨海大桥方案主梁气动导数(有栏杆,$\alpha = 0°$)

(2) 多模态颤振分析结果

根据以上结构惯性、阻尼和气动参数,采用不同的模态组合方案,应用桥梁三维颤振分析的能量法对伶仃洋跨海大桥方案进行多模态颤振分析,对于 $\alpha = 0°$ 和 $\alpha = +3°$ 两种工况下,颤振临界风速与颤振频率计算结果分别见表 5.5-10 和表 5.5-11;系统等效阻尼比随风速的变化分别如图 5.5-15 和图 5.5-16 所示;在颤振临界状态系统等效阻尼比在模态空间的分布分别如图 5.5-17 和图 5.5-18 所示,模态间的幅值相位关系则如图 5.5-19 和图 5.5-20 所示。

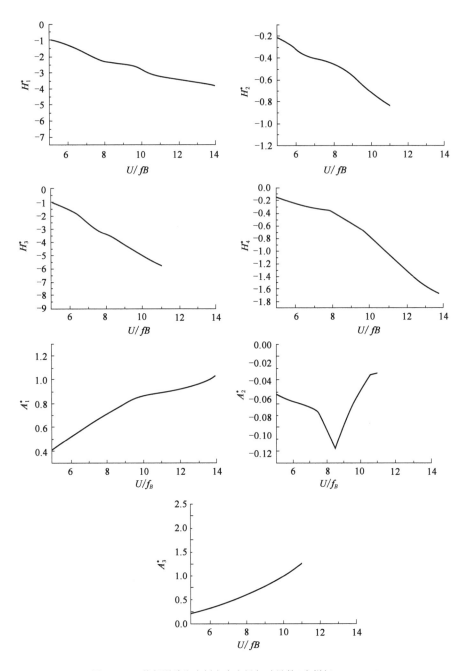

图 5.5-14　伶仃洋跨海大桥方案主梁气动导数(有栏杆,$\alpha = +3°$)

伶仃洋跨海大桥方案成桥状态($\alpha=0°$)颤振分析结果　　　　表 5.5-10

类型	对 称 模 态			反对称模态		全部18阶模态
模态组合	3, 15	3, 5, 13, 14, 15	全部9阶	2, 19	全部9阶	
U_{cr}(m/s)	80.77	81.78	82.00 (89.34)	99.95	91.65	82.00 (89.34)
ω_{cr}(rad/s)	1.462	1.517	1.521 (1.140)	1.550	1.683	1.521 (1.140)

注：( )内的数字为采用理论平板气动导数计算所得颤振临界风速，结构形状折减系数 η_s 取为 0.91。

伶仃洋跨海大桥方案成桥状态($\alpha=+3°$)颤振分析结果　　　　表 5.5-11

类型	对 称 模 态			反对称模态		全部18阶模态
模态组合	3, 15	3, 5, 13, 14, 15	全部9阶	2, 19	全部9阶	
U_{cr}(m/s)	65.01	61.35	61.30 (71.47)	92.90	75.75	61.30 (71.47)
ω_{cr}(rad/s)	1.57	1.60	1.60	1.66	1.78	1.60

注：( )内的数字为采用理论平板气动导数计算所得颤振临界风速，结构形状折减系数 η_s 取为 0.91，攻角效应折减系数 η_α 取为 0.8。

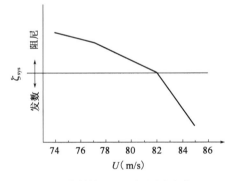

图 5.5-15　系统等效阻尼比随风速的变化($\alpha=0°$)

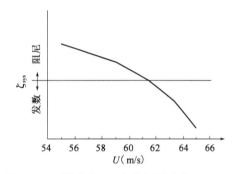

图 5.5-16　系统等效阻尼比随风速的变化($\alpha=+3°$)

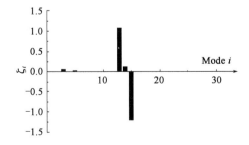

图 5.5-17　系统等效阻尼比在模态空间的分布($\alpha=0°$)

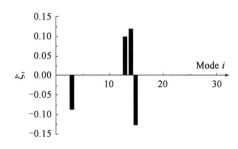

图 5.5-18　系统等效阻尼比在模态空间的分布($\alpha=+3°$)

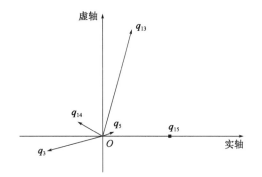
图 5.5-19 各阶模态间的幅值相位关系($\alpha=0°$)
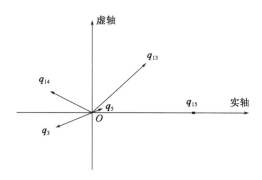
图 5.5-20 各阶模态间的幅值相位关系($\alpha=+3°$)

由计算结果可以看出,伶仃洋跨海大桥方案在 $\alpha=0°$ 和 $\alpha=+3°$ 两种工况下:①系统颤振形态均为对称位移模式。其原因同塞文桥,即由于对称扭弯模态基频的比值($f_{t_1}^s/f_{v_1}^s=2.456$)比反对称扭弯模态基频的比值($f_{t_1}^a/f_{v_1}^a=3.541$)小得多,且对称扭弯模态振型相似性较好;②频率高于第一对称扭转模态的高阶模态的参与对系统颤振稳定性的影响较小,这是因为系统的等效阻尼比主要分布在第一对称扭转模态及低阶对称竖弯模态上;③当风攻角 $\alpha=0°$ 时,多模态的参与将使得系统颤振临界风速提高,而当 $\alpha=+3°$ 时,多模态的参与则将使得系统颤振临界风速降低。在这两种工况下,系统等效阻尼比在模态空间的分布以及各阶模态间的幅值相位关系发生了显著的变化。

(3)颤振形态分析

以风攻角 $\alpha=0°$ 时的工况为例,按本书给出的计算方法分析伶仃洋跨海大桥方案的颤振形态。在颤振临界状态,伶仃洋跨海大桥方案在 1/2 周期内的颤振形态如图 5.5-21 所示。

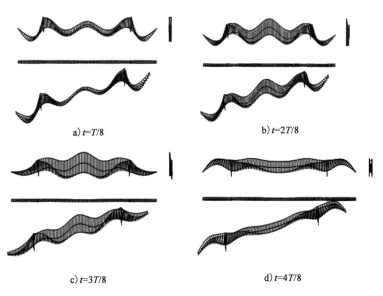

图 5.5-21 伶仃洋跨海大桥方案在 1/2 周期内的颤振形态示意图

5.6 结 论

本章从能量平衡的观点对桥梁的颤振稳定性进行研究,建立了桥梁多模态耦合颤振分析的能量方法。该方法构建了结构-气流系统等效阻尼比与系统能量变化率之间的关系,推演了系统以及各阶模态等效阻尼比的计算方法。由于模态等效阻尼比反映了模态间按一定的幅值比与相位差相互耦合,反映了系统颤振随时间的瞬变性质,而且可以反映各阶模态对系统颤振稳定性的贡献,因此有助于揭示系统颤振时多模态间的耦合机理。以塞文桥为算例,验证了能量方法的正确性。

对于主梁采用流线型扁平箱梁的悬索桥,若结构对称,结构的颤振形态一般为对称弯扭模态的耦合颤振,建议在分析系统的颤振稳定性时取对称模态组合。在多阶模态的选取方面,因第一阶对称扭转模态以上的高阶模态对系统的颤振稳定性的贡献很小,建议选取第一阶对称扭转模态与频率低于第一阶对称扭转模态的对称竖弯模态进行组合,必要时纳入第二阶对称扭转模态以及介于第一阶、第二阶对称扭转模态之间的对称竖弯模态。由于结构的多样性,有些结构对称的大跨悬索桥,可能会出现结构反对称扭弯模态基频的比值低于对称扭弯基频的比值的情况,建议同时选取反对称扭弯模态组合进行颤振稳定性分析。对于大跨斜拉桥,多模态之间的耦合效应比大跨悬索桥更加显著,高阶模态对系统颤振稳定性的贡献相对较大,而且有些侧弯模态也包含扭转分量,因此,建议选取第二阶对称/反对称扭转模态和相关的竖弯模态、包含扭转分量的侧弯模态组合进行颤振稳定性分析。

多模态间的耦合对不同体系悬索桥颤振临界风速的影响有较大的差异。对于三跨悬索桥(如塞文桥、伶仃洋跨海大桥方案等),多模态间的耦合将促使系统的颤振临界风速提高;但对于单跨悬索桥(如虎门大桥等),多模态间的耦合则可能使得系统的颤振临界风速降低。因此,对于单跨悬索桥,在预测系统的颤振临界风速时应特别引起注意:二维或二模态方法计算所得系统颤振临界风速可能偏于不安全。

本章参考文献

[1] Scanlan R H. The action of flexible bridges under wind,I:Flutter theory[J]. Journal of Sound and Vibration, 1978,60(2):187-199.

[2] Simiu E,Scanlan R H. 风对结构的作用:风工程导论[M]. 刘尚培,项海帆,谢霁明,译. 上海:同济大学出版社,1992.

[3] 谢霁明,项海帆. 桥梁三维颤振分析的状态空间法[J]. 同济大学学报,1985(3):5-17.

[4] 谢霁明,项海帆. 桥梁抗风设计的新概念——多振型耦合颤振[J]. 土木工程学报,1987,20(2):35-45.

[5] Agar T J A. Aerodynamic flutter analysis of suspension bridges by a modal technique[J]. Engineering Struc-

tures,1989,11(2):75-82.

[6] Namini A,Albrecht P,Bosch H. Finite Element—Based Flutter Analysis of Cable—Suspended Bridges[J]. Journal of Structural Engineering,1992,118(6):1509-1526.

[7] Tanaka H,Yamamura N,Shiraishi N. Multi-mode flutter analysis and two & three dimensional model tests on bridges with non-analogous modal shapes[J]. Doboku GakkaiRonbunshu,1993,1993(471):35-46.

[8] 陈政清.桥梁颤振临界风速值上下限预测与多模态参与效应[A].张相庭.结构风工程研究的新进展及应用[C].上海:同济大学出版社,1993:197-203.

[9] 廖海黎.大跨悬索桥风致振动研究[D].成都:西南交通大学,1996.

[10] 钟万勰.结构动力方程的精细时程积分法[J].大连理工大学学报,1994(2):131-136.

[11] 刘延柱,陈文良,陈立群.振动力学[M].北京:高等教育出版社,1998.

[12] 胡聿贤.地震工程学[M].北京:地震出版社,1988.

[13] 牛和恩.虎门大桥工程[J].第二册.悬索桥,1998.

[14] 刘高,王秀伟,强士中,等.大跨度悬索桥颤振分析的能量方法[J].中国公路学报,2000,13(3).

[15] 刘高,强士中,周述华.悬索桥颤振的多模态耦合及机理研究[J].土木工程学报,2001(3):59-66.

[16] 中华人民共和国行业标准 JTG/T D60-01—2004 公路桥梁抗风设计规范 [S].北京:人民交通出版社,2004.

第6章 桥梁多模态耦合抖振内力分析的虚拟激励法

6.1 概述

桥梁抖振是在脉动风作用下的一种随机振动现象,抖振内力响应是大跨桥梁抗风设计的重要方面。目前,桥梁抖振内力响应分析通常采用等效静力抖振荷载方法和随机振动方法。随着计算机技术和计算方法的改进,直接采用随机振动理论预测桥梁抖振内力响应的方法逐渐受到重视。随机振动方法计算结构抖振位移、加速度和内力响应等均在随机振动理论的统一框架下进行,而且能够方便地考虑多阶模态间的耦合影响。目前,传统随机振动方法在计算结构单元抖振内力响应时也需要进一步改进:①传统随机振动方法考虑了保留模态多模态耦合产生的单元抖振内力响应,忽略了高频模态对单元抖振内力响应的贡献;②传统随机振动方法考虑了单元杆端位移产生的单元杆端力,但没有计入单元上分布荷载产生的单元固端力影响。

针对桥梁抖振传统随机振动分析方面的局限性,基于虚拟激励法和有限元法,在频域建立一种新的桥梁抖振内力响应分析的随机振动高效分析方法。

6.2 桥梁多模态耦合抖振运动方程

本方法在桥梁抖振传统随机振动方法的基础上,在计算结构单元抖振内力响应时,同时考虑了保留模态多模态耦合产生的动力效应,以及保留模态外高频模态产生的拟静力效应。此外,单元抖振内力响应同时计入了单元杆端位移产生的单元杆端力和单元上分布荷载产生的单元固端力的贡献。

基于有限元法,桥梁抖振运动方程的矩阵表达式为:

$$M^s \ddot{\Delta}(t) + C^s \dot{\Delta}(t) + K^s \Delta(t) = F^{bu}(t) + F^{se}(t) \tag{6.2-1}$$

式中: M^s、C^s、K^s——$N \times N$ 阶的质量、阻尼和刚度矩阵,N 为结构自由度数目;

$F^{bu}(t)$、$F^{se}(t)$——N 维抖振力和气弹自激力向量;

$\Delta(t)$、$\dot{\Delta}(t)$、$\ddot{\Delta}(t)$——N 维位移、速度和加速度向量。

由脉动风引起的桥梁抖振力可表达为：

$$F^{bu}(t) = RP(t) \tag{6.2-2}$$

式中：$P(t)$——结构整体坐标系下作用在桥梁主梁、缆索和桥塔上的抖振力向量，其维数为 m，通常 $m \ll N$；

R——$N \times m$ 阶的变换矩阵，其元素由 0 和 1 构成。

$P(t)$ 的谱密度矩阵为 $S_P(\omega)$。

与结构运动有关的气弹自激力可表达为如下形式：

$$F^{se}(t) = K^{se}\Delta(t) + C^{se}\dot{\Delta}(t) \tag{6.2-3}$$

式中：K^{se}、C^{se}——$N \times N$ 阶的气弹刚度和阻尼矩阵。

将式(6.2-3)代入式(6.2-1)，整理可得：

$$M^s\ddot{\Delta}(t) + (C^s - C^{se})\dot{\Delta}(t) + (K^s - K^{se})\Delta(t) = F^{bu}(t) \tag{6.2-4}$$

在模态空间，桥梁抖振运动方程可表达为：

$$\overline{M}^s\ddot{q}(t) + \overline{C}\dot{q}(t) + \overline{K}q(t) = \overline{F}^{bu}(t) \tag{6.2-5}$$

其中：
$$\overline{M}^s = \Phi^T M^s \Phi$$

$$\overline{C} = \Phi^T C^s \Phi - \Phi^T C^{se} \Phi$$

$$\overline{K} = \Phi^T K^s \Phi - \Phi^T K^{se} \Phi$$

$$\overline{F}^{bu}(t) = \Phi^T RP(t)$$

式中：Φ——静风下结构的振型矩阵，通常取结构前若干阶振型参与计算，设截止模态阶数为 $n(n \ll N)$，则结构前 n 阶模态称为保留模态。

6.3 基于虚拟激励法的桥梁多模态耦合抖振内力分析方法

6.3.1 保留模态外高频模态拟静力效应的考虑

式(6.2-5)所示的抖振运动方程考虑了结构前 n 阶保留模态($n \ll N$)对结构抖振响应的动力效应，忽略了其余高频模态的贡献。Kiureghian 和 Schueller 等在结构地震响应分析中，建议按拟静力的方式近似处理保留模态外高频模态的贡献。此外，方勇等在分析圆拱顶屋盖的风致响应时也考虑了保留模态外高频模态的拟静力贡献。

保留模态外高频模态拟静力响应的计算原理：当在结构上施加低频外激励时，结构的高频模态近似做静力反应。按此原理，桥梁结构高频模态的抖振拟静力位移响应表达式为：

$$\Delta^{st}(t) = (K^{s-1} - \Phi \Lambda^{-1} \Phi^T) F^{bu}(t) \tag{6.3-1}$$

式中：$\boldsymbol{\Lambda}$——对角矩阵，$\boldsymbol{\Lambda} = diag[\omega_i^2]$，$diag[\ ]$为对角矩阵符号；

ω_i——结构的第 i 阶模态的固有圆频率。

6.3.2 结构抖振内力响应分析的虚拟激励法

抖振力 $\boldsymbol{P}(t)$ 的谱密度矩阵 $\boldsymbol{S}_P(\omega)$ 通常为非负定 Hermite 矩阵，对其进行如下分解：

$$\boldsymbol{S}_P(\omega) = \boldsymbol{L}^*(\omega)\boldsymbol{D}(\omega)\boldsymbol{L}^T(\omega) = \sum_{k=1}^{m} d_{kk}(\omega)\boldsymbol{L}_k^*(\omega)\boldsymbol{L}_k^T(\omega) \tag{6.3-2}$$

式中：$\boldsymbol{L}$——下三角矩阵；

$\boldsymbol{L}_k$——$\boldsymbol{L}$ 的第 k 列；

$\boldsymbol{D}$——对角矩阵；

d_{kk}——对角矩阵 $\boldsymbol{D}$ 的第 k 个对角元素。

基于随机振动的虚拟激励法，构造如下虚拟激励向量：

$$\boldsymbol{P}_k(\omega,t) = \sqrt{d_{kk}(\omega)}\boldsymbol{L}_k(\omega)\exp(j\omega t) \quad (k = 1,2,\cdots,m) \tag{6.3-3}$$

式中：$j = \sqrt{-1}$。

对于每一虚拟激励向量 $\boldsymbol{P}_k(\omega,t)$，由式(6.2-5)和式(6.3-1)分别计算结构保留模态的动态虚拟位移响应及高频模态的拟静力位移响应：

$$\boldsymbol{\Delta}_k^{dy}(\omega,t) = \boldsymbol{\Phi}\boldsymbol{H}(j\omega)\boldsymbol{\Phi}^T\boldsymbol{R}\boldsymbol{P}_k(\omega,t) \quad (k = 1,2,\cdots,m) \tag{6.3-4}$$

$$\boldsymbol{\Delta}_k^{st}(\omega,t) = (\boldsymbol{K}^{s-1} - \boldsymbol{\Phi}\boldsymbol{\Lambda}^{-1}\boldsymbol{\Phi}^T)\boldsymbol{R}\boldsymbol{P}_k(\omega,t) \quad (k = 1,2,\cdots,m) \tag{6.3-5}$$

式中：$\boldsymbol{H}(j\omega) = [-\omega^2\overline{\boldsymbol{M}}^s + j\omega\overline{\boldsymbol{C}}(\omega) + \overline{\boldsymbol{K}}(\omega)]^{-1}$，为频响函数矩阵。

则结构总的虚拟位移响应为：

$$\boldsymbol{\Delta}_k(\omega,t) = \boldsymbol{\Delta}_k^{dy}(\omega,t) + \boldsymbol{\Delta}_k^{st}(\omega,t) \tag{6.3-6}$$

在虚拟激励向量 $\boldsymbol{P}_k(\omega,t)$ 作用下，结构任一单元"e"的虚拟抖振内力响应 $\boldsymbol{f}_{e,k}(\omega,t)$ 包含两个部分：一部分是单元杆端位移产生的杆端力 $\boldsymbol{f}_{e,k}^{dis}(\omega,t)$，另一部分是单元上分布荷载产生的单元固端力 $\boldsymbol{f}_{e,k}^{fix}(\omega,t)$，即：

$$\boldsymbol{f}_{e,k}(\omega,t) = \boldsymbol{f}_{e,k}^{dis}(\omega,t) + \boldsymbol{f}_{e,k}^{fix}(\omega,t) \quad (k = 1,2,\cdots,m) \tag{6.3-7}$$

$$\boldsymbol{f}_{e,k}^{dis}(\omega,t) = \boldsymbol{k}_e^s\boldsymbol{\delta}_{e,k}(\omega,t) \quad (k = 1,2,\cdots,m) \tag{6.3-8}$$

$$\boldsymbol{f}_{e,k}^{fix}(\omega,t) = \boldsymbol{f}_{e,k}^{fix,m}(\omega,t) + \boldsymbol{f}_{e,k}^{fix,c}(\omega,t) + \boldsymbol{f}_{e,k}^{fix,se}(\omega,t) + \boldsymbol{f}_{e,k}^{fix,bu}(\omega,t) \quad (k = 1,2,\cdots,m)$$

$$\tag{6.3-9}$$

式中：$\boldsymbol{k}_e^s$——单元"e"的刚度矩阵；

$\boldsymbol{\delta}_{e,k}(\omega,t)$——单元"$e$"的杆端虚拟位移向量，从 $\boldsymbol{\Delta}_k(\omega,t)$ 中经过提取变换得到；

$f_{e,k}^{\text{fix,m}}(\omega,t)$、$f_{e,k}^{\text{fix,c}}(\omega,t)$——单元上分布的惯性力、阻尼力产生的单元固端力；

$f_{e,k}^{\text{fix,bu}}(\omega,t)$、$f_{e,k}^{\text{fix,se}}(\omega,t)$——单元上分布的气弹自激力、抖振力产生的单元固端力。

其表达式分别为：

$$f_{e,k}^{\text{fix,m}}(\omega,t) = m_e \ddot{\boldsymbol{\delta}}_{e,k}^{\text{dy}}(\omega,t) \quad (k=1,2,\cdots,m) \tag{6.3-10}$$

$$f_{e,k}^{\text{fix,c}}(\omega,t) = c_e \dot{\boldsymbol{\delta}}_{e,k}^{\text{dy}}(\omega,t) \quad (k=1,2,\cdots,m) \tag{6.3-11}$$

$$f_{e,k}^{\text{fix,se}}(\omega,t) = -k_e^{\text{se}} \boldsymbol{\delta}_{e,k}^{\text{dy}}(\omega,t) - c_e^{\text{se}} \dot{\boldsymbol{\delta}}_{e,k}^{\text{dy}}(\omega,t) \quad (k=1,2,\cdots,m) \tag{6.3-12}$$

$$f_{e,k}^{\text{fix,bu}}(\omega,t) = -r_e P_k(\omega,t) \quad (k=1,2,\cdots,m) \tag{6.3-13}$$

式中：m_e、c_e——单元"e"的质量和阻尼矩阵；

k_e^{se}、c_e^{se}——单元"e"的气弹刚度和阻尼矩阵；

r_e——单元"e"的提取变换矩阵，从 R 中经过提取变换得到；

$\boldsymbol{\delta}_{e,k}^{\text{dy}}(\omega,t)$——单元"$e$"的杆端虚拟动态位移向量，从 $\Delta_k^{\text{dy}}(\omega,t)$ 中经过提取变换得到；

$$\dot{\boldsymbol{\delta}}_{e,k}^{\text{dy}}(\omega,t) = \partial \boldsymbol{\delta}_{e,k}^{\text{dy}}(\omega,t)/\partial t;$$

$$\ddot{\boldsymbol{\delta}}_{e,k}^{\text{dy}}(\omega,t) = \partial \dot{\boldsymbol{\delta}}_{e,k}^{\text{dy}}(\omega,t)/\partial t。$$

结构单元"e"抖振内力响应的谱矩阵和均方差响应分别为：

$$S_{f_e}(\omega) = \sum_{k=1}^{m} f_{e,k}^{*}(\omega,t) f_{e,k}^{\text{T}}(\omega,t) \tag{6.3-14}$$

$$\boldsymbol{\sigma}_{f_e} = \sqrt{\int_0^\infty \hat{S}_{f_e}(\omega)\,\mathrm{d}\omega} \tag{6.3-15}$$

式中：$\hat{S}_{f_e}(\omega)$——由 $S_{f_e}(\omega)$ 的对角元素组成的自谱密度向量。

结构单元"e"抖振内力的统计峰值响应为：

$$\hat{\boldsymbol{\sigma}}_{f_e} = g_{f_e} \boldsymbol{\sigma}_{f_e} \tag{6.3-16}$$

式中：g_{f_e}——峰值因子矩阵；g_{f_e} 为一个对角矩阵，其第 i 个对角元素为：

$$g_{f_{e,i}} = \sqrt{2\ln(v_{f_{e,i}}T)} + \frac{0.5772}{\sqrt{2\ln(v_{f_{e,i}}T)}} \tag{6.3-17}$$

$$v_{f_{e,i}} = \frac{1}{2\pi} \frac{\sqrt{\int_0^\infty \omega^2 \hat{S}_{f_{e,i}}(\omega)\,\mathrm{d}\omega}}{\sqrt{\int_0^\infty \hat{S}_{f_{e,i}}(\omega)\,\mathrm{d}\omega}} \tag{6.3-18}$$

式中：T——响应的平均周期；

$\hat{S}_{f_{e,i}}(\omega)$——$\hat{S}_{f_e}(\omega)$ 的第 i 个元素。

传统桥梁抖振分析方法不考虑保留模态外高频模态的贡献。与式(6.3-6)相比，按虚拟激励法计算结构的位移响应时传统方法仅包含动态位移响应部分，即：

$$\mathbf{\Delta}_k(\omega,t) = \mathbf{\Delta}_k^{\text{dy}}(\omega,t) = \mathbf{\Phi} H(j\omega) \mathbf{\Phi}^{\text{T}} \mathbf{R} P_k(\omega,t) \quad (k=1,2,\cdots,m) \quad (6.3\text{-}19)$$

传统桥梁抖振分析方法计算单元"e"的抖振内力响应时不考虑单元上分布荷载产生的单元固端力。与式(6.3-7)相比,按虚拟激励法计算结构单元"e"的抖振内力响应时传统方法仅包含单元杆端位移产生的杆端力,即:

$$\bm{f}_{e,k}(\omega,t) = \bm{f}_{e,k}^{\text{dis,dy}}(\omega,t) = \bm{k}_e^s \bm{\delta}_{e,k}^{\text{dy}}(\omega,t) \quad (k=1,2,\cdots,m) \quad (6.3\text{-}20)$$

6.4 桥梁多模态耦合抖振内力分析的程序开发

6.4.1 桥梁抖振分析中对非线性效应的考虑

众所周知,大跨度桥结构十分轻柔,非线性效应不容忽视。然而在模态空间中又不能进行非线性分析。在抖振分析中,通过如下过程考虑非线性影响:

(1)首先对结构进行空气静力非线性分析,确定结构在静风作用下的位形和内力,在此基础上对结构进行动力特性分析。这一步考虑了结构在静风作用下的几何非线性影响。

(2)基于以上计算得到的结构动力特性进行抖振分析。因主梁的静风力系数、气动导数与风攻角有关,而主梁的有效风攻角沿桥跨变化(因静风引起的主梁扭转角沿桥跨变化),抖振分析中按不同的风攻角确定主梁各单元的抖振力和自激气动力。这一步考虑了结构由于静风作用引起的气动非线性影响。

空气静力非线性(包括结构几何非线性与气动非线性)是抖振分析中的主要非线性来源,而且上述抖振非线性分析过程比较省时(与物理坐标非线性时域分析法相比),因此是一种很有实用价值的抖振分析方法。目前,已有文献按上述分析过程针对斜拉桥和悬索桥进行了非线性抖振分析的尝试。

6.4.2 主梁单元有效攻角的计算

在抖振分析中,欲确定作用在主梁单元上的抖振力和气弹自激力,必须首先确定主梁单元的有效风攻角。

作用在主梁单元上的风的有效攻角 α 主要来自两个方面:初始风攻角 α_0 和静风荷载产生的攻角 α_w。下面分别从这两个方面展开讨论。

(1)主梁单元的初始风攻角 α_0 是指风向与恒载状态下主梁单元平面间的夹角,其由主梁在恒载作用下的位形及风场信息确定。

(2)静风荷载产生的攻角 α_w 是指由于静风荷载作用使主梁产生的扭转角。因主梁静力三分力系数 C_D、C_L 和 C_M 是主梁总的有效风攻角 α 的函数,因此在计算 α_w 时须通过几何非线性迭代分析。

对于第 k 个主梁单元,其风攻角 α_k 为:

$$\alpha_k = \alpha_{k,0} + \alpha_{k,w} \tag{6.4-1}$$

6.4.3 桥梁多模态耦合抖振内力分析的流程图

桥梁多模态耦合抖振内力分析流程如图 6.4-1 所示。

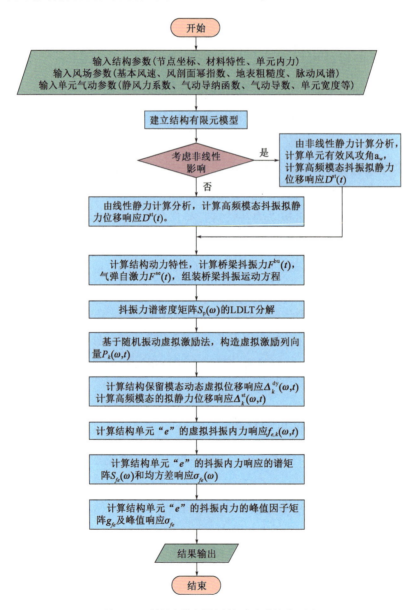

图 6.4-1 桥梁多模态耦合抖振内力分析流程图

6.5 桥梁多模态耦合抖振内力分析实例

6.5.1 西堠门大桥桥塔抖振内力分析

6.5.1.1 西堠门大桥及索塔计算模型

舟山大陆连岛工程西堠门大桥跨越西堠门水道,如图6.5-1所示。主桥为主跨1 650m的两跨连续钢箱梁悬索桥,北边跨及主跨为悬吊结构,主缆矢跨比为1/10,索塔为塔柱和横梁组成的门式框架混凝土结构,塔高211.286m。

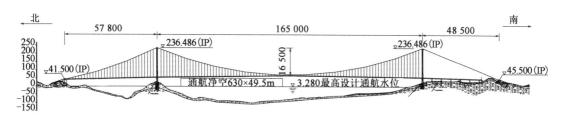

图6.5-1 西堠门大桥总体布置(尺寸单位:cm;高程单位:m)

在施工期间和成桥阶段,风荷载作用下结构的内力响应是控制西堠门大桥索塔设计的一项关键因素。本节以西堠门大桥北索塔为例(图6.5-2),针对施工最大悬臂状态、成桥阶段运营状态和成桥阶段100年一遇大风作用等三种状态,考虑0°和90°两种水平风偏角,基于空间有限元模型计算索塔在静风及脉动风作用下的内力响应,分析塔柱结构在不同工况下的风致内力总响应和阵风响应系数。其中,索塔在静风作用下的内力响应采用常规的结构静力有限元法计算,索塔在脉动风作用下的抖振内力响应则采用桥梁多模态耦合抖振内力分析的虚拟激励法进行求解。

在风荷载作用下,索塔上将会产生沿顺风方向的阻力和沿横风方向的摇摆力。因此,需要建立结构空间计算模型分析索塔的风载内力响应。根据索塔的受力特点,建模时假定索塔在塔底固结,并考虑结构初始轴力对结构几何刚度的贡献。在施工期间,索塔处于悬臂状态,可以方便地采用空间梁单元建立结构的计算模型。在成桥状态,索塔塔顶将受到主缆的弹性约束作用,此处将主缆的弹性约束作用模拟为弹簧,如图6.5-3所示。

对于西堠门大桥的北索塔,K_S和K_C分别为北边跨、中跨和南边跨主缆对北索塔提供的弹性约束刚度。K_S和K_C可近似按下式计算:

$$K_S = \frac{EA_{S1}}{L_{S1}} \tag{6.5-1}$$

$$K_C = \frac{EA_C}{L_C + L_{S2}} \tag{6.5-2}$$

式中: E——主缆的弹性模量;

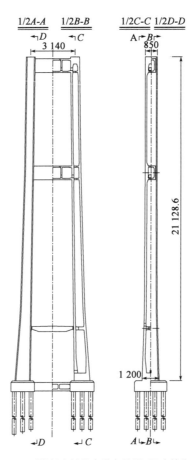

图 6.5-2 西堠门大桥北索塔布置图(尺寸单位:cm)

A_{S1}、A_C——北边跨和中跨主缆的截面积;

L_{S1}、L_C、L_{S2}——北边跨、中跨和南边跨主缆的跨度。

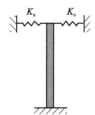

图 6.5-3 主缆对索塔弹性约束作用示意图

在成桥状态,进行索塔动力分析时需要考虑由主缆、吊索和加劲梁等上部结构产生的惯性效应。为了模拟上部结构的惯性效应,在索塔塔柱的顶部设置了一个集中质量 M:

$$M = \frac{P}{g} \tag{6.5-3}$$

式中:P——由上部结构传来的竖向力;

g——重力加速度。

采用研发的桥梁动力分析软件 BDAS(Bridge Dynamic Analysis System)对西堠门大桥北索塔进行固有动力特性分析。分析中采用子空间迭代法进行特征值计算,采用集中质量矩阵及计入几何刚度矩阵影响的刚度矩阵。索塔在施工最大悬臂状态的结构前 4 阶模态频率和振型如图 6.5-4 所示,在成桥运营状态的结构前 4 阶模态频率和振型如图 6.5-5 所示。

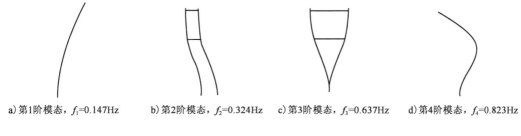

a) 第1阶模态，f_1=0.147Hz　　b) 第2阶模态，f_2=0.324Hz　　c) 第3阶模态，f_3=0.637Hz　　d) 第4阶模态，f_4=0.823Hz

图 6.5-4　索塔在施工最大悬臂状态的结构模态频率和振型

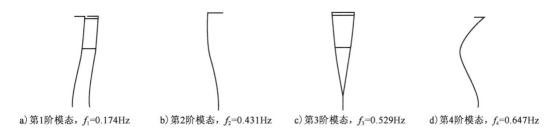

a) 第1阶模态，f_1=0.174Hz　　b) 第2阶模态，f_2=0.431Hz　　c) 第3阶模态，f_3=0.529Hz　　d) 第4阶模态，f_4=0.647Hz

图 6.5-5　索塔在成桥运营状态的结构模态频率和振型

6.5.1.2　风参数及结构气动参数

（1）风参数

假定大气边界层内风速沿铅直高度的分布服从幂指数律，$V_Z/V_{10}=(Z/Z_{10})^\alpha$，其中 Z 表示离开水面的高度，α 为幂指数。西堠门大桥桥位处设计基本风速为 $V_{10}=41.12\text{m/s}$，幂指数 α 在海拔高度70m以下取0.16，在海拔高度70m以上取0.14。对索塔这类高耸结构，其抖振响应分析中需考虑水平顺风向和水平横风向的脉动风速。这两种脉动风速的功率谱密度分别为 $S_u(n)$ 和 $S_v(n)$，其表达式如下：

$$\frac{nS_u(n)}{u_*^2}=\frac{200f}{(1+50f)^{\frac{5}{3}}},\frac{nS_v(n)}{u_*^2}=\frac{15f}{(1+9.5f)^{\frac{5}{3}}} \tag{6.5-4}$$

式中：$f=nZ/V(Z)$；

n——脉动风速的频率；

u_*——气流摩阻速度，地表粗糙度取为0.01。

（2）桥塔气动力系数

索塔塔柱的阻力系数 C_D 和升力系数 C_L 分别定义为：$C_D=F_D/(0.5\rho V^2B)$，$C_L=F_L/(0.5\rho V^2B)$，其中，ρ 为空气密度，B 为索塔的特征宽度，F_D 和 F_L 分别为作用在索塔塔柱上的阻力和摇摆力，如图 6.5-6 所示。图中，β 为风的水平偏角。塔柱的阻力系数和升力系数随塔柱的截面位置和水平风偏角的变化而改变，利用研发的桥梁结构数值风洞模拟软件，模拟得到两个典型塔柱横断面的气动力系数，计算结果如表 6.5-1 所示。

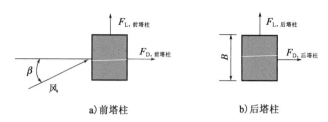

图 6.5-6 作用在塔柱上的气动力示意图

塔柱的气动力系数 表 6.5-1

B(m)	β	$C_{D,前塔柱}$	$C_{L,前塔柱}$	$C_{D,后塔柱}$	$C_{L,后塔柱}$
8.5	0°	1.45	0.00	0.90	−0.04
	90°	0.17	0.82	−0.14	0.82
9.377	0°	1.31	0.06	1.54	0.06
	90°	0.19	1.06	−0.28	1.06

(3) 气动导纳函数

选用 Davenport 气动导纳函数来修正准定常抖振力,如式(6.5-5)所示:

$$|\chi_D(n)|^2 = 2(c - 1 + e^{-c})/c^2, c = \lambda n D/V \quad (6.5\text{-}5)$$

式中:λ——衰减系数,通常取为 7;

D——构件沿展向的宽度;

V——平均风速。

(4) 桥塔结构气动导数

对于桥塔结构,考虑与结构顺风向运动有关的气动阻尼。与结构顺风向有关的气动阻尼可以通过气动导数 P_1^* 描述。P_1^* 的准定常表达式为 $P_1^* = -2C_D/K$,式中 C_D 为阻力系数,K 为折算频率。

6.5.1.3 索塔风致内力响应分析

针对北索塔在施工最大悬臂状态和成桥阶段,同时考虑 0° 和 90° 两种水平风偏角,如表 6.5-2 所示。

分 析 工 况 表 6.5-2

工 况	结 构 状 态	β	V_{10}(m/s)
1	施工阶段最大悬臂状态	0°	36.19
2	施工阶段最大悬臂状态	90°	36.19
3	成桥阶段,运营状态*	0°	18.77
4	成桥阶段,运营状态*	90°	18.77
5	成桥阶段,100 年一遇大风作用状态	0°	41.12
6	成桥阶段,100 年一遇大风作用状态	90°	41.12

注:桥梁运营状态,桥面高度处的风速为 25m/s。

对于结构内力分析结果,在此仅给出索塔塔柱上4个控制截面的弯矩响应,即:①上塔柱与上横梁连接处截面 S1;②上塔柱与中横梁连接处截面 S2;③中塔柱下部突变处截面 S3;④塔柱塔底截面 S4。

(1)施工最大悬臂状态

在施工最大悬臂状态,北索塔塔柱在风荷载作用下的弯矩响应及阵风响应系数见表6.5-3。在90°风偏角下,塔柱塔底截面 S4 沿横桥轴向的弯矩响应谱见图6.5-7。

塔柱在施工最大悬臂状态的弯矩响应   表6.5-3

截面位置	0°风偏角,顺桥轴向弯矩响应(t·m)				90°风偏角,横桥轴向弯矩响应(t·m)			
	静风	抖振	总响应	阵风响应系数	静风	抖振	总响应	阵风响应系数
S1	2 211	1 725	3 936	1.780	252	219	471	1.871
S2	9 498	6 310	15 808	1.664	8 771	5 314	14 085	1.606
S3	-9 641	6 305	15 946	1.654	32 210	16 795	49 005	1.521
S4	-24 080	14 449	38 529	1.600	47 290	23 432	70 722	1.495

注:本表中所列"静风"为静风引起的结构内力响应,"抖振"为脉动风引起的结构抖振内力响应的统计峰值,"总响应"为两者绝对值的总和,"阵风响应系数"为"总响应"与"静风"响应绝对值的比值,以下同。

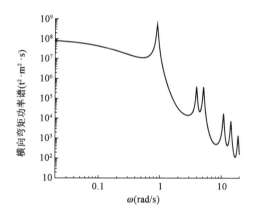

图6.5-7 塔底截面的横桥轴向弯矩响应谱(90°风偏角)

由表6.5-3结果可知,北索塔施工最大悬臂状态,在0°和90°风偏角下,随着塔柱高程的降低,塔柱风致弯矩响应呈现逐渐增大的趋势,而阵风响应系数呈现逐渐减小的趋势。在塔柱塔底截面 S4 处,结构风致弯矩响应达到最大值,其中,在0°风偏角下,结构风致顺桥轴向弯矩总响应为38 529t·m;在90°风偏角下,结构风致横桥轴向弯矩总响应为70 722t·m。塔柱风致弯矩阵风响应系数在控制截面 S1 处最大,但截面 S1 处的弯矩响应值很小,与塔柱塔底截面 S4 处的弯矩响应相比相差1个数量级。除 S1 截面外,在0°风偏角下,塔柱风致顺桥轴向弯矩阵风响应系数的变化范围为1.600~1.664;在90°风偏角下,塔柱风致横桥轴向弯矩阵风响应系数的变化范围为1.495~1.606。

由图 6.5-7 可知,塔柱塔底截面 S4 横桥轴向弯矩响应的背景分量和共振分量都很重要;对于共振分量部分,索塔的第一阶侧弯模态起主导作用,表现为横桥轴向弯矩响应谱曲线在第一阶侧弯模态频率($\omega_1 = 2\pi f_1 = 0.92 \text{rad/s}$)附近出现高耸的尖峰,峰值为 $5.346 \times 10^8 \text{ t}^2 \cdot \text{m}^2 \cdot \text{s}$。

(2)成桥运营状态和100年一遇大风作用状态

在成桥运营状态和100年一遇大风作用状态,北索塔塔柱在风荷载作用下的弯矩响应分别见表6.5-4和表6.5-5。

塔柱在成桥阶段的弯矩响应(运营状态) 表6.5-4

截面位置	0°风偏角,顺桥轴向弯矩响应(t·m)				90°风偏角,横桥轴向弯矩响应(t·m)			
	静风	抖振	总响应	阵风响应系数	静风	抖振	总响应	阵风响应系数
S1	496	573	1 070	2.155	-328.2	78	406	1.238
S2	2 523	1 442	3 965	1.572	-1 242	369	1 611	1.297
S3	-2 570	1 448	4 018	1.563	1 193	355	1 548	1.297
S4	-6 370	3 209	9 579	1.504	3 477	930	4 407	1.267

塔柱在成桥阶段弯矩响应(100年一遇大风作用状态) 表6.5-5

截面位置	0°风偏角,顺桥轴向弯矩响应(t·m)				90°风偏角,横桥轴向弯矩响应(t·m)			
	静风	抖振	总响应	阵风响应系数	静风	抖振	总响应	阵风响应系数
S1	2 383	4 393	6 776	2.843	-1 576	447	2 023	1.284
S2	12 110	9 146	21 256	1.755	-5 962	2 121	8 083	1.356
S3	-12 330	9 151	21 481	1.742	5 727	2 031	7 758	1.355
S4	-30 570	19 588	50 158	1.641	16 690	5 301	21 991	1.318

在 0°风偏角下,在北索塔成桥运营状态和100年一遇大风作用状态,随着塔柱高程的降低,塔柱风致弯矩响应呈现逐渐增大的趋势,而阵风响应系数呈现逐渐减小的趋势。在塔柱塔底截面 S4 处,结构风致弯矩响应达到最大值,其中,在成桥运营状态,结构风致顺桥轴向弯矩总响应为 9 579t·m;在成桥100年一遇大风作用状态,结构风致顺桥轴向弯矩总响应为 50 158t·m。塔柱结构风致弯矩阵风响应系数在控制截面 S1 处最大,但截面 S1 处的弯矩响应值很小,与塔柱塔底截面 S4 处的弯矩响应相比相差 1 个数量级。除 S1 截面外,与施工最大悬臂状态相比,在成桥阶段塔柱结构风致顺桥轴向弯矩阵风响应系数变化不大,其中,在成桥运营状态,塔柱结构风致顺桥轴向弯矩阵风响应系数的变化范围为 1.504~1.572;在成桥100年一遇大风作用状态,塔柱结构风致顺桥轴向弯矩阵风响应系数的变化范围为 1.641~1.755。

在 90°风偏角下,在北索塔成桥运营状态和 100 年一遇大风作用状态,随着塔柱高程的降低,塔柱风致弯矩响应呈现逐渐增大的趋势,而阵风响应系数变化不大。在塔柱塔底截面 S4 处,结构风致弯矩响应达到最大值,其中,在成桥运营状态,结构风致横桥轴向弯矩总响应为 4 407t·m;在成桥 100 年一遇大风作用状态,结构风致横桥轴向弯矩总响应为 21 991t·m。塔柱结构风致弯矩阵风响应系数在控制截面 S1 处最小,但截面 S1 处的弯矩响应值很小,与塔柱塔底截面 S4 处的弯矩响应相比相差 1 个数量级。除 S1 截面外,在成桥阶段主缆为索塔顺桥轴向运动提供强大的约束作用,与施工最大悬臂状态相比,成桥阶段塔柱结构风致横桥轴向弯矩阵风响应系数较小,其中,在成桥运营状态,塔柱结构风致横桥轴向弯矩阵风响应系数的变化范围为 1.267~1.297;在成桥 100 年一遇大风作用状态,塔柱结构风致横桥轴向弯矩阵风响应系数的变化范围为 1.318~1.356。

针对西堠门大桥北索塔的施工最大悬臂状态、成桥运营状态和 100 年一遇大风作用状态这三种状态,同时考虑 0°和 90°两种水平风偏角,基于空间有限元模型分析塔柱结构在不同工况下的风致内力总响应及阵风响应系数。计算结果表明:在上述三种状态,随着塔柱高程的降低,塔柱风致弯矩响应呈现逐渐增大的趋势,而阵风响应系数呈现逐渐减小的趋势。在 0°风偏角下,塔柱塔底截面在上述三种状态下顺桥轴向弯矩总响应分别为 38 529t·m、9 579t·m 和 50 158t·m,阵风响应系数分别为 1.600、1.504 和 1.641;在 90°风偏角下,塔柱塔底截面在上述三种状态下横桥轴向弯矩总响应分别为 70 722t·m、4 407t·m 和 21 991t·m,阵风响应系数分别为 1.495、1.267 和 1.318。

6.5.2 青马大桥抖振内力分析

6.5.2.1 香港青马大桥计算模型

香港青马大桥全长约 2 000m,主跨 1 377m,桥面宽 41m,主梁外形是安装风嘴的桁架式结构。该桥三维有限元模型如图 6.5-8 所示,其中主梁和索塔采用三维梁单元模拟,主缆和吊索采用三维杆单元模拟,考虑了单元初始应力的影响。桥梁竖向、横向及扭转的前两阶振型见表 6.5-6。

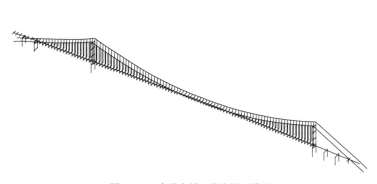

图 6.5-8 青马大桥三维有限元模型

青马大桥前两阶竖向、横向及扭转的振型　　　　　表6.5-6

频　　率	振　型　图
一阶竖向振型 $f_{V1} = 0.117\,\text{Hz}$	
二阶竖向振型 $f_{V2} = 0.137\,\text{Hz}$	
一阶横向振型 $f_{L1} = 0.068\,\text{Hz}$	
二阶横向振型 $f_{L2} = 0.158\,\text{Hz}$	
一阶扭转振型 $f_{T1} = 0.271\,\text{Hz}$	

续上表

频 率	振 型 图
二阶扭转振型 $f_{T2}=0.311\mathrm{Hz}$	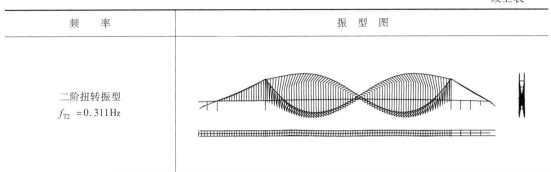

气流剪切风速按场地类型取为 $u_*=1.69\mathrm{m/s}$。平均风速沿高度的变化遵循指数律,即 $U(z)=U_r(z/z_r)^\alpha$,按场地类型取 $\alpha=0.33$。将桥面高度处的平均风速定为参考平均风速 $U_r=25.0\mathrm{m/s}, z_r=75.314\mathrm{m}$。水平顺风向脉动风的自谱 $S_u(z,n)$ 选用 Simiu 谱,竖向脉动风的自谱 $S_w(z,n)$ 选用 Lumley 谱,水平和竖向脉动风的互谱 $C_{uw}(z,n)$ 选用 Kaimal 谱。

主梁静力系数和颤振导数选用香港青马大桥主梁风攻角为 0° 时的风洞试验结果,主梁气动导纳函数取为 1.0。主缆阻力系数取为 1.0,主缆气动导纳函数取为 1.0。分析中暂不考虑作用在桥塔上的气动力。

为了考察保留模态多模态耦合产生的动力效应、高频模态拟静力效应、单元上分布荷载产生的单元固端力、主缆上的抖振荷载等因素对主梁单元抖振内力响应的影响,选取结构前 20 阶模态参与计算,分析比较了如下 4 种工况,如表 6.5-7 所示。在计算中频率积分范围取 $\omega\in[0.22,3.22]\mathrm{rad/s}$,频率积分步长均取为 $\Delta\omega=0.005\mathrm{rad/s}$。

分析工况 表 6.5-7

工况	是否包括单元上分布荷载产生的单元固端力	是否包括保留模态外高频模态的拟静力贡献	是否包括主缆上的抖振荷载
1	否	否	否
2	是	否	否
3	否	是	否
4	是	否	是

6.5.2.2 单元上分布荷载产生的单元固端力

在工况 1 和工况 2 两种情况下,主梁的侧向剪力、竖向剪力和扭矩响应的计算结果分别见图 6.5-9 ~ 图 6.5-11,主梁竖向弯矩、侧向弯矩响应的计算结果在这两种工况下基本一致,结果从略。由分析结果可知:单元上分布荷载产生的单元固端力对主梁单元的侧向剪力影响很小,但对主梁单元的竖向剪力和扭矩响应具有一定的影响,尤其对于无吊索跨主梁单元的抖振内力响应影响较大。

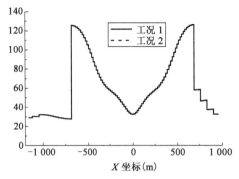

图 6.5-9　主梁侧向剪力均方差响应(kN)

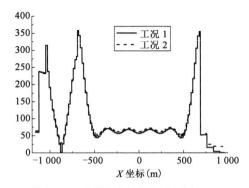

图 6.5-10　主梁竖向剪力均方差响应(kN)

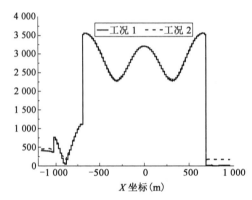

图 6.5-11　主梁扭矩均方差响应(kN·m)

6.5.2.3　高频模态拟静力效应

在工况 1 和工况 3 两种情况下,主梁的侧向剪力、竖向剪力、扭矩、侧向弯矩、竖向弯矩响应的计算结果分别见图 6.5-12～图 6.5-16。从结果可以看出:高频模态拟静力效应对主梁单元的侧向剪力、侧向弯矩响应的贡献很小,但对主梁单元的竖向剪力、竖向弯矩和扭矩响应具有一定的影响,尤其对于无吊索跨主梁单元的竖向剪力和扭矩响应贡献很大。

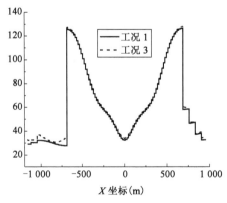

图 6.5-12　主梁侧向剪力均方差响应(kN)

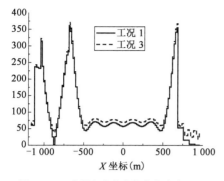

图 6.5-13　主梁竖向剪力均方差响应(kN)

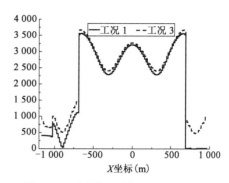

图 6.5-14　主梁扭矩均方差响应(kN·m)

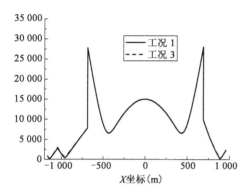

图 6.5-15　主梁侧向弯矩均方差响应(kN·m)

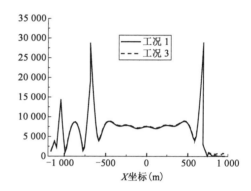

图 6.5-16　主梁竖向弯矩均方差响应(kN·m)

6.5.2.4　主缆上的抖振荷载

在工况 2 和工况 4 两种情况下,主梁侧向剪力和侧向弯矩的计算结果分别见图 6.5-17 和图 6.5-18。可以看出:计入作用在主缆上的抖振荷载后,主梁侧向剪力和侧向弯矩均有较大幅度的提高。与工况 4 相比,在工况 2 情况下,主梁侧向剪力在主跨跨中处低估约 15.8%,塔梁结合处约 23.5%;主梁侧向弯矩在主跨跨中处低估约 28.0%,塔梁结合处约 27.8%。

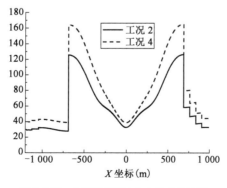

图 6.5-17　主梁侧向剪力均方差响应(kN)

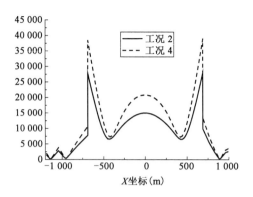

图 6.5-18 主梁侧向弯矩均方差响应(kN·m)

6.5.2.5 抖振内力的统计峰因子估计

工况 4 情况下,取响应的平均周期 $T=600\mathrm{s}$,按 Davenport 统计峰因子估计方法,计算得主梁竖向弯矩的统计峰因子沿桥跨的分布见图 6.5-19。可以看出,主梁竖向弯矩的统计峰因子在 3.5 附近区域变化,最大值小于 4.0。

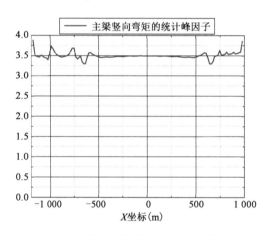

图 6.5-19 主梁竖向弯矩统计峰因子沿桥跨的分布

本章在频域建立了一种新的桥梁抖振内力分析的随机振动方法,该方法能够考虑多模态耦合效应,能够计算单元上分布荷载产生的单元固端力的影响,并通过计入结构保留模态外高频模态的拟静力效应来比较全面地考虑脉动风对桥梁结构抖振内力响应的影响;在此基础上研究了大跨悬索桥主梁抖振内力响应的分布规律,分析结果表明:

(1)单元上分布荷载产生的单元固端力对主梁单元抖振内力响应有一定贡献,计入这部分贡献后结构抖振内力响应分析结果更为合理;

(2)保留模态多模态耦合产生的动力效应对主梁抖振内力响应占据主导地位,高频模态拟静力效应对主梁单元的竖向剪力、竖向弯矩和扭矩响应具有一定的影响;

(3)作用在主缆上的抖振荷载对主梁侧向剪力和侧向弯矩的贡献很大,忽略这部分荷载

将严重低估主梁侧向的抖振内力响应;

(4)主梁竖向弯矩的统计峰因子可偏安全地取为 4.0。

本章参考文献

[1] Davenport A G. Buffeting of a suspension bridge by storm winds[J]. Journal of the Structural Division, 1962, 88(3): 233-270.

[2] Simiu E, Scanlan R H. Wind Effects on Structures, 3d ed., Wiley, NewYork, 1996.

[3] Kasperski M, Niemann H J. The L. R. C. (load-response-correlation)-method a general method of estimating unfavourable wind load distributions for linear and non-linear structural behaviour[J]. Journal of Wind Engineering & Industrial Aerodynamics, 1992, 43(1-3):1753-1763.

[4] Chen X, Kareem A. Equivalent static wind loads for buffeting response of bridges[J]. Journal of Structural Engineering, 2001, 127(12): 1467-1475.

[5] Holmes J D. Effective static load distributions in wind engineering[J]. J. Wind Eng. Ind. Aerodyn. 2002, 90.

[6] Xu Y L, Sun D K, Shum K M. Comparison of buffeting response of a suspension bridge between analysis and aeroelastic test -Advances in Steel Structures (ICASS 02)[J]. Advances in Steel Structures, 2002:865-872.

[6] Lin J H. A fast CQC algorithm of PSD matrices for random seismic responses[J]. Computers & Structures, 1992, 44(3):683-687.

[7] 林家浩,张亚辉. 随机振动的虚拟激励法[M]. 北京: 科学出版社, 2004.

[8] Kiureghian A D, Nakamura Y. CQC modal combination rule for high-frequency modes[J]. Earthquake Engineering and Structural Dynamics, 1993, 22(11):943-956.

[9] Schuëller G I, Pradlwarter H J, Schenk C A. Non-stationary response of large linear FE models under stochastic loading[J]. Computers & structures, 2003, 81(8-11): 937-947.

[10] 方勇,倪振华,谢壮宁. 模态加速度法在屋盖结构风致响应分析中的应用[J]. 应用力学学报, 2004, 21(2):122-124.

[11] Boonyapinyo V, Yamada H, Miyata T. Wind-Induced Nonlinear Lateral-Torsional Buckling of Cable-Stayed Bridges[J]. Journal of Structural Engineering, 1994, 120(2):486-506.

[12] Jones N P. Advances (and challenges) in the prediction of long-span bridge response to wind[C]//Bridge Aerodynamics, Proceedings of the International Symposium on Advances in Bridge Aerodynamics, Copenhagen, Denmark, May 10-13, 1998. AA Balkema, 1998.

[13] Xu Y L, Sun D K, Ko J M, et al. Fully coupled buffeting analysis of Tsing Ma suspension bridge[J]. Journal of Wind Engineering & Industrial Aerodynamics, 2000, 85(1):97-117.

[14] Zhu L D, Xu Y L, Zhang F, et al. Tsing Ma bridge deck under skew winds—Part I: Aerodynamic coefficients[J]. Journal of Wind Engineering & Industrial Aerodynamics, 2002, 90(7):781-805.

[15] Zhu L D, Xu Y L, Xiang H F. Tsing Ma bridge deck under skew winds—Part II: flutter derivatives[J]. Jour-

nal of Wind Engineering and Industrial Aerodynamics, 2002, 90(7): 807-837.

[16] 刘高,刘波,宋辉.西堠门大桥索塔风致结构内力响应研究[J].公路交通科技,2009.26(6):64-68.

[17] 刘高,朱乐东,项海帆.大跨悬索桥抖振内力响应分析[J].计算力学学报,2010,27(5):809-814.

[18] 刘高,林家浩,王秀伟.考虑全桥耦合的大跨斜拉桥抖振内力分析[J].大连理工大学学报,2003,43(4):479-483.

[19] Liu G, Xu Y L, Zhu L D. Time domain buffeting analysis of long suspension bridges under skew winds[J]. Wind and structures, 2004.

[20] 中华人民共和国行业标准 JTG/T D60-01—2004 公路桥梁抗风设计规范[S].北京:人民交通出版社,2004.

第7章 斜风下桥梁抖振时域分析方法

7.1 概　　述

桥梁抖振响应的预测对于大跨桥梁的设计、施工和结构健康监测都具有十分重要的意义。目前,国内外大多数随机抖振分析中都假定来流风沿桥跨的法向袭击大桥,并认为此时桥梁的随机抖振响应最大。大跨桥梁的现场实测结果表明,在大风期间,平均风的方向常以一个较大的偏角偏离桥跨的法向。许多风洞试验结果也进一步显示:大跨度桥梁在斜风作用下的抖振响应幅度可以达到甚至超过同等风速法向风作用下的响应值。因此,为了更好地预测大跨桥梁的抖振响应以及与现场测量结果的合理比较,需要寻求适当的分析方法来对斜风下的大跨桥梁进行抖振响应预测。

斜风作用下大跨桥梁抖振分析方法的研究较少,传统分解平均风速的方法忽略了顺桥向风的贡献,这将会低估结构的抖振响应,造成大跨桥梁抗风设计的不安全。为此,朱乐东等在准定常理论的基础上,通过引入斜气动片条的概念,首次提出了斜风作用下大跨桥梁抖振响应频域分析方法,该方法基于有限元法和虚拟激励法,实现了桥梁抖振响应的高效分析预测。并利用台风 Sam 期间,由 WASHMS 系统(Wind And Structural Health Monitoring System)现场实测的香港青马大桥风场和结构响应结果,对上述频域分析方法进行了验证。

桥梁抖振响应频域分析方法具有较高的计算效率,可以方便地处理气动导纳函数和作为频率函数的气动导数。然而,频域分析方法局限于线性系统,不能很好地考虑结构几何非线性以及气动力非线性等因素的影响。为此,本章基于斜气动片条的概念,建立斜风作用下大跨桥梁抖振响应时域分析方法,该方法首先建立斜风作用下大跨桥梁的时域抖振运动方程,然后采用 Newmark 数值方法求解结构的抖振时域响应。同样以青马大桥为工程背景,分析台风 Sam 期间大桥的抖振时域响应,并将其与 WASHMS 系统现场测量结果进行比较验证。

7.2 基 本 假 定

斜风作用下大跨度桥梁抖振分析框架的建立需要一些基本假设。第一,假设入射风是平稳的,平均风速 $\bar{U}$ 远大于其顺风向、水平横风向和竖向三个脉动风速分量 $u(t)$、$v(t)$ 和 $w(t)$;

第二,抖振分析中使用的平均风速不在可能导致桥梁颤振失稳或大幅涡激共振的范围;第三,假定湍流平均尺度大于桥梁构件截面的最大尺度,从而使准稳态理论适用。

在此基础上,引入斜气动片条的理念,首先研究风坐标系中的一个单元承担的抖振力和气弹自激力,然后将上述单元抖振力和气弹自激力转换到结构坐标系中,最后组装形成桥梁整体结构的抖振力和气弹自激力。上述转换是基于斜气动片条理念,在单元抖振力和气弹自激力上进行坐标转换,避免了传统风速分解方法所涉及的困难。

7.3 斜风下的坐标系及斜片条上的气动力

7.3.1 斜风下的坐标系定义

为建立斜风作用下桥梁结构的有限元模型及抖振运动方程,按笛卡尔坐标系右手法则,引入总体结构坐标系 XYZ(图 7.3-1),同时引入一个总体风轴坐标系 $X_uY_vZ_w$ 来描述平均风以及脉动风三个分量 $u(t)$、$v(t)$ 和 $w(t)$。其中,X_u 与平均风 $\overline{U}$ 方向一致;Y_v 平行于 X-Y 平面(水平面)并垂直于 X_u;Z_w 向上并同时垂直于 Y_v 和 Z_w;$u(t)$、$v(t)$ 和 $w(t)$ 的正方向分别与 X_u、Y_v 和 Z_w 轴一致。

实际情况中,总体风轴坐标系 $X_uY_vZ_w$ 和总体结构坐标系 XYZ 之间有非常多的空间关系,图 7.3-1 中仅表示了总体风轴坐标系 Y_v 轴与 X-Y 平面平行的一种典型空间关系。在总体结构坐标系 XYZ 中,平均风方向可通过总体风偏角 β_0 和总体风攻角 θ_0 确定。如图 7.3-1 所示,β_0 为垂直于桥梁纵轴的垂直面与包含平均风速的垂直面之间的夹角,当平均风速来自 X-Y 平面的右侧时,β_0 为正;θ_0 为平均风速与水平面之间的夹角,当平均风速的垂直分量向上时,θ_0 为正。

如图 7.3-2 所示,为桥梁任意单元引入了一个局部结构坐标系 xyz 和一个局部参考坐标系 qph。局部结构坐标系 xyz 用于表示单元质量、刚度、阻尼和荷载矩阵;局部参考坐标系 qph 则

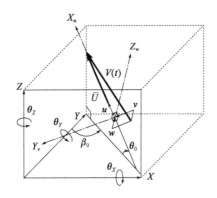

图 7.3-1 总体结构坐标系和总体风轴坐标系

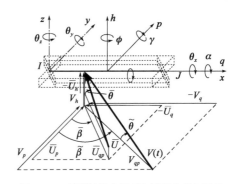

图 7.3-2 局部结构坐标系和局部参考坐标系

是引入定义平均风相对于该单元的风向。其中，q 轴沿单元的轴向；p 轴在桥梁单元的特征平面内，其正方向的确定应确保 p 轴与平均风向之间的角度小于 $90°$，当平均风平行于 q-p 平面且垂直于 q 轴时，p 轴沿平均风方向。

在局部参考坐标系 qph 中，平均风的风偏角 $\bar{\beta}$ 为平均风 $\overline{U}$ 在 q-p 平面上的投影 $\overline{U}_{qp}$ 与 p-h 平面的夹角，且当平均风分量 $\overline{U}_q$ 沿 q 轴为负时，$\bar{\beta}$ 为正；风攻角 $\bar{\theta}$ 为平均风 $\overline{U}$ 与 q-p 平面的夹角，且当平均风分量 $\overline{U}_h$ 沿 h 轴为正时，$\bar{\theta}$ 为正。图 7.3-2 中同时给出了风偏角 $\bar{\beta}$ 和风攻角 $\bar{\theta}$，两者共同确定局部参考坐标系中瞬时风 $V(t)$ 的方向，瞬时风 $V(t)$ 的风偏角 $\tilde{\beta}$ 和风攻角 $\tilde{\theta}$ 的定义原则与平均风 $\overline{U}$ 的风偏角 $\bar{\beta}$ 和风攻角 $\bar{\theta}$ 类似。

图 7.3-3 和图 7.3-4 分别为针对桥梁任意单元的局部平均风坐标系 $\bar{q}\bar{p}\bar{h}$ 和局部瞬时风坐标系 $\tilde{q}\tilde{p}\tilde{h}$，用于描述作用在结构单元斜片条上的抖振力和瞬时气动力。其中，局部平均风坐标系 $\bar{q}\bar{p}\bar{h}$ 由局部参考坐标系 qph 先绕 h 轴旋转 $\bar{\beta}$、再绕 $\bar{q}$ 轴旋转 $\bar{\theta}$ 得到。同样，局部瞬时风坐标系 $\tilde{q}\tilde{p}\tilde{h}$ 由局部参考坐标系 qph 先绕 h 轴旋转 $\tilde{\beta}$、再绕 $\tilde{q}$ 轴旋转 $\tilde{\theta}$ 得到。因此，$\bar{q}$ 轴和 $\tilde{q}$ 轴位于 q-p 平面内，$\bar{p}$ 轴沿平均风方向，$\tilde{p}$ 轴沿瞬时风方向。

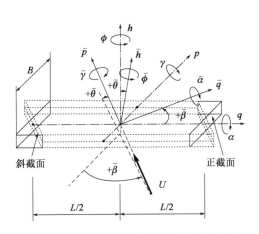

图 7.3-3 局部平均风坐标系和局部参考坐标系

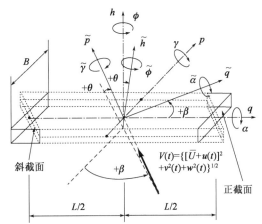

图 7.3-4 局部瞬时风坐标系和局部参考坐标系

7.3.2 结构单元斜片条上的气动力定义

图 7.3-5、图 7.3-6 分别为局部平均风坐标系 $\bar{q}\bar{p}\bar{h}$ 中的结构单元斜片条的抖振力、局部瞬时风坐标系 $\tilde{q}\tilde{p}\tilde{h}$ 中的结构单元斜片条的瞬时气动力。结构单元斜片条上的抖振力包括六个分量，分别为抖振侧风力 $C_{\bar{q}}^{b}$、抖振阻力 $D_{\bar{p}}^{b}$、抖振升力 $L_{\bar{h}}^{b}$、抖振扭转力矩 $M_{\bar{\alpha}}^{b}$、抖振摇摆力矩 $M_{\bar{\gamma}}^{b}$ 和抖振偏转力矩 $M_{\bar{\varphi}}^{b}$。结构单元斜片条上的瞬时气动力包括六个分量，分别为瞬时气动侧风力 $C_{\tilde{q}}^{ad}$、瞬时气动阻力 $D_{\tilde{p}}^{ad}$、瞬时气动升力 $L_{\tilde{h}}^{ad}$、瞬时气动扭转力矩 $M_{\tilde{\alpha}}^{ad}$、瞬时气动摇摆力矩 $M_{\tilde{\gamma}}^{ad}$ 和瞬时气动偏转力矩 $M_{\tilde{\varphi}}^{ad}$。

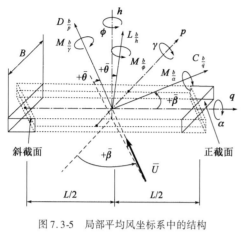 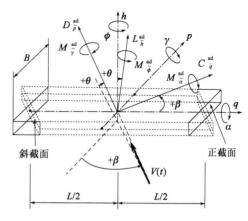

图7.3-5 局部平均风坐标系中的结构单元斜片条的抖振力

图7.3-6 局部瞬时风坐标系中的结构单元斜片条的瞬时气动力

图 7.3-7 为局部参考坐标系 qph 中的结构单元斜片条的气弹自激力。作用在结构单元斜片条上的气弹自激力包括三个分量,分别为气弹自激升力 L_h^{se}、气弹自激阻力 D_p^{se} 和气弹自激扭转力矩 M_α^{se}。

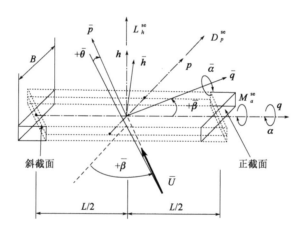

图 7.3-7 局部参考坐标系中的结构单元斜片条的气弹自激力

7.3.3 坐标系之间的转化矩阵

在推导斜风作用下的抖振力时,将使用多种坐标变换矩阵。用 $\boldsymbol{T}_{s_1 s_2}$ 表示从坐标系 s_2 到坐标系 s_1 的 3×3 阶变换矩阵,其中下标 s_1 和 $s_2 (s_1 \neq s_2)$ 可以是 Gw、Gs、Ls、Lr、$L\bar{w}$ 和 $L\tilde{w}$ 中的任意两个,分别表示总体风轴坐标系 $X_u Y_v Z_w$、总体结构坐标系 XYZ、局部结构坐标系 xyz、局部参考坐标系 qph、局部平均风坐标系 $\bar{q}\bar{p}\bar{h}$ 和局部瞬时风坐标系 $\tilde{q}\tilde{p}\tilde{h}$。如果 s_3 的定义原则与 s_1 和 s_2 相同,则:

$$\boldsymbol{T}_{S_1 S_3} = \boldsymbol{T}_{S_1 S_2} \boldsymbol{T}_{S_2 S_3} \tag{7.3-1}$$

上式可以进一步表示为:

$$\boldsymbol{T}_{S_1S_2} = \boldsymbol{T}_{S_2S_1}^{-1} = \boldsymbol{T}_{S_2S_1}^{\mathrm{T}}, \boldsymbol{T}_{S_2S_1} = \boldsymbol{T}_{S_1S_2}^{-1} = \boldsymbol{T}_{S_1S_2}^{\mathrm{T}} \tag{7.3-2}$$

对于图 7.3-1 中所示的两个坐标系,从总体风轴坐标系 $X_u Y_v Z_w$ 转换到总体结构坐标系 XYZ 的坐标变换矩阵可表示为:

$$\boldsymbol{T}_{\mathrm{GsGw}} = \boldsymbol{T}_{\mathrm{GwGs}}^{\mathrm{T}} = \begin{bmatrix} -\cos\theta_0\sin\beta_0 & -\cos\beta_0 & \sin\theta_0\sin\beta_0 \\ \cos\theta_0\cos\beta_0 & -\sin\beta_0 & -\sin\theta_0\cos\beta_0 \\ \sin\theta_0 & 0 & \cos\theta_0 \end{bmatrix} \tag{7.3-3}$$

从总体风轴坐标系 $X_u Y_v Z_w$ 转换到局部参考坐标系 qph 的坐标变换矩阵可表示为:

$$\boldsymbol{T}_{\mathrm{LrGw}} = \boldsymbol{T}_{\mathrm{LrLs}} \boldsymbol{T}_{\mathrm{LsGs}} \boldsymbol{T}_{\mathrm{GsGw}} = \begin{bmatrix} t_{11} & t_{12} & t_{13} \\ t_{21} & t_{22} & t_{23} \\ t_{31} & t_{32} & t_{33} \end{bmatrix} \tag{7.3-4}$$

式中:$t_{ij}(i,j=1,2,3)$——3×3 阶坐标变换矩阵 $\boldsymbol{T}_{\mathrm{LrGw}}$ 的第 i 行,第 j 列元素,它是总体风偏角 β_0 和总体风攻角 θ_0 的函数,且满足如下关系:

$$\sum_{k=1}^{3} t_{ik}t_{jk} = \begin{cases} 1, i = k \\ 0, i \neq k \end{cases}, \quad \sum_{k=1}^{3} t_{ki}t_{kj} = \begin{cases} 1, i = k \\ 0, i \neq k \end{cases}, \quad (i,j=1,2,3) \tag{7.3-5}$$

此外,还可以得出从局部平均风坐标系 $q\bar{p}\bar{h}$ 转换到局部参考坐标系 qph 的变换矩阵为:

$$\boldsymbol{T}_{\mathrm{Lr\bar{L}w}} = \begin{bmatrix} \cos\bar{\beta} & -\cos\bar{\theta}\sin\bar{\beta} & \sin\bar{\theta}\sin\bar{\beta} \\ \sin\bar{\beta} & \cos\bar{\theta}\cos\bar{\beta} & -\sin\bar{\theta}\cos\bar{\beta} \\ 0 & \sin\bar{\theta} & \cos\bar{\theta} \end{bmatrix} \tag{7.3-6}$$

从局部瞬时风坐标系 $q\tilde{p}\tilde{h}$ 转换到局部平均风坐标系 $q\bar{p}\bar{h}$ 的 6×6 阶变换矩阵可以表示为:

$$\bar{\boldsymbol{T}}_{\bar{L}w\tilde{L}w} = \boldsymbol{I} + \bar{\boldsymbol{T}}_v \frac{v}{U} + \bar{\boldsymbol{T}}_w \frac{w}{U} \tag{7.3-7}$$

式中:$\boldsymbol{I}$——一个 6×6 阶的单位矩阵,且有:

$$\bar{\boldsymbol{T}}_v = \begin{bmatrix} \boldsymbol{T}_v & \boldsymbol{0} \\ \boldsymbol{0} & \boldsymbol{T}_v \end{bmatrix}, \boldsymbol{T}_v = \begin{bmatrix} 0 & -s_1 & s_2 t_{31} \\ s_1 & 0 & -s_3 \\ -s_2 t_{31} & s_3 & 0 \end{bmatrix} \tag{7.3-8a}$$

$$\bar{\boldsymbol{T}}_w = \begin{bmatrix} \boldsymbol{T}_w & \boldsymbol{0} \\ \boldsymbol{0} & \boldsymbol{T}_w \end{bmatrix}, \boldsymbol{T}_w = \begin{bmatrix} 0 & -s_4 & s_5 t_{31} \\ s_4 & 0 & -s_6 \\ -s_5 t_{31} & s_6 & 0 \end{bmatrix} \tag{7.3-8b}$$

$$s_1 = (t_{11}t_{22} - t_{21}t_{12})/\sqrt{t_{11}^2 + t_{21}^2}; s_2 = s_1/\sqrt{(t_{11}^2 + t_{21}^2)}; s_3 = t_{32}/\sqrt{t_{11}^2 + t_{21}^2} \tag{7.3-9a}$$

$$s_4 = (t_{11}t_{23} - t_{21}t_{13})/\sqrt{t_{11}^2 + t_{21}^2}; s_5 = s_4/\sqrt{(t_{11}^2 + t_{21}^2)}; s_6 = t_{33}/\sqrt{t_{11}^2 + t_{21}^2} \tag{7.3-9b}$$

7.3.4 风速分量及方向

如图 7.3-1 所示,脉动风的顺风分量 $u(t)$、水平分量 $v(t)$ 和竖直分量 $w(t)$ 分别定义为沿 X_u、Y_v 和 Z_w 轴的速度波动,它们的正方向与 X_u、Y_v 和 Z_w 轴的正方向一致。因此,$u(t)$ 沿平均风方向 $(\bar{U})$,$v(t)$ 水平且垂直于平均风方向,$w(t)$ 向上且垂直于平均风方向。因此,瞬时风速可表示为:

$$V(t) = \sqrt{[\bar{U} + u(t)]^2 + v^2(t) + w^2(t)} \qquad (7.3\text{-}10)$$

为分析斜风作用下的桥梁抖振响应,通过风洞试验测得了主梁的气动系数和颤振导数,并用平均风相对试验模型的风偏角和风攻角的函数表示。为了正确地使用风洞试验中测得的气动系数和颤振导数,在确定作用于任意单元上的风力时,应首先确定 $\bar{\beta}$ 和 $\bar{\theta}$。

虽然风速矢量在总体结构坐标系和局部参考坐标系中有着不同的特征描述,但实际上风速的绝对值和方向是独立于坐标系的。因此,对于任意单元的 $\bar{\beta}$ 和 $\bar{\theta}$ 可以根据 β_0 和 θ_0 确定,根据坐标变换推导可得 $\bar{\beta}$ 和 $\bar{\theta}$ 满足如下的三角函数关系:

$$\cos\bar{\theta} = \sqrt{t_{11}^2 + t_{21}^2}, \sin\bar{\theta} = t_{31} \qquad (7.3\text{-}11a)$$

$$\cos\bar{\beta} = t_{21}/\sqrt{t_{11}^2 + t_{21}^2}, \sin\bar{\beta} = -t_{11}/\sqrt{t_{11}^2 + t_{21}^2} \qquad (7.3\text{-}11b)$$

式中:$t_{ij}(i,j=1,2,3)$——从总体风轴坐标系 $X_u Y_v Z_w$ 转换到局部参考坐标系 qph 的 3×3 阶坐标变换矩阵 T_{LrGw} 的第 i 行,第 j 列元素,其是总体风偏角 β_0 和总体风攻角 θ_0 的函数。

此外,局部参考坐标系下,瞬时风的风偏角 $\tilde{\beta}$ 和风攻角 $\tilde{\theta}$ 可由平均风的风偏角 $\bar{\beta}$ 和风攻角 $\bar{\theta}$ 推导得出。考虑到当湍流度不大时,脉动风分量远小于平均风速,因此,由脉动风引起的局部风偏角增量 ($\Delta\beta = \tilde{\beta} - \bar{\beta}$) 和局部风攻角增量 ($\Delta\theta = \tilde{\theta} - \bar{\theta}$) 可按泰勒(Taylor)展开式近似表示为脉动风 $u(t)$、$v(t)$ 和 $w(t)$ 的线性函数:

$$\Delta\theta \approx \sin\Delta\theta = \sin\theta\cos\bar{\theta} - \cos\theta\sin\bar{\theta} = \frac{t_{32}}{\sqrt{t_{11}^2 + t_{21}^2}} \frac{v}{\bar{U}} + \frac{t_{33}}{\sqrt{t_{11}^2 + t_{21}^2}} \frac{w}{\bar{U}} \qquad (7.3\text{-}12)$$

$$\Delta\beta \approx \sin\Delta\beta = \sin\beta\cos\bar{\beta} - \cos\beta\sin\bar{\beta} = \frac{t_{11}t_{21} - t_{12}t_{21}}{t_{11}^2 + t_{21}^2} \frac{v}{\bar{U}} + \frac{t_{11}t_{23} - t_{13}t_{21}}{t_{11}^2 + t_{21}^2} \frac{w}{\bar{U}} \qquad (7.3\text{-}13)$$

7.4 抖振响应时域分析方法

根据斜风和等效脉动风速下测得的气动系数,推导桥梁结构斜片条在平均风方向上的抖振力;用谐波合成法模拟等效脉动风速的时程曲线及桥梁结构上抖振力的时间历程;主梁斜片条上的自激力则利用气动脉冲函数和结构运动的卷积积分来表示。利用有理函数近似方法,基于试验测量的斜风颤振导数,推导了自激力的气动脉冲函数。采用有限元法建立斜风作用下桥梁结构的运动方程,并用 Newmark 数值方法求解。

7.4.1 斜风作用下桥梁运动控制方程

针对斜风作用下的特大型桥梁抖振的时域分析,本章采用三维有限元方法建立了斜风作用下特大跨桥梁的运动控制方程,如下式所示:

$$\boldsymbol{M}^s \ddot{\boldsymbol{\Delta}}(t) + \boldsymbol{C}^s \dot{\boldsymbol{\Delta}}(t) + \boldsymbol{K}^s \boldsymbol{\Delta}(t) = \boldsymbol{F}^{bu}(t) + \boldsymbol{F}^{se}(t) \tag{7.4-1}$$

式中:$\boldsymbol{M}^s$、$\boldsymbol{C}^s$、$\boldsymbol{K}^s$——整桥的 $N \times N$ 阶质量矩阵、阻尼矩阵和刚度矩阵,N 为整桥的总体自由度数;

$\boldsymbol{F}^{bu}(t)$、$\boldsymbol{F}^{se}(t)$——斜风作用下的 N 维抖振力和自激力;

$\boldsymbol{\Delta}(t)$——总体坐标系中节点的 N 维位移。

7.4.2 斜风作用下抖振力

经过一些列坐标变换,总体结构坐标系 XYZ 下,桥梁结构承担的由斜风引起的抖振力在时域内可表示为:

$$\boldsymbol{F}^{bu}(t) = \sum_{i=1}^{n} \boldsymbol{T}_i^{bu} \overline{\boldsymbol{F}}_i^{bu}(t) \tag{7.4-2}$$

式中:$\overline{\boldsymbol{F}}_i^{bu}(t)$——总体结构坐标系 XYZ 下作用在桥梁结构第 i 个单元两端节点上的抖振力,是一个 12×1 阶的矢量;

$\boldsymbol{T}_i^{bu}$——一个 $N \times 12$ 阶的转换矩阵($i=1,\cdots,n$),矩阵中的元素值为 0 或 1,用以将单元节点上的荷载 $\overline{\boldsymbol{F}}_i^{bu}(t)$ 变换到桥梁整体荷载 $\boldsymbol{F}^{bu}(t)$ 中;

n——桥梁结构中需要考虑抖振力的单元数。

针对桥梁结构中的任一单元,$\overline{\boldsymbol{F}}_i^{bu}(t)$ 可表示为:

$$\overline{\boldsymbol{F}}_i^{bu}(t) = \overline{\boldsymbol{T}}_{GsLs,i} \tilde{\boldsymbol{N}}_i^T \overline{\boldsymbol{T}}_{LsL\overline{w},i} \overline{\boldsymbol{P}}_i^{bu}(t) \tag{7.4-3}$$

式中:$\overline{\boldsymbol{P}}_i^{bu}(t)$——局部平均风坐标系中主梁第 i 个斜条(单元)的单位长度承担的抖振力,是一个 6×1 阶的矢量;

$\overline{\boldsymbol{T}}_{LsL\overline{w},i}$——第 i 个单元从局部平均风坐标系 $\overline{q}\overline{p}\overline{h}$ 转换到局部结构坐标系 xyz 的 6×6 阶转换矩阵;

$\tilde{\boldsymbol{N}}_i$——传统有限元法中第 i 个单元的 6×12 阶形函数矩阵;

$\overline{\boldsymbol{T}}_{GsLs,i}$——第 i 个单元从局部结构坐标系 xyz 转换到总体结构坐标系 XYZ 的 12×12 阶转换矩阵。

矢量 $\overline{\boldsymbol{P}}_i^{bu}(t)$ 是空气密度 ρ、第 i 个单元宽度 B_i、第 i 个单元中心处平均风速 $\overline{U}_i$、第 i 个单元中心处脉动风速 $[u_i(t),v_i(t)$ 和 $w_i(t)]$、斜风下第 i 个单元的气动脉冲函数、气动参数及其导数、坐标变换矩阵 $\boldsymbol{T}_{LrGw,i}$ 等变量的函数。具体可表达如下:

$$\overline{P}_i^{\text{bu}}(t) = \begin{Bmatrix} C_{\overline{q},i}^{\text{bu}}(t) \\ D_{\overline{p},i}^{\text{bu}}(t) \\ L_{\overline{h},i}^{\text{bu}}(t) \\ M_{\overline{\alpha},i}^{\text{bu}}(t) \\ M_{\overline{\gamma},i}^{\text{bu}}(t) \\ M_{\overline{\varphi},i}^{\text{bu}}(t) \end{Bmatrix} = \frac{\rho \overline{U}_i B_i}{2} \begin{Bmatrix} a_{11} u_{C_{\overline{q},i}^{\text{bu}},\text{eq}}(t) + a_{12} v_{C_{\overline{q},i}^{\text{bu}},\text{eq}}(t) + a_{13} w_{C_{\overline{q},i}^{\text{bu}},\text{eq}}(t) \\ a_{21} u_{D_{\overline{p},i}^{\text{bu}},\text{eq}}(t) + a_{22} v_{D_{\overline{p},i}^{\text{bu}},\text{eq}}(t) + a_{23} w_{D_{\overline{p},i}^{\text{bu}},\text{eq}}(t) \\ a_{31} u_{L_{\overline{h},i}^{\text{bu}},\text{eq}}(t) + a_{32} v_{L_{\overline{h},i}^{\text{bu}},\text{eq}}(t) + a_{33} w_{L_{\overline{h},i}^{\text{bu}},\text{eq}}(t) \\ a_{41} u_{M_{\overline{\alpha},i}^{\text{bu}},\text{eq}}(t) + a_{42} v_{M_{\overline{\alpha},i}^{\text{bu}},\text{eq}}(t) + a_{43} w_{M_{\overline{\alpha},i}^{\text{bu}},\text{eq}}(t) \\ a_{51} u_{M_{\overline{\gamma},i}^{\text{bu}},\text{eq}}(t) + a_{52} v_{M_{\overline{\gamma},i}^{\text{bu}},\text{eq}}(t) + a_{53} w_{M_{\overline{\gamma},i}^{\text{bu}},\text{eq}}(t) \\ a_{61} u_{M_{\overline{\varphi},i}^{\text{bu}},\text{eq}}(t) + a_{62} v_{M_{\overline{\varphi},i}^{\text{bu}},\text{eq}}(t) + a_{63} w_{M_{\overline{\varphi},i}^{\text{bu}},\text{eq}}(t) \end{Bmatrix} \quad (7.4\text{-}4)$$

式中：$C_{\overline{q},i}^{\text{bu}}(t)$、$D_{\overline{p},i}^{\text{bu}}(t)$、$L_{\overline{h},i}^{\text{bu}}(t)$——局部平均风坐标系 $\overline{q}\,\overline{p}\,\overline{h}$ 下，桥梁主梁第 i 个单元（斜条）承担的侧风力、阻力、升力；

$M_{\overline{\alpha},i}^{\text{bu}}(t)$、$M_{\overline{\gamma},i}^{\text{bu}}(t)$、$M_{\overline{\varphi},i}^{\text{bu}}(t)$——局部平均风坐标系 $\overline{q}\,\overline{p}\,\overline{h}$ 下，桥梁主梁第 i 个单元（斜条）承担的扭转力矩、摇摆力矩和偏转力矩；

a_{jk}——与斜风作用下气动力系数及其偏导、坐标转换矩阵 $\boldsymbol{T}_{\text{LrGw},i}$ 相关的系数（$j=1,2,\cdots,6;k=1,2,\cdots,6$），可表示为：

$$a_{11} = 2C_{C_{\overline{q}}}, a_{21} = 2C_{D_{\overline{p}}}, a_{31} = 2C_{L_{\overline{h}}}, a_{41} = 2BC_{M_{\overline{\alpha}}}, a_{51} = 2BC_{M_{\overline{\gamma}}}, a_{61} = 2BC_{M_{\overline{\varphi}}} \quad (7.4\text{-}5)$$

$$\left.\begin{aligned}
a_{12} &= -s_1 C_{D_{\overline{p}}} + s_7 C_{L_{\overline{h}}} + s_2 C'^{\beta}_{C_{\overline{q}}} + s_3 C'^{\theta}_{C_{\overline{q}}} \\
a_{22} &= -s_3 C_{L_{\overline{h}}} + s_1 C_{C_{\overline{q}}} + s_2 C'^{\beta}_{D_{\overline{p}}} + s_3 C'^{\theta}_{D_{\overline{p}}} \\
a_{32} &= -s_7 C_{C_{\overline{q}}} + s_3 C_{D_{\overline{p}}} + s_2 C'^{\beta}_{L_{\overline{h}}} + s_3 C'^{\theta}_{L_{\overline{h}}} \\
a_{42} &= B(-s_1 C_{M_{\overline{\gamma}}} + s_7 C_{M_{\overline{\varphi}}} + s_2 C'^{\beta}_{M_{\overline{\alpha}}} + s_3 C'^{\theta}_{M_{\overline{\alpha}}}) \\
a_{52} &= B(-s_3 C_{M_{\overline{\varphi}}} + s_1 C_{M_{\overline{\alpha}}} + s_2 C'^{\beta}_{M_{\overline{\gamma}}} + s_3 C'^{\theta}_{M_{\overline{\gamma}}}) \\
a_{62} &= B(-s_7 C_{M_{\overline{\alpha}}} + s_3 C_{M_{\overline{\gamma}}} + s_2 C'^{\beta}_{M_{\overline{\varphi}}} + s_3 C'^{\theta}_{M_{\overline{\varphi}}})
\end{aligned}\right\} \quad (7.4\text{-}6)$$

$$\left.\begin{aligned}
a_{13} &= -s_4 C_{D_{\overline{p}}} + s_8 C_{L_{\overline{h}}} + s_5 C'^{\beta}_{C_{\overline{q}}} + s_6 C'^{\theta}_{C_{\overline{q}}} \\
a_{23} &= -s_6 C_{L_{\overline{h}}} + s_4 C_{C_{\overline{q}}} + s_5 C'^{\beta}_{D_{\overline{p}}} + s_6 C'^{\theta}_{D_{\overline{p}}} \\
a_{33} &= -s_8 C_{C_{\overline{q}}} + s_6 C_{D_{\overline{p}}} + s_5 C'^{\beta}_{L_{\overline{h}}} + s_6 C'^{\theta}_{L_{\overline{h}}} \\
a_{43} &= B(-s_4 C_{M_{\overline{\gamma}}} + s_8 C_{M_{\overline{\varphi}}} + s_5 C'^{\beta}_{M_{\overline{\alpha}}} + s_6 C'^{\theta}_{M_{\overline{\alpha}}}) \\
a_{53} &= B(-s_6 C_{M_{\overline{\varphi}}} + s_4 C_{M_{\overline{\alpha}}} + s_5 C'^{\beta}_{M_{\overline{\gamma}}} + s_6 C'^{\theta}_{M_{\overline{\gamma}}}) \\
a_{63} &= B(-s_8 C_{M_{\overline{\alpha}}} + s_6 C_{M_{\overline{\gamma}}} + s_5 C'^{\beta}_{M_{\overline{\varphi}}} + s_6 C'^{\theta}_{M_{\overline{\varphi}}})
\end{aligned}\right\} \quad (7.4\text{-}7)$$

式中： B——主梁的特征宽度；

$C_{C_{\bar{q}}}$、$C_{D_{\bar{p}}}$、$C_{L_{\bar{h}}}$、$C_{M_{\bar{\alpha}}}$、$C_{M_{\bar{\gamma}}}$、$C_{M_{\bar{\phi}}}$——沿(绕)局部平均风轴坐标系各轴 $\bar{q}$、$\bar{p}$ 和 $\bar{h}$ 的斜截面侧风力系数、阻力系数和升力系数以及扭转力矩系数、摇摆力矩系数和偏转力矩系数，可通过斜风作用下斜截面节段模型六分量天平测力风洞试验测得；

$( )^{\prime\beta}$、$( )^{\prime\theta}$——对局部风偏角 $\bar{\beta}$ 和局部风攻角 $\bar{\theta}$ 求偏导数；

s_i——系数，可表示为：

$$\left.\begin{aligned} s_1 &= (t_{11}t_{22} - t_{21}t_{12})/\sqrt{t_{11}^2 + t_{21}^2} \\ s_2 &= (t_{11}t_{22} - t_{21}t_{12})/(t_{11}^2 + t_{21}^2) \\ s_3 &= t_{32}/\sqrt{t_{11}^2 + t_{21}^2} \\ s_4 &= (t_{11}t_{23} - t_{21}t_{13})/\sqrt{t_{11}^2 + t_{21}^2} \\ s_5 &= (t_{11}t_{23} - t_{21}t_{13})/(t_{11}^2 + t_{21}^2) \\ s_6 &= t_{33}/\sqrt{t_{11}^2 + t_{21}^2} \\ s_7 &= t_{31}(t_{11}t_{22} - t_{21}t_{12})/(t_{11}^2 + t_{21}^2) \\ s_8 &= t_{31}(t_{11}t_{23} - t_{21}t_{13})/(t_{11}^2 + t_{21}^2) \end{aligned}\right\} \quad (7.4\text{-}8)$$

t_{ij}——转换矩阵 $\boldsymbol{T}_{\text{LrGw}}$ 中第 i 行、第 j 列的元素；

$u_{\bar{P}_i^{\text{bu}},\text{eq}}(t)$、$v_{\bar{P}_i^{\text{bu}},\text{eq}}(t)$、$w_{\bar{P}_i^{\text{bu}},\text{eq}}(t)$——六组等效湍流风速，其中 $\bar{P}_i^{\text{bu}} = C_{\bar{q},i}^{\text{bu}}, D_{\bar{p},i}^{\text{bu}}, L_{\bar{h},i}^{\text{bu}}, M_{\bar{\alpha},i}^{\text{bu}}, M_{\bar{\gamma},i}^{\text{bu}}, M_{\bar{\varphi},i}^{\text{bu}}$，具体定义如下：

$$\begin{aligned} &\{u_{C_{\bar{q},i}^{\text{bu}},\text{eq}}(t) \quad v_{C_{\bar{q},i}^{\text{bu}},\text{eq}}(t) \quad w_{C_{\bar{q},i}^{\text{bu}},\text{eq}}(t)\}^{\text{T}} \\ &= \left\{\int_{-\infty}^{t} I_{C_{\bar{q},i}^{\text{bu}},u}(t-\tau)u_i(\tau)\mathrm{d}\tau \quad \int_{-\infty}^{t} I_{C_{\bar{q},i}^{\text{bu}},v}(t-\tau)v_i(\tau)\mathrm{d}\tau \quad \int_{-\infty}^{t} I_{C_{\bar{q},i}^{\text{bu}},w}(t-\tau)w_i(\tau)\mathrm{d}\tau\right\}^{\text{T}} \end{aligned} \quad (7.4\text{-}9)$$

$$\begin{aligned} &\{u_{D_{\bar{p},i}^{\text{bu}},\text{eq}}(t) \quad v_{D_{\bar{p},i}^{\text{bu}},\text{eq}}(t) \quad w_{D_{\bar{p},i}^{\text{bu}},\text{eq}}(t)\}^{\text{T}} \\ &= \left\{\int_{-\infty}^{t} I_{D_{\bar{p},i}^{\text{bu}},u}(t-\tau)u_i(\tau)\mathrm{d}\tau \quad \int_{-\infty}^{t} I_{D_{\bar{p},i}^{\text{bu}},v}(t-\tau)v_i(\tau)\mathrm{d}\tau \quad \int_{-\infty}^{t} I_{D_{\bar{p},i}^{\text{bu}},w}(t-\tau)w_i(\tau)\mathrm{d}\tau\right\}^{\text{T}} \end{aligned} \quad (7.4\text{-}10)$$

$$\begin{aligned} &\{u_{L_{\bar{h},i}^{\text{bu}},\text{eq}}(t) \quad v_{L_{\bar{h},i}^{\text{bu}},\text{eq}}(t) \quad w_{L_{\bar{h},i}^{\text{bu}},\text{eq}}(t)\}^{\text{T}} \\ &= \left\{\int_{-\infty}^{t} I_{L_{\bar{h},i}^{\text{bu}},u}(t-\tau)u_i(\tau)\mathrm{d}\tau \quad \int_{-\infty}^{t} I_{L_{\bar{h},i}^{\text{bu}},v}(t-\tau)v_i(\tau)\mathrm{d}\tau \quad \int_{-\infty}^{t} I_{L_{\bar{h},i}^{\text{bu}},w}(t-\tau)w_i(\tau)\mathrm{d}\tau\right\}^{\text{T}} \end{aligned} \quad (7.4\text{-}11)$$

$$\{u_{M_{\bar{\alpha},i}^{\rm bu},\rm eq}(t) \quad v_{M_{\bar{\alpha},i}^{\rm bu},\rm eq}(t) \quad w_{M_{\bar{\alpha},i}^{\rm bu},\rm eq}(t)\}^{\rm T}$$

$$= \left\{\int_{-\infty}^{t} I_{M_{\bar{\alpha},i}^{\rm bu},u}(t-\tau)u_i(\tau){\rm d}\tau \quad \int_{-\infty}^{t} I_{M_{\bar{\alpha},i}^{\rm bu},v}(t-\tau)v_i(\tau){\rm d}\tau \quad \int_{-\infty}^{t} I_{M_{\bar{\alpha},i}^{\rm bu},w}(t-\tau)w_i(\tau){\rm d}\tau\right\}^{\rm T} \quad (7.4\text{-}12)$$

$$\{u_{M_{\bar{\gamma},i}^{\rm bu},\rm eq}(t) \quad v_{M_{\bar{\gamma},i}^{\rm bu},\rm eq}(t) \quad w_{M_{\bar{\gamma},i}^{\rm bu},\rm eq}(t)\}^{\rm T}$$

$$= \left\{\int_{-\infty}^{t} I_{M_{\bar{\gamma},i}^{\rm bu},u}(t-\tau)u_i(\tau){\rm d}\tau \quad \int_{-\infty}^{t} I_{M_{\bar{\gamma},i}^{\rm bu},v}(t-\tau)v_i(\tau){\rm d}\tau \quad \int_{-\infty}^{t} I_{M_{\bar{\gamma},i}^{\rm bu},w}(t-\tau)w_i(\tau){\rm d}\tau\right\}^{\rm T} \quad (7.4\text{-}13)$$

$$\{u_{M_{\bar{\varphi},i}^{\rm bu},\rm eq}(t) \quad v_{M_{\bar{\varphi},i}^{\rm bu},\rm eq}(t) \quad w_{M_{\bar{\varphi},i}^{\rm bu},\rm eq}(t)\}^{\rm T}$$

$$= \left\{\int_{-\infty}^{t} I_{M_{\bar{\varphi},i}^{\rm bu},u}(t-\tau)u_i(\tau){\rm d}\tau \quad \int_{-\infty}^{t} I_{M_{\bar{\varphi},i}^{\rm bu},v}(t-\tau)v_i(\tau){\rm d}\tau \quad \int_{-\infty}^{t} I_{M_{\bar{\varphi},i}^{\rm bu},w}(t-\tau)w_i(\tau){\rm d}\tau\right\}^{\rm T} \quad (7.4\text{-}14)$$

式中： 上标 T——矩阵的转置运算；

$I_{\bar{P}_i^{\rm bu},u}(t-\tau)$、$I_{\bar{P}_i^{\rm bu},v}(t-\tau)$、$I_{\bar{P}_i^{\rm bu},w}(t-\tau)$——第 i 个单元(斜条)的气动脉冲函数($\bar{P}_i^{\rm bu} = C_{\bar{q},i}^{\rm bu}$,
$D_{\bar{p},i}^{\rm bu}, L_{\bar{h},i}^{\rm bu}, M_{\bar{\alpha},i}^{\rm bu}, M_{\bar{\gamma},i}^{\rm bu}, M_{\bar{\varphi},i}^{\rm bu}$)。

上面方程表明,需要六组等效湍流风速来计算相应的抖振力六分量。可以使用谐波合成法模拟主梁上的每一组等效湍流风速。以与阻力有关的等效湍流风速为例,主梁横向等效湍流风速可表示为三维多变量随机过程：

$$\boldsymbol{f}_{D_{\bar{p}}^{\rm bu},\rm eq}(t) = \{u_{D_{\bar{p},1}^{\rm bu},\rm eq}(t) \quad v_{D_{\bar{p},1}^{\rm bu},\rm eq}(t) \quad w_{D_{\bar{p},1}^{\rm bu},\rm eq}(t) \quad \cdots \quad u_{D_{\bar{p},n}^{\rm bu},\rm eq}(t) \quad v_{D_{\bar{p},n}^{\rm bu},\rm eq}(t) \quad w_{D_{\bar{p},n}^{\rm bu},\rm eq}(t)\}^{\rm T}$$
$$(7.4\text{-}15)$$

$\boldsymbol{f}_{D_{\bar{p}}^{\rm bu},\rm eq}(t)$ 的互谱密度矩阵 $\boldsymbol{S}_{D_{\bar{p}}^{\rm bu}}^0(\omega)$ 是一个 $3n \times 3n$ 阶的矩阵,具体如下：

$$\boldsymbol{S}_{D_{\bar{p}}^{\rm bu}}^0(\omega) = \begin{bmatrix} \boldsymbol{S}_{D_{\bar{p}}^{\rm bu},11}(\omega) & \cdots & \boldsymbol{S}_{D_{\bar{p}}^{\rm bu},1n}(\omega) \\ \vdots & \ddots & \vdots \\ \boldsymbol{S}_{D_{\bar{p}}^{\rm bu},n1}(\omega) & \cdots & \boldsymbol{S}_{D_{\bar{p}}^{\rm bu},nn}(\omega) \end{bmatrix} \quad (7.4\text{-}16)$$

$$\boldsymbol{S}_{D_{\bar{p}}^{\rm bu},jk}(\omega) = \begin{bmatrix} S_{D_{\bar{p}}^{\rm bu},\rm eq,uu}(P_j,P_k,\omega) & S_{D_{\bar{p}}^{\rm bu},\rm eq,uv}(P_j,P_k,\omega) & S_{D_{\bar{p}}^{\rm bu},\rm eq,uw}(P_j,P_k,\omega) \\ S_{D_{\bar{p}}^{\rm bu},\rm eq,vu}(P_j,P_k,\omega) & S_{D_{\bar{p}}^{\rm bu},\rm eq,vv}(P_j,P_k,\omega) & S_{D_{\bar{p}}^{\rm bu},\rm eq,vw}(P_j,P_k,\omega) \\ S_{D_{\bar{p}}^{\rm bu},\rm eq,wu}(P_j,P_k,\omega) & S_{D_{\bar{p}}^{\rm bu},\rm eq,wv}(P_j,P_k,\omega) & S_{D_{\bar{p}}^{\rm bu},\rm eq,ww}(P_j,P_k,\omega) \end{bmatrix}$$

$$(j = 1,2,\cdots,n; k = 1,2,\cdots,n) \quad (7.4\text{-}17)$$

$$S_{D_{\bar{p}}^{\rm bu},\rm eq,ab}(P_j,P_k,\omega) = \bar{I}_{D_{\bar{p}}^{\rm bu},a}(\omega)\bar{I}_{D_{\bar{p}}^{\rm bu},b}^*(\omega)\sqrt{S_{ab}(P_j,\omega)S_{ab}(P_k,\omega)}R_{ab}(P_j,P_k,\omega)$$

$$(a = u,v,w; b = u,v,w) \quad (7.4\text{-}18)$$

式中： $\boldsymbol{S}_{D_{\bar{p}}^{\rm bu},jk}(\omega)$——$j$ 单元的中心点(j 点)和 k 单元的中心点(k 点)的等效湍流风速间的 3×3 阶交叉谱密度函数；

$R_{ab}(P_j,P_k,\omega)$——j 点和 k 点的湍流风分量 a 和 b 的相干函数；

$S_{ab}(P_j,\omega)$——j 点的湍流风分量 a 和 b 之间的交叉谱密度函数；

$\overline{I}_{D_{\bar{p}}^{\mathrm{bu}},a}(\omega)\overline{I}_{D_{\bar{p}}^{\mathrm{bu}},b}^{*}(\omega)$——气动导纳函数；

$\overline{I}_{D_{\bar{p}}^{\mathrm{bu}},a}(\omega)$、$\overline{I}_{D_{\bar{p}}^{\mathrm{bu}},b}(\omega)$——$I_{D_{\bar{p}}^{\mathrm{bu}},a}(t)$ 和 $I_{D_{\bar{p}}^{\mathrm{bu}},b}(t)$ 的傅里叶变换；

上标 $*$ ——对复数进行共轭变换。

采用 Cholesky 分解方法对矩阵 $\boldsymbol{S}_{D_{\bar{p}}^{\mathrm{bu}}}^{0}(\omega)$ 进行分解，即：

$$\boldsymbol{S}_{D_{\bar{p}}^{\mathrm{bu}}}^{0}(\omega) = \boldsymbol{H}_{D_{\bar{p}}^{\mathrm{bu}}}(\omega)\,\boldsymbol{H}_{D_{\bar{p}}^{\mathrm{bu}}}^{\mathrm{T}*}(\omega) \tag{7.4-19}$$

基于谐波合成法，沿着主梁的等效湍流风速 $f_{D_{\bar{p}}^{\mathrm{bu}}}(t)$ 与阻力相关，当 $\overline{N}\to\infty$ 时可通过下式得到：

$$f_{D_{\bar{p}}^{\mathrm{bu}},j}(t) = \sqrt{2\Delta\omega}\sum_{m=1}^{j}\sum_{l=1}^{\overline{N}}|H_{D_{\bar{p}}^{\mathrm{bu}},jk}(\omega_{ml})|\cos[\omega_{ml}t - \theta_{D_{\bar{p}}^{\mathrm{bu}},jk}(\omega_{ml}) + \Phi_{ml}] \tag{7.4-20}$$
$$j = 1,2,3,\cdots,3n$$

式中：$\Delta\omega$——频率增量 $\Delta\omega = \omega_{\mathrm{up}}/\overline{N}$；

ω_{up}——频率上限，当超过频率上限时，交叉谱密度函数矩阵 $\boldsymbol{S}_{D_{\bar{p}}^{\mathrm{bu}}}^{0}(\omega)$ 的元素假定为 0；

$H_{D_{\bar{p}}^{\mathrm{bu}},jk}(\omega_{ml})$——矩阵 $\boldsymbol{H}_{D_{\bar{p}}^{\mathrm{bu}}}(\omega_{ml})$ 第 j 行第 k 列的元素；

$\theta_{D_{\bar{p}}^{\mathrm{bu}},jk}(\omega_{ml})$——$H_{D_{\bar{p}}^{\mathrm{bu}},jk}(\omega_{ml})$ 的复相位角，$\theta_{D_{\bar{p}}^{\mathrm{bu}},jk}(\omega_{ml}) = \tan^{-1}\{\mathrm{Im}[H_{D_{\bar{p}}^{\mathrm{bu}},jk}(\omega_{ml})]/\mathrm{Re}[H_{D_{\bar{p}}^{\mathrm{bu}},jk}(\omega_{ml})]\}$；

$\mathrm{Im}[H_{D_{\bar{p}}^{\mathrm{bu}},jk}(\omega_{ml})]$、$\mathrm{Re}[H_{D_{\bar{p}}^{\mathrm{bu}},jk}(\omega_{ml})]$——$H_{D_{\bar{p}}^{\mathrm{bu}},jk}(\omega_{ml})$ 的虚部和实部；

$\Phi_{1l},\cdots,\Phi_{jl}$——在区间 $[0,2\pi]$ 上均匀分布的独立随机相角序列（$l = 1,2,\cdots,\overline{N}$）；

ω_{ml}——频率的双重索引，表达式为：

$$\omega_{ml} = (l - 1 + m/3n)\Delta\omega \quad (l = 1,2,\cdots,\overline{N}) \tag{7.4-21}$$

在模拟等效湍流风速 $f_{D_{\bar{p}}^{\mathrm{bu}}}(t)$ 时利用快速傅里叶变换技术以提高模拟效率。显然，沿主梁与阻力相关的模拟等效湍流风速时程不仅体现了来流湍流风的特征，还体现了主梁的气动导纳函数的影响。

可采用相同过程来生成沿主梁与其他力相关的等效风速时程。最后，可以通过式(7.4-2)~式(7.4-4)得到沿主梁的抖振力的时程。

7.4.3 斜风作用下的自激力

由于风与结构的相互作用，作用在主梁上的自激力可以表示为平均风速 $\overline{U}$、斜风作用下的

气动脉冲函数与颤振导数和桥梁运动的函数。通过一系列的坐标变换,得到斜风作用下总体结构坐标系中主梁的自激力如下:

$$\boldsymbol{F}^{se}(t) = \sum_{i=1}^{n} \boldsymbol{T}_i^{se}(t) \, \overline{\boldsymbol{F}}_i^{se}(t) \tag{7.4-22}$$

式中:$\overline{\boldsymbol{F}}_i^{se}(t)$——主梁 i 节点在总体结构坐标系 XYZ 的自激力,是一个 12×1 阶的矢量;

$\boldsymbol{T}_i^{se}(t)$——$\overline{\boldsymbol{F}}_i^{se}(t)$ 在总体向量 $\boldsymbol{F}^{se}(t)$ 中的合理位置 $(i=1,\cdots,n)$,是一个 $N \times 12$ 阶的矩阵,其元素是 0 或 1。

$\overline{\boldsymbol{F}}_i^{se}(t)$ 的表达式可写成:

$$\overline{\boldsymbol{F}}_i^{se}(t) = \overline{\boldsymbol{T}}_{\text{GsLs},i} \, \tilde{\boldsymbol{N}}_i^{\text{T}} \, \boldsymbol{T}_{\text{LsLr},i} \, \overline{\boldsymbol{P}}_i^{se}(t) \tag{7.4-23}$$

式中:$\overline{\boldsymbol{P}}_i^{se}(t)$——第 i 个单位长度主梁斜片条在局部参考坐标系 qph 中的自激力,是一个 6×1 阶的矢量;

$\boldsymbol{T}_{\text{LsLr},i}$——$i$ 单元从局部参考坐标系 qph 到局部结构坐标系 xyz 的 6×6 阶转换矩阵,其可表示为:

$$\boldsymbol{T}_{\text{LsLr},i} = \begin{bmatrix} \overline{\boldsymbol{T}}_{\text{LsLr},i} & \boldsymbol{0} \\ \boldsymbol{0} & \overline{\boldsymbol{T}}_{\text{LsLr},i} \end{bmatrix}, \overline{\boldsymbol{T}}_{\text{LsLr},i} = \begin{bmatrix} 1 & 0 & 0 \\ 0 & -1 & 0 \\ 0 & 0 & -1 \end{bmatrix} \tag{7.4-24}$$

向量 $\overline{\boldsymbol{P}}_i^{se}(t)$ 包括六个分量:

$$\overline{\boldsymbol{P}}_i^{se}(t) = \{ C_{q,i}^{se}(t) \quad D_{p,i}^{se}(t) \quad L_{h,i}^{se}(t) \quad M_{\alpha,i}^{se}(t) \quad M_{\gamma,i}^{se}(t) \quad M_{\varphi,i}^{se}(t) \} \tag{7.4-25}$$

式中:$C_{q,i}^{se}(t)$、$D_{p,i}^{se}(t)$、$L_{h,i}^{se}(t)$——局部参考坐标系 qph 下,桥梁主梁第 i 个单元(斜条)承担的自激侧风力、阻力、升力;

$M_{\alpha,i}^{se}(t)$、$M_{\gamma,i}^{se}(t)$、$M_{\varphi,i}^{se}(t)$——局部参考坐标系 qph 下,桥梁主梁第 i 个单元(斜条)承担的扭转力矩、摇摆力矩和偏转力矩。

通常,由于自激阻力 $D_{p,i}^{se}(t)$、升力 $L_{h,i}^{se}(t)$ 和扭转力矩 $M_{\alpha,i}^{se}(t)$ 对桥梁抖振响应预测的影响较大,因此只考虑这三个力。相应地,进行风洞试验以确定斜风作用下与这三种力相关的颤振导数,而忽略其他力[$C_{q,i}^{se}(t)$,$M_{\gamma,i}^{se}(t)$ 和 $M_{\varphi,i}^{se}(t)$]。

矢量 $\overline{\boldsymbol{P}}_i^{se}(t)$ 是空气密度 ρ、单元宽度 B_i、第 i 个单元中心处平均风速 $\overline{U}_i$、斜风下单元的气动脉冲函数与颤振导数、单元中心的结构运动等变量的函数。具体可表达如下:

$$\overline{\boldsymbol{P}}_i^{\mathrm{se}}(t) = \begin{Bmatrix} 0 \\ D_{p,i}^{\mathrm{se}}(t) \\ L_{h,i}^{\mathrm{se}}(t) \\ M_{\alpha,i}^{\mathrm{se}}(t) \\ 0 \\ 0 \end{Bmatrix}$$

$$= \frac{\rho \overline{U}_i^2}{2} \begin{Bmatrix} 0 \\ \int_{-\infty}^{t} f_{D_{p,i}^{\mathrm{se}}}(t-\tau)\delta_{p,i}^{\mathrm{ce}}(\tau)\mathrm{d}\tau + \int_{-\infty}^{t} f_{D_{h,i}^{\mathrm{se}}}(t-\tau)\delta_{h,i}^{\mathrm{ce}}(\tau)\mathrm{d}\tau + B_i \int_{-\infty}^{t} f_{D_{\alpha,i}^{\mathrm{se}}}(t-\tau)\delta_{\alpha,i}^{\mathrm{ce}}(\tau)\mathrm{d}\tau \\ \int_{-\infty}^{t} f_{L_{p,i}^{\mathrm{se}}}(t-\tau)\delta_{p,i}^{\mathrm{ce}}(\tau)\mathrm{d}\tau + \int_{-\infty}^{t} f_{L_{h,i}^{\mathrm{se}}}(t-\tau)\delta_{h,i}^{\mathrm{ce}}(\tau)\mathrm{d}\tau + B_i \int_{-\infty}^{t} f_{L_{\alpha,i}^{\mathrm{se}}}(t-\tau)\delta_{\alpha,i}^{\mathrm{ce}}(\tau)\mathrm{d}\tau \\ B_i \int_{-\infty}^{t} f_{M_{p,i}^{\mathrm{se}}}(t-\tau)\delta_{p,i}^{\mathrm{ce}}(\tau)\mathrm{d}\tau + B_i \int_{-\infty}^{t} f_{M_{h,i}^{\mathrm{se}}}(t-\tau)\delta_{h,i}^{\mathrm{ce}}(\tau)\mathrm{d}\tau + B_i^2 \int_{-\infty}^{t} f_{M_{\alpha,i}^{\mathrm{se}}}(t-\tau)\delta_{\alpha,i}^{\mathrm{ce}}(\tau)\mathrm{d}\tau \\ 0 \\ 0 \end{Bmatrix}$$

(7.4-26)

式中：$\delta_{p,i}^{\mathrm{ce}}(t)$、$\delta_{h,i}^{\mathrm{ce}}(t)$、$\delta_{\alpha,i}^{\mathrm{ce}}(t)$——$i$ 单元中心点处关于局部参考坐标系 qph 沿 p 轴和 h 轴的线位移和 q 轴的扭转位移，相对于局部参考坐标系的上述位移可通过坐标变换和位移插值函数，与相对于局部结构坐标系的元素的节点位移相关联；

$f_{D_{\alpha,i}^{\mathrm{se}}}(t)$、$f_{L_{\alpha,i}^{\mathrm{se}}}(t)$、$f_{M_{\alpha,i}^{\mathrm{se}}}(t)$——气动脉冲函数（$a=p,h,\alpha$），可通过主梁斜片条的风洞模型试验测得的颤振导数使用有理函数逼近法得到。

例如，$f_{M_{\alpha,i}^{\mathrm{se}}}(t)$ 可按下式给出：

$$f_{M_{\alpha,i}^{\mathrm{se}}}(t) = c_{M_{\alpha,i}^{\mathrm{se}},1}\delta_{\alpha,i}^{\mathrm{ce}}(t) + \frac{B_i}{\overline{U}_i}c_{M_{\alpha,i}^{\mathrm{se}},2}\dot{\delta}_{\alpha,i}^{\mathrm{ce}}(t) + \sum_{k=3}^{m_{M_{\alpha,i}^{\mathrm{se}}}} c_{M_{\alpha,i}^{\mathrm{se}},k} \int_{-\infty}^{t} e^{-\frac{d_{M_{\alpha,i}^{\mathrm{se}},k}\overline{U}_i}{B_i}(t-\tau)}\dot{\delta}_{\alpha,i}^{\mathrm{ce}}(\tau)\mathrm{d}\tau$$

(7.4-27)

式中：$m_{M_{\alpha,i}^{\mathrm{se}}}$——其值决定了近似的准确度；

$c_{M_{\alpha,i}^{\mathrm{se}},k}$、$d_{M_{\alpha,i}^{\mathrm{se}},k}$——无量纲系数（$i=1,2,\cdots,m_{M_{\alpha,i}^{\mathrm{se}}}$；$k=3,\cdots,m_{M_{\alpha,i}^{\mathrm{se}}}$），是颤振导数 A_2^* 和 A_3^* 的非线性最小二乘拟合的参数，如下：

$$A_3^*(V_i) = \frac{V_i^2 c_{M_{\alpha,i}^{se},1}}{4\pi^2} + \sum_{k=3}^{m_{M_{\alpha,i}^{se}}} \frac{V_i^2 c_{M_{\alpha,i}^{se},k}}{V_i^2 d_{M_{\alpha,i}^{se},k}^2 + 4\pi^2} \tag{7.4-28a}$$

$$A_2^*(V_i) = \frac{V_i c_{M_{\alpha,i}^{se},2}}{2\pi} + \sum_{k=3}^{m_{M_{\alpha,i}^{se}}} \frac{V_i^3 c_{M_{\alpha,i}^{se},k} d_{M_{\alpha,i}^{se},k}}{V_i^2 d_{M_{\alpha,i}^{se},k}^2 + 8\pi^2} \tag{7.4-28b}$$

式中:V_i——约化平均风速,$V_i = (2\pi\bar{U}_i)/(B_i\omega)$。

将式(7.4-27)带入式(7.4-26),然后得到:

$$\bar{P}_i^{se}(t) = \begin{Bmatrix} 0 \\ D_{p,i}^{se}(t) \\ L_{h,i}^{se}(t) \\ M_{\alpha,i}^{se}(t) \\ 0 \\ 0 \end{Bmatrix} = \frac{\rho\bar{U}_i^2}{2}\boldsymbol{K}_i^{se}\begin{Bmatrix} 0 \\ \delta_{p,i}^{ce}(t) \\ \delta_{h,i}^{ce}(t) \\ \delta_{\alpha,i}^{ce}(t) \\ 0 \\ 0 \end{Bmatrix} + \frac{\rho\bar{U}_i B_i}{2}\boldsymbol{C}_i^{se}\begin{Bmatrix} 0 \\ \dot{\delta}_{p,i}^{ce}(t) \\ \dot{\delta}_{h,i}^{ce}(t) \\ \dot{\delta}_{\alpha,i}^{ce}(t) \\ 0 \\ 0 \end{Bmatrix} + \frac{\rho\bar{U}_i^2}{2}\bar{\boldsymbol{P}}_{\text{lag},i}^{se}(t) \tag{7.4-29}$$

$$\boldsymbol{K}_i^{se} = \begin{bmatrix} 0 & 0 & 0 & 0 & 0 & 0 \\ 0 & c_{D_{p,i}^{se},1} & c_{D_{h,i}^{se},1} & B_i c_{D_{\alpha,i}^{se},1} & 0 & 0 \\ 0 & c_{L_{p,i}^{se},1} & c_{L_{h,i}^{se},1} & B_i c_{L_{\alpha,i}^{se},1} & 0 & 0 \\ 0 & B_i c_{M_{p,i}^{se},1} & B_i c_{M_{h,i}^{se},1} & B_i^2 c_{M_{\alpha,i}^{se},1} & 0 & 0 \\ 0 & 0 & 0 & 0 & 0 & 0 \\ 0 & 0 & 0 & 0 & 0 & 0 \end{bmatrix} \tag{7.4-30a}$$

$$\boldsymbol{C}_i^{se} = \begin{bmatrix} 0 & 0 & 0 & 0 & 0 & 0 \\ 0 & c_{D_{p,i}^{se},2} & c_{D_{h,i}^{se},2} & B_i c_{D_{\alpha,i}^{se},2} & 0 & 0 \\ 0 & c_{L_{p,i}^{se},2} & c_{L_{h,i}^{se},2} & B_i c_{L_{\alpha,i}^{se},2} & 0 & 0 \\ 0 & B_i c_{M_{p,i}^{se},2} & B_i c_{M_{h,i}^{se},2} & B_i^2 c_{M_{\alpha,i}^{se},2} & 0 & 0 \\ 0 & 0 & 0 & 0 & 0 & 0 \\ 0 & 0 & 0 & 0 & 0 & 0 \end{bmatrix} \tag{7.4-30b}$$

$$\overline{\boldsymbol{P}}_{\text{lag},i}^{\text{se}}(t) = \begin{Bmatrix} 0 \\ \sum_{k=3}^{m_{M_{\alpha,i}^{\text{se}}}} c_{D_{p,i}^{\text{se}},k} I_{D_{p,i}^{\text{se}},k}(t) + \sum_{k=3}^{m_{M_{\alpha,i}^{\text{se}}}} c_{D_{h,i}^{\text{se}},k} I_{D_{h,i}^{\text{se}},k}(t) + B_i \sum_{k=3}^{m_{M_{\alpha,i}^{\text{se}}}} c_{D_{\alpha,i}^{\text{se}},k} I_{D_{\alpha,i}^{\text{se}},k}(t) \\ \sum_{k=3}^{m_{M_{\alpha,i}^{\text{se}}}} c_{L_{p,i}^{\text{se}},k} I_{L_{p,i}^{\text{se}},k}(t) + \sum_{k=3}^{m_{M_{\alpha,i}^{\text{se}}}} c_{L_{h,i}^{\text{se}},k} I_{L_{h,i}^{\text{se}},k}(t) + B_i \sum_{k=3}^{m_{M_{\alpha,i}^{\text{se}}}} c_{L_{\alpha,i}^{\text{se}},k} I_{L_{\alpha,i}^{\text{se}},k}(t) \\ B_i \sum_{k=3}^{m_{M_{\alpha,i}^{\text{se}}}} c_{M_{p,i}^{\text{se}},k} I_{M_{p,i}^{\text{se}},k}(t) + B_i \sum_{k=3}^{m_{M_{\alpha,i}^{\text{se}}}} c_{M_{h,i}^{\text{se}},k} I_{M_{h,i}^{\text{se}},k}(t) + B_i^2 \sum_{k=3}^{m_{M_{\alpha,i}^{\text{se}}}} c_{M_{\alpha,i}^{\text{se}},k} I_{M_{\alpha,i}^{\text{se}},k}(t) \\ 0 \\ 0 \end{Bmatrix} \quad (7.4\text{-}30\text{c})$$

式中:$I_{P_{a,i}^{\text{se}},k}(t)$——第 i 单元的卷积积分($P_{a,i}^{\text{se}} = D_{p,i}^{\text{se}}, D_{h,i}^{\text{se}}, D_{\alpha,i}^{\text{se}}, L_{p,i}^{\text{se}}, L_{h,i}^{\text{se}}, L_{\alpha,i}^{\text{se}}, M_{p,i}^{\text{se}}, M_{h,i}^{\text{se}}, M_{\alpha,i}^{\text{se}}; k = 3, \cdots, m_{P_{a,i}^{\text{se}}}$),可采用递归算法进行求解。

例如,$I_{M_{a,i}^{\text{se}},3}(t)$ 可通过下式进行:

$$\begin{aligned} I_{M_{a,i}^{\text{se}},3}(t) &= \int_{-\infty}^{t} e^{-\frac{d_{M_{\alpha,i}^{\text{se}},3} \overline{U}_i}{B_i}(t-\tau)} \dot{\delta}_{\alpha,i}^{\text{ce}}(\tau) d\tau \\ &\approx \frac{\Delta t}{2} \dot{\delta}_{\alpha,i}^{\text{ce}}(t) + e^{-\frac{d_{M_{\alpha,i}^{\text{se}},3} \overline{U}_i}{B_i} \Delta t} \left[I_{M_{a,i}^{\text{se}},3}(t - \Delta t) + \frac{\Delta t}{2} \dot{\delta}_{\alpha,i}^{\text{ce}}(t - \Delta t) \right] \end{aligned} \quad (7.4\text{-}31)$$

7.4.4 基于 Newmark-β 法的抖振运动方程求解

采用 Newmark 的常平均加速度法求解斜风作用下桥梁结构的运动方程。在时间步 $t + \Delta t$ 时,运动方程可进行如下改写:

$$\boldsymbol{M}^{\text{s}} \ddot{\boldsymbol{\Delta}}(t + \Delta t) + \boldsymbol{C}^{\text{s}} \dot{\boldsymbol{\Delta}}(t + \Delta t) + \boldsymbol{K}^{\text{s}} \boldsymbol{\Delta}(t + \Delta t) = \boldsymbol{F}^{\text{bu}}(t + \Delta t) + \boldsymbol{F}^{\text{se}}(t + \Delta t) \quad (7.4\text{-}32)$$

式中:Δt——时间步长。

在 $t + \Delta t$ 时,节点的位移、速度和加速度表达式如下:

$$\boldsymbol{\Delta}(t + \Delta t) = \tilde{\boldsymbol{K}}^{-1} \tilde{\boldsymbol{F}}(t + \Delta t) \quad (7.4\text{-}33\text{a})$$

$$\ddot{\boldsymbol{\Delta}}(t + \Delta t) = a_0 [\boldsymbol{\Delta}(t + \Delta t) - \boldsymbol{\Delta} t] - a_2 \dot{\boldsymbol{\Delta}} t - a_3 \ddot{\boldsymbol{\Delta}} t \quad (7.4\text{-}33\text{b})$$

$$\dot{\boldsymbol{\Delta}}(t + \Delta t) = \dot{\boldsymbol{\Delta}} t - a_6 \ddot{\boldsymbol{\Delta}} t + a_7 \ddot{\boldsymbol{\Delta}}(t + \Delta t) \quad (7.4\text{-}33\text{c})$$

其中

$$\tilde{\boldsymbol{K}} = \boldsymbol{K}^{\text{s}} + a_0 \boldsymbol{M}^{\text{s}} + a_1 \boldsymbol{C}^{\text{s}} \quad (7.4\text{-}34)$$

$$\tilde{\boldsymbol{F}}(t + \Delta t) = \boldsymbol{F}^{\text{bu}}(t + \Delta t) + \boldsymbol{F}^{\text{se}}(t + \Delta t) + \boldsymbol{M}^{\text{s}}[a_0 \boldsymbol{\Delta}(t) + a_2 \dot{\boldsymbol{\Delta}}(t) + a_3 \ddot{\boldsymbol{\Delta}}(t)] + \boldsymbol{C}^{\text{s}}[a_1 \boldsymbol{\Delta}(t) + a_4 \dot{\boldsymbol{\Delta}}(t) + a_5 \ddot{\boldsymbol{\Delta}}(t)] \quad (7.4\text{-}35)$$

式中:a_i——常数($i=0,1,\cdots,7$),如下:

$$a_0 = \frac{1}{\beta \Delta t^2}; a_1 = \frac{\gamma}{\beta \Delta t}; a_2 = \frac{1}{\beta \Delta t}; a_3 = \frac{1}{2\beta} - 1 \qquad (7.4\text{-}36\text{a})$$

$$a_4 = \frac{\gamma}{\beta} - 1; a_5 = \left(\frac{\gamma}{\beta} - 2\right)\frac{\Delta t}{2}; a_6 = (1-\gamma)\Delta t; a_7 = \gamma \Delta t \qquad (7.4\text{-}36\text{b})$$

其中,γ 和 β 在本文中分别取 0.5 和 0.25。

注意到式(7.4-35)中桥梁自激力 $\boldsymbol{F}^{se}(t+\Delta t)$ 是桥梁运动的函数(式 7.4-29),因此应在每个时间步进行迭代。例如,在时间步 $t+\Delta t$ 时,首先将时间步 t 时的自激力 $\boldsymbol{F}^{se}(t)$ 取代式(7.4-35)的 $\boldsymbol{F}^{se}(t+\Delta t)$ 求解桥梁运动方程,然后采用计算得到的桥梁运动再次计算自激力。重复上述两个步骤,直到桥梁运动达到收敛标准。

7.4.5 斜风作用下桥梁抖振时域分析程序开发

斜风作用下,特大型桥梁的抖振响应时域分析可按照图 7.4-1 所示流程进行计算。

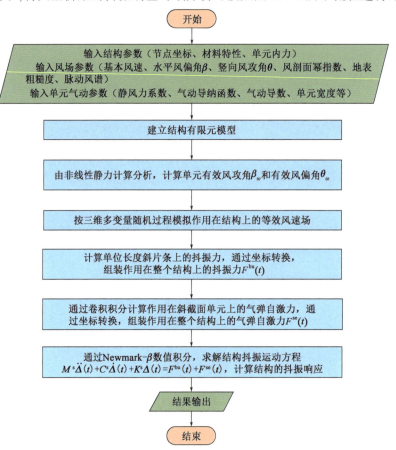

图 7.4-1 斜风作用下桥梁抖振时域分析流程图

7.5 香港青马大桥台风森姆期间实测数据

7.5.1 香港青马大桥及 WASHMS 系统简介

香港新机场位于大屿山岛,通过青屿干线与现有的九龙、香港岛商业中心相连接,而横跨青衣岛和马湾岛之间海峡的青马大桥则是青屿干线上的一个关键工程。大桥轴线走向为沿逆时针偏离东西轴 17°。该桥为一座两跨连续双层公铁两用悬索桥,主跨 1 377m,马湾侧边跨 355.5m,包括马湾侧的两跨引桥和青衣侧的四跨引桥在内全桥总长 2 160m;两个预应力钢筋混凝土桥塔,高 206m;钢主梁宽 41m、高 7.643m,上层主梁设双向 3 车道公路,下层主梁中央设两条铁路,两侧为公路紧急通道;两主缆直径 1.1m,横向间距 36m;具体如图 7.5-1、图 7.5-2 所示。

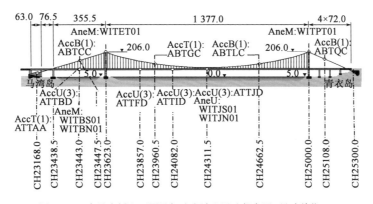

图 7.5-1 青马大桥立面图及加速度计和风速仪布置(尺寸单位:m)

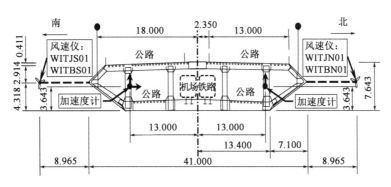

图 7.5-2 青马大桥主梁截面及加速度计和风速仪布置(尺寸单位:m)

为监测青马大桥的健康状况,香港路政署在桥上安装了风和结构健康监测系统(WASHMS)。WASHMS 共有 7 种类型的传感器,包括 6 组风速仪和 24 个单向伺服式加速度传感器。其中,2 个数字超声波风速仪(AneU)安装在主跨跨中截面(高程 75.314m)的北侧和南侧,分别记为 WITJN01 和 WITJS01,如图 7.5-1 和图 7.5-2 所示。2 组模拟式机械风速仪

(AneM)分别安装在马湾侧的边跨跨中截面附近的南北两侧(高程62.944m),北侧记为WIT-BN01,南侧记为WITBS01,如图7.5-1和图7.5-2所示。另外2组模拟式机械风速仪(AneM)安装在两个桥塔塔顶(高程217.084m),青衣侧桥塔塔顶记为WITPT01,马湾侧桥塔塔顶记为WITET01。

在AccU测量中共使用了12个单轴加速度仪,分别安装在ATTID、ATTJD、ATTFD和ATTBD四个截面上,如图7.5-1所示。AccU表示采用一个加速度仪在一个规定方向上发出信号的单向加速度测量。由图7.5-2可知,每个截面上布置有两个竖向加速度仪测量竖向加速度(距中心水平距离13m)和一个横向加速度仪测量横向加速度。

7.5.2 台风森姆数据获取及处理

1999年8月19日,热带气旋森姆(Sam)在马尼拉东北偏东约680km处形成,随后向太平洋东北偏西移动,并在夜间增强为热带风暴。随后它向西北方向移动到广东沿岸,并于8月22日临近中午在香港附近形成台风,最后于8月22日下午6点左右在香港西贡东部登陆。登陆后,台风森姆(Sam)以约25km/h的速度横穿新界东北部,进入深圳,并于8月23日在广东内陆地区逐渐减弱。WASHMS及时记录了风速和桥梁的抖振响应。其中,风速采样频率为2.56Hz,截止频率为1.28Hz;加速度响应的采样频率为25.6Hz,截止频率为12.8Hz。

仔细检查所有测量的风速时程后,选择1999年8月22日香港时间14时11分至15时11分的1小时风速记录进行分析。在此期间,台风由接近正北方向吹向青马大桥。因此,安装在主梁南侧的风速计记录的风数据被主梁本身污染,不适合分析自然风结构。由于技术原因,安装在主梁和塔顶的机械式风速计未能记录风的方位角。因此,桥梁周围台风Sam的风力特征只能从安装在跨中主梁北侧的三分量超声波风速计记录的风速历史中提取。通过记录的风速三分量分析,发现小时平均风速约为17.1m/s,平均风方向为东北偏北;总体小时平均风偏角β_0和风攻角θ_0分别为$-29.15°$和$2.25°$;脉动风时程的顺风分量$u(t)$、水平分量$v(t)$和竖直分量$w(t)$也分别从测量的三个风速分量中提取。根据Taylor的假设,$u(t)$、$v(t)$和$w(t)$的紊流强度分别为18.6%、20.4%和14.5%,相应的紊流积分尺度分别为228m、116m和84m。

采用Hamming窗法和分段平滑法,对实测三种脉动风速$u(t)$、$v(t)$和$w(t)$进行谱分析。利用四个风谱参数的总体目标函数拟合实测湍流归一化自谱和交叉谱,并基于非线性最小二乘拟合技术使残余函数最小化。

由此得到三个方向的自谱如下:

$$\frac{nS_{uu}(n)}{u_*^2} = \frac{44.65f}{(1+18.71f^{\frac{1}{0.9997}})^{\frac{c}{0.9997}}} \qquad (7.5\text{-}1a)$$

$$\frac{nS_{vv}(n)}{u_*^2} = \frac{30.44f}{(1+11.25f^{\frac{1}{0.9873}})^{\frac{c}{0.9873}}} \qquad (7.5\text{-}1b)$$

$$\frac{nS_{ww}(n)}{u_*^2} = \frac{9.573f}{(1+51.74f^{\frac{1}{0.5608}})^{\frac{c}{0.5608}}} \quad (7.5\text{-}1c)$$

式中：c——常数 5/3；

n——频率(Hz)；

f——无量纲约化频率 $f = nz/\bar{U}(z)$；

z——海平面以上的高度；

u_*——摩擦速度,根据测量的水平剪切应力估算为 1.69m/s。

三个脉动风速中每两个方向的互谱为：

$$\frac{nS_{uv}(n)}{u_*^2} = \frac{-19.24f}{(1+46.65f^{\frac{1}{0.70}})^{\frac{2.4}{0.70}}} \quad (7.5\text{-}2a)$$

$$\frac{nS_{uw}(n)}{u_*^2} = \frac{-8.66f}{(1+56.93f^{\frac{1}{0.59}})^{\frac{2.4}{0.59}}} \quad (7.5\text{-}2b)$$

$$\frac{nS_{vw}(n)}{u_*^2} = \frac{2.08f}{(1+13.33f^{\frac{1}{0.56}})^{\frac{2.4}{0.56}}} \quad (7.5\text{-}2c)$$

研究中三个脉动风速中每两个风速之间的正交谱可忽略不计,研究使用的相干函数的形式如下：

$$R_{ab}(P_j,P_k,n) = \exp[-\hat{f}_{ab}(P_j,P_k,n)] \quad (a=u,v,w; b=u,v,w) \quad (7.5\text{-}3a)$$

$$\hat{f}_{aa}(P_j,P_k,n) = \frac{n\sqrt{[C_{X_u}^a(X_{u,j}-X_{u,k})]^2 + [C_{Y_v}^a(Y_{v,j}-Y_{v,k})]^2 + [C_{Z_w}^a(Z_{w,j}-Z_{w,k})]^2}}{(\bar{U}_j+\bar{U}_k)/2}$$

$$(7.5\text{-}3b)$$

$$\hat{f}_{ab}(P_j,P_k,n) = \frac{\hat{f}_{aa}(P_j,P_k,n) + \hat{f}_{bb}(P_j,P_k,n)}{2} \quad (7.5\text{-}3c)$$

式中：$X_{u,i}$、$Y_{v,i}$、$Z_{w,i}$——总体风轴坐标系 $X_u Y_v Z_w$ 下空间点 $P_i(i=j,k)$ 的坐标；

$\bar{U}_i$——点 $P_i(i=j,k)$ 处的平均风速；

$C_{X_u}^a$、$C_{Y_v}^a$、$C_{Z_w}^a$——指数衰减系数 $(a=u,v,w)$,研究中取值为 $C_{X_u}^u = 3.0, C_{X_u}^v = 3.0, C_{X_u}^w = 3.0, C_{Y_v}^u = 16.0, C_{Y_v}^v = 11.0, C_{Y_v}^w = 8.0, C_{Z_w}^u = 10.0, C_{Z_w}^v = 7.0, C_{Z_w}^w = 7.0$。

7.5.3 台风森姆期间主梁加速度实测数据

根据上述台风森姆(Sam)的生成和迁移过程,在其登陆前夕为对香港和青马大桥影响最为严重的时段。据此并结合在青马大桥上所实测的风速资料实际情况,选择 1999 年 8 月 22 日 14 时 11 分至 15 时 11 分这一个小时作为青马大桥在台风森姆(Sam)作用下抖振响应分析和实测案例研究的时段。选取的实测数据包括主跨跨中 3 个截面(ATTJD,ATTID,ATTFD)及马湾岛侧边跨 1 个截面(ATTBD)共计 4 个截面的横向、竖向及扭转加速度。在本章后续内容中对比研究了主梁上 4 个截面处(ATTJD,ATTID,ATTFD、ATTBD)实测及数值模拟的加速度均方根(RMS)。

7.6 香港青马大桥抖振响应分析及实测结果对比

根据第 7.4 节中推导的公式,编写了一个计算机程序,用于计算斜风作用下对悬索桥抖振的时域响应。该计算机程序现已用于计算青马大桥在 1999 年 8 月 22 日香港时间 14 时 11 分至 15 时 11 分的台风萨姆(Sam)期间的抖振分析,然后将计算出的抖振响应与现场测量结果进行比较。

7.6.1 桥梁模型

徐幼麟等人使用来自环境振动测量的动态特性建立并更新了香港青马大桥的三维动力有限元模型,采用带有刚臂的三维 Timoshenko 梁单元来模拟两个桥塔,主缆和吊杆采用索单元建模,并考虑由于主缆张力引起的几何非线性,悬索桥主梁采用梁单元模拟,其等效截面特性是通过精细化截面有限元分析确定的,桥梁构件之间的连接和支座连接也得到了合理的模拟。前 150 阶固有频率范围为 $0.068 \sim 2.008$ Hz。

本章对比分析中使用瑞利阻尼假设构建桥梁阻尼矩阵,取主跨主梁第一阶对称横向振型和第一阶对称竖向振型的模态阻尼比为 1% 用于组建阻尼矩阵,第一阶对称横向振型和第一阶对称竖向振型对应的频率分别为 0.068 Hz 和 0.210 Hz。

7.6.2 主梁斜片条的气动特性

为了比较斜风下青马大桥现场测试和数值分析的抖振响应,朱乐东等采用风洞试验测试了斜风下主梁的气动系数和颤振导数。表 7.6-1 中列出了风偏角 $\beta_0 = -29.15°$,风攻角 $\theta_0 = 2.25°$ 情况下测量得到的气动系数,在进行抖振力模拟时采用了该组气动力系数。

主梁斜片条气动力系数($\beta_0 = -29.15°, \theta_0 = 2.25°$)　　　　表 7.6-1

$C_{C\bar{q}}$	$C_{D\bar{p}}$	$C_{L\bar{h}}$	$C_{M\bar{\alpha}}$	$C_{M\bar{\gamma}}$	$C_{M\bar{\phi}}$
-0.0237	0.0794	0.0801	-0.0660	-0.0011	-0.0307
$C'^{\beta}_{C\bar{q}}$	$C'^{\beta}_{D\bar{p}}$	$C'^{\beta}_{L\bar{h}}$	$C'^{\beta}_{M\bar{\alpha}}$	$C'^{\beta}_{M\bar{\gamma}}$	$C'^{\beta}_{M\bar{\phi}}$
0.0201	0.0607	-0.0811	-0.0377	-0.0228	0.0371
$C'^{\theta}_{C\bar{q}}$	$C'^{\theta}_{D\bar{p}}$	$C'^{\theta}_{L\bar{h}}$	$C'^{\theta}_{M\bar{\alpha}}$	$C'^{\theta}_{M\bar{\gamma}}$	$C'^{\theta}_{M\bar{\phi}}$
0.1712	-0.0313	2.6474	-0.5450	0.1145	0.0948

主梁斜片条在斜风($\beta_0 = -29.15°$, $\theta_0 = 2.25°$)作用下测量得到的8个颤振导数 H_i^* 和 A_i^* ($i=1,2,3,4$) 是按式(7.4-28)拟合成折减风速 V_i 的有理函数,用于确定自激力。测得的颤振导数和拟合曲线见图7.6-1,拟合得到的系数见表7.6-2。颤振导数 P_1^* 和 P_3^* 不能从风洞试验中获得,因此采用基于准稳态理论的公式并通过有理函数拟合。其他颤振导数对桥梁抖振响应影响微弱,在计算中被忽略。从图7.6-1中可以看出,除了 A_1^* 和 A_4^* 之外,其他的颤振导数都可以很好地拟合。颤动导数 A_1^* 和 A_4^* 测量值过度不稳定,因此无法被准确拟合。

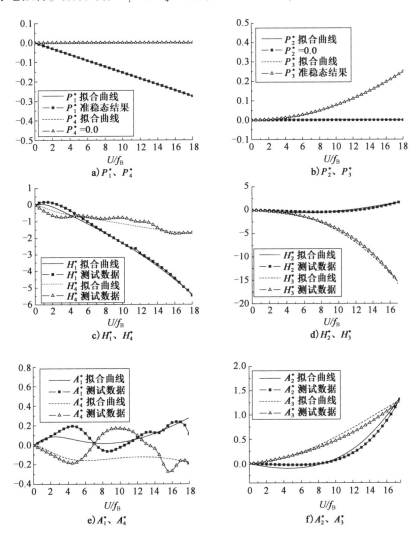

图7.6-1 实测颤振导数及有理函数拟合曲线

斜片条有理函数系数($\beta_0 = -29.15°$, $\theta_0 = 2.25°$)　　　　表7.6-2

系数	$P_a^{se} = D_p^{se}$	$P_a^{se} = D_\alpha^{se}$	$P_a^{se} = L_h^{se}$	$P_a^{se} = L_\alpha^{se}$	$P_a^{se} = M_h^{se}$	$P_a^{se} = M_\alpha^{se}$
$c_{p_a^{se},1}$	-0.000 1	0.030 3	0.282 7	-1.918 1	-0.063 9	-0.904 6
$c_{p_a^{se},2}$	-0.092 4	0.000 0	0.710 3	-0.890 8	0.421 0	-0.241 5

续上表

系数	$P_a^{se}=D_p^{se}$	$P_a^{se}=D_\alpha^{se}$	$P_a^{se}=L_h^{se}$	$P_a^{se}=L_\alpha^{se}$	$P_a^{se}=M_h^{se}$	$P_a^{se}=M_\alpha^{se}$
$c_{P_a^{se},3}$	-0.1982	0.0760	-5.7327	-2.2933	-0.8920	0.1605
$c_{P_a^{se},4}$	0.1661	-0.0760	-0.9180	-0.8439	-0.2929	1.1088
$c_{P_a^{se},5}$	0.0000	0.0000	-0.5231	3.2382	0.1661	0.0000
$d_{P_a^{se},3}$	3.9003	1.5000	3.6314	0.7516	1.6889	1.4665
$d_{P_a^{se},4}$	3.4999	1.5000	2.0643	0.0261	5.2595	0.0753
$d_{P_a^{se},5}$	0.0000	0.0000	0.1746	0.5261	0.3669	0.0000

注:1. 在式(7.4-30a)及式(7.4-30b)中,当$P_a^{se}=D_h^{se}、L_p^{se}、M_p^{se}$时,取$c_{P_a^{se},1}=c_{P_a^{se},2}=0$;

2. 在式(7.4-30c)中,当$P_a^{se}=D_p^{se}、D_\alpha^{se}、L_h^{se}、L_\alpha^{se}、M_h^{se}、M_\alpha^{se}$时,取$m_{P_a^{se}}=5$;当$P_a^{se}=D_h^{se}、L_p^{se}、M_p^{se}$时,取$m_{P_a^{se}}=0$。

由于青马大桥上没有测得气动导纳函数的有效数据,与主梁的抖动阻力、侧风力和偏转力矩相关的9个气动导纳函数采用Davenport提出的气动导纳函数,即:

$$\overline{I}_{C_{\overline{q}}^{bu},a}(n)\overline{I}_{C_{\overline{q}}^{bu},b}^*(n)=\overline{I}_{D_{\overline{p}}^{bu},a}(n)\overline{I}_{D_{\overline{p}}^{bu},b}^*(n)=\overline{I}_{M_{\overline{\phi}}^{bu},a}(n)\overline{I}_{M_{\overline{\phi}}^{bu},b}^*(n)=|\chi_D(n)|^2 \quad (7.6\text{-}1)$$
$$(a=u、v、w,b=u、v、w)$$

$$|\chi_D(n)|^2=\frac{2(c-1+e^{-c})}{c^2},c=\frac{\lambda nD}{\overline{U}} \quad (7.6\text{-}2)$$

式中:λ——衰减系数,$\lambda=7$;

D——主梁高度,$D=7.643\text{m}$。

与主梁抖振升力、扭转力矩和摇摆力矩相关的其他9个气动导纳函数设定为1,即:

$$\overline{I}_{L_{\overline{h}}^{bu},a}(n)\overline{I}_{L_{\overline{h}}^{bu},b}^*(n)=\overline{I}_{M_{\overline{\alpha}}^{bu},a}(n)\overline{I}_{M_{\overline{\alpha}}^{bu},b}^*(n)=\overline{I}_{M_{\overline{\gamma}}^{bu},a}(n)\overline{I}_{M_{\overline{\gamma}}^{bu},b}^*(n)=1.0 \quad (7.6\text{-}3)$$
$$(a=u、v、w,b=u、v、w)$$

根据朱乐东等的研究,上述关于气动导纳函数的假设适用于青马大桥的频域抖振分析。

7.6.3 等效湍流风速的模拟

基于等效湍流风速的概念,根据青马大桥使用的气动导纳函数,只需模拟两组等效湍流风速。一组等效湍流风速用于模拟作用在主梁上的抖振升力、扭转力矩和摇摆力矩,其中气动导纳函数设定为1,等效湍流风速谱采用台风森姆(Sam)经过时相同位置的实测风速谱;另一组等效湍流风速用于模拟主梁上的抖振阻力、侧风力和偏转力矩,其中等效湍流风速谱为台风森姆(Sam)实测风速谱乘以给定位置的Davenport气动导纳函数。在模拟抖振力时,假定沿主梁的所有点处,由式(7.5-1)表示的实测自谱和式(7.5-2)表示的共谱相同。因此,要模拟的两组等效湍流风速都是三维多元随机过程。值得注意的是,两组等效湍流风速对应于总体风轴坐标系$X_uY_vZ_w$,在模拟中应通过变换矩阵$\boldsymbol{T}_{GwGs}$将主梁上各点相对于总体结构坐标系XYZ的坐标向量转化为总体风轴坐标系$X_uY_vZ_w$,变换矩阵$\boldsymbol{T}_{GwGs}$通过式(7.3-3)计算。

风场模拟的时间间隔及持续时间分别为 0.062 5s 和 3 600s。主梁不同高度(58.73 ~ 75.31m)的变化风速通过幂值数平均风速剖面的计算考虑。沿悬索桥主梁模拟的风场点数 N_1 为 119。在模拟湍流风速时,选取上限截止频率 ω_{up} 为 2Hz(即 4π rad/s),模拟频率步长 $\Delta\omega$ 为 $4\pi/1\ 024$,在时域抖振分析中考虑约 150 阶模态。风场模拟及时域分析中采用的参数具体见表 7.6-3。

风场模拟和时域分析参数　　　　　　　　　　表 7.6-3

主要参数	参数值
主梁高度处平均风速(m/s)	17.1
平均风速剖面的幂值 α	0.33
平均风偏角 $\beta(°)$ 及平均风攻角 $\theta(°)$	$\beta = -29.15, \theta = 2.25$
沿主梁模拟点数 N_1	119
顺桥向、横向及竖向湍流度(%)	18.6,20.4,14.5
上限截止频率 ω_{up}(rad/s)	4π
划分频率数 N_2	1 024
频率间隔 $\Delta\omega$(rad/s)	0.012
时间间隔 Δt(s)	0.062 5
持续时间(s)	3 600

在模拟两组湍流风速时,采用相同的、在区间 $[0, 2\pi]$ 上均匀分布的独立随机相位角,从而可以认为所有的抖振力都是同时模拟的。ATTJD 点的第一组和第二组的等效湍流风速分别如图 7.6-2 所示。为了检验模拟结果的准确性,采用图 7.6-2b)所示的第二组等效湍流风速时程计算 ATTJD 点处的等效风速自功率谱和交叉谱,并与式(7.5-1)、式(7.5-2)和式(7.6-2)得到的目标自功率谱和交叉谱 $|\chi_D(\omega)|^2 S_{ab}(\omega)$ ($a = u、v、w, b = u、v、w$)进行对比(见图 7.6-3)。结果表明,模拟湍流风速的自功率谱和交叉谱与各自的目标自功率谱和交叉谱吻合良好。

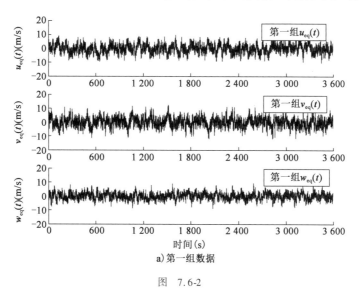

a)第一组数据

图 7.6-2

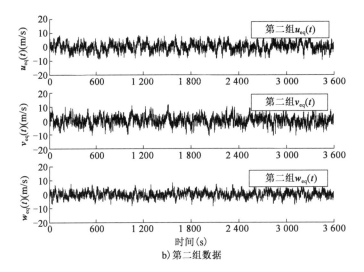

b) 第二组数据

图 7.6-2　ATTJD 监测点的等效脉动风速

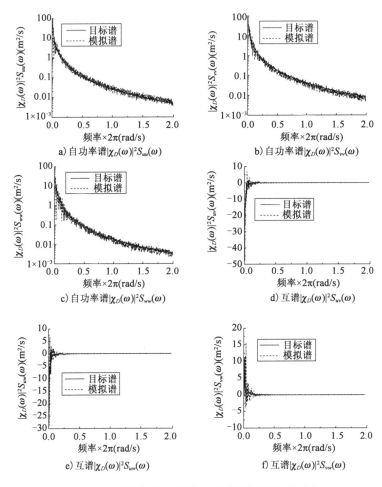

图 7.6-3　等效脉动风速的自/互功率谱与目标谱的对比

7.6.4 主梁加速度响应时程对比

在以上工作的基础上,计算了1999年8月22日香港时间14时11分至15时11分台风森姆中斜风作用下青马大桥主跨主梁(由ATTJD检测)的横向、竖向、扭转的加速度响应时程并计算出相应的响应谱,分别见图7.6-4和图7.6-5。可以看出,主梁ATTJD点的竖向加速度响应远大于横向加速度响应。由于点ATTJD位于主梁的跨中处,加速度响应主要由每个方向上的前面几阶模态贡献。

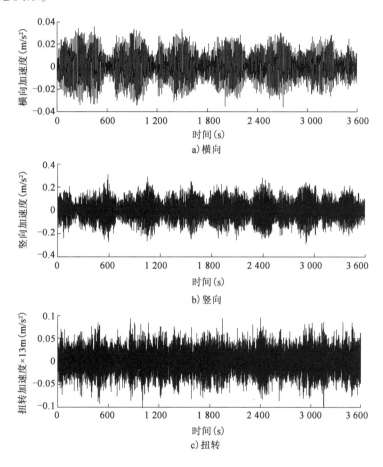

图7.6-4 主梁ATTJD监测点的加速度时程曲线

从图7.6-5a)中可以看出ATTJD点的横向加速度响应由主跨一阶横向对称频率主导,频率为0.068Hz,横向加速度谱的第二个峰值点对应频率为0.271Hz,对应第一阶扭转自振频率,这是由于主桥的横向和扭转振型耦合非常显著,将会增大横向加速度响应。另外,桥梁主跨的第二、第三和第四阶横向对称振型对应频率分别为0.232Hz,0.285Hz和0.365Hz,也对总横向加速度响应具有一定贡献。

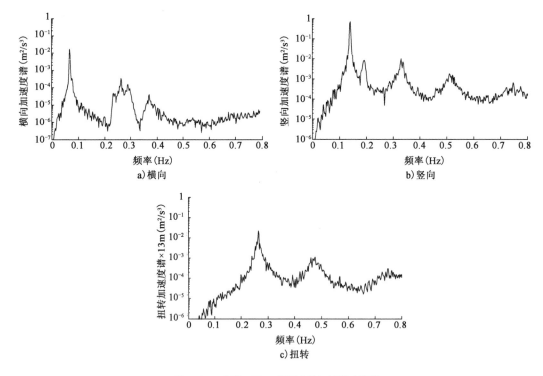

图 7.6-5 主梁 ATTJD 监测点的加速度响应谱

从图 7.6-5b)中可以看出 ATTJD 点的竖向加速度响应由主跨一阶竖向对称振型主导,频率为 0.137Hz。主跨第二阶和第三阶竖向对称振型对应的频率分别为 0.189Hz 和 0.325Hz,对总竖向加速度响应有一定贡献,而更高阶的竖向对称振型贡献较小。从竖向加速度谱中 0.271Hz 点可以看出,竖向振型和一阶扭转对称振型的耦合将会减小竖向加速度响应。

从图 7.6-5c)中可以看出 ATTJD 点的扭转加速度响应由主跨一阶扭转对称振型主导,频率为 0.271Hz。桥梁主跨的第二阶扭转对称振型对应频率为 0.4755Hz,对总扭转加速度响应具有一定贡献,而更高阶的扭转对称振型贡献较小。

根据响应时程计算主梁加速度均方根(RMS)响应见图 7.6-6,同时绘出实测的主梁四个监测位置处横向、竖向和扭转方向的 RMS 加速度响应。从图 7.6-6 可以看出,计算的主梁处横向、竖向和扭转方向的 RMS 加速度响应与实测结果接近。

以主跨监测点 ATTFD、ATTID 和 ATTJD 分别作为基准的测量结果,对于计算的横向加速度响应均方根,相对误差分别为 −19.72%、−3.31% 和 −0.28%;对于计算的竖向加速度响应均方根,相对误差分别为 −7.57%、6.25% 和 8.22%;对于计算的扭转加速度响应均方根,相对误差分别为 −7.37%、−1.89% 和 −1.10%。对于马湾侧,在竖向上计算的加速度响应均方根与ATTBD点实测结果相对误差为 −30.45%,横向和扭转的相对误差分别为 −63.16% 和 45.71%。产生差别的原因之一是采用时域法时没有考虑作用于桥梁主缆和桥塔上的抖振力。

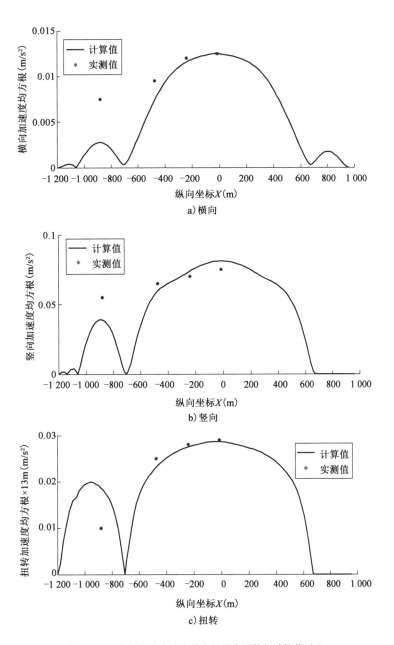

图 7.6-6 主梁加速度响应均方根的实测值与计算值对比

比较结果显示,对于主跨主梁,侧向、竖向和扭转方向的加速度响应均方根计算值都接近于实测结果。横向加速度响应的相对误差小于22%,竖向和扭转方向的相对误差小于10%。对于马湾边跨主梁,竖向的加速度响应均方根值的计算和实测结果也较接近,相对误差小于40%。但是,横向和扭转方向的加速度响应均方根计算值和实测值的相对误差较高达65%。

7.7 小　　结

本章提出了一种预测斜风作用下特大型桥梁抖振响应的时域分析方法。根据斜风作用下主梁斜片条的实测气动系数、含气动脉冲函数的等效脉动风速和谐波合成法,模拟了斜风作用下沿主梁的抖振力六分量时程。主梁斜片条上的自激力用结构运动和由斜风下实测颤振导数推导出的气动脉冲函数的卷积积分来表示。

本章研究分析了台风森姆期间安装在香港青马大桥上的风和结构健康监测系统测得的风结构和抖振响应,随后将提出的时域方法应用于青马大桥,计算在台风森姆中斜风引起的抖振响应,并将计算结果与实测结果进行对比。结果表明,主跨总体符合度较好,而马湾侧边跨相对误差较大。

应当指出,由于采用当前的谐波合成法模拟完整的三维紊流风速场(包括主梁、主缆和桥塔)非常耗时,因此本研究中暂不考虑主缆和桥塔上的抖振力。

本章参考文献

[1] 项海帆. 现代桥梁抗风理论与实践[M]. 北京:人民交通出版社,2005.

[2] Xu Y L. Wind effects on cable-supported bridges[M]. John Wiley & Sons, 2013.

[3] Liu G, Xu Y L, Zhu L D. Time domain buffeting analysis of long suspension bridges under skew winds[J]. Wind and structures, 2004.

[4] Bathe K J. Finite element procedures in engineering analysis[M]. Prentice-Hall, 1982.

[5] Bucher C G, Lin Y K. Stochastic stability of bridges considering coupled modes[J]. Journal of Engineering Mechanics, 1988, 114(12): 2055-2071.

[6] Chen X, Matsumoto M, Kareem A. Aerodynamic Coupling Effects on Flutter and Buffeting of Bridges[J]. Journal of Engineering Mechanics, 2000, 126(1):17-26.

[7] Chen X, Matsumoto M, Kareem A. Time Domain Flutter and Buffeting Response Analysis of Bridges[J]. Journal of Engineering Mechanics, 2000, 126(1):7-16.

[8] Davenport A G. Buffeting of a suspension bridge by storm winds[J]. Journal of the Structural Division, 1962, 88(3): 233-270.

[9] DeodatisG. Simulation of Ergodic Multivariate Stochastic Processes[J]. Journal of Engineering Mechanics, 1996, 122(8):778-787.

[10] Jain A, Jones N P, Scanlan R H. Coupled flutter and buffeting analysis of long-span bridges[J]. Journal of Structural Engineering, 1996, 122(7): 716-725.

[11] Kimura K, Tanaka H. Bridge buffeting due to wind with yaw angles[J]. Journal of Wind Engineering & Industrial Aerodynamics, 1992, 42(1-3):1309-1320.

[12] Lau C K, Wong K Y, Chan K W Y. Preliminary monitoring results of Tsing Ma Bridge[C] Proc., 14th National Conf. on Bridge Engineering. 1998, 2: 730-740.

[13] Scanlan R H. The action of flexible bridges under wind, II: Buffeting theory[J]. Journal of Sound & Vibration, 1978, 60(2):201-211.

[14] Scanlan R H, Jones N P. Aeroelastic Analysis of Cable-Stayed Bridges[J]. Journal of Structural Engineering, 1990, 116(2):279-297.

[15] Shinozuka M, Deodatis G. Simulation of stochastic processes by spectral representation[J]. Appl. Mech. Rev. 1991, 44(4),191-203.

[16] Xiang H F, Liu C H, Gu M. Time domain analysis for coupled buffeting response of long span bridges[C]Proceedings of the 9th International Conference on Wind Engineering, New Delhi, India. 1995: 881-892.

[17] Xu Y L, Ko J M, Zhang W S. Vibration studies of Tsing Ma suspension bridge[J]. Journal of Bridge Engineering, 1997, 2(4): 149-156.

[18] Xu Y L, Sun D K, Ko J M, et al. Buffeting analysis of long span bridges: a new algorithm [J]. Computers & Structures, 1998, 68(4):303-313.

[19] Xu Y L, Zhu L D, Wong K Y, et al. Field measurement results of Tsing Ma suspension bridge during Typhoon Victor[J]. Structural Engineering and Mechanics, 2000, 10(6): 545-559.

[20] Xu Y L, Zhu L D, Xiang H F. Buffeting response of long suspension bridges to skew winds [J]. Wind and Structures, 2003, 6(3): 179-196.

[21] Zhu L. Buffeting response of long span cable-supported bridges under skew winds: field measurement and analysis[D]. The Hong Kong Polytechnic University, 2002.

[22] Zhua L D, Xu Y L, Zhangb F, et al. Tsing Ma bridge deck under skew winds—Part I: Aerodynamic coefficients[J]. Journal of Wind Engineering & Industrial Aerodynamics, 2002, 90(7):781-805.

[23] Zhu L D. Tsing Ma bridge deck under skew winds-part II: flutter derivatives[J]. J Wind Engineering & Industrial Aerodynamics, 2002, 90(7):807-837.

第8章 桥梁抗风气动控制技术

8.1 概 述

特大型桥梁是一种大跨柔性结构,对风的作用十分敏感。自1940年美国旧塔科马大桥因颤振失稳倒塌以来,利用控制措施改善桥梁颤振稳定性的研究已引起极大的关注。因气流主要通过主梁将能量输入振荡的桥梁结构,所以通过改变主梁的气动外形或者通过在主梁上安装小的附属构件的气动措施是大跨桥梁颤振控制研究的重点。

为了解决意大利 Messina Straits 桥的颤振问题,Brown 领导的设计组提出了分离主梁概念(图8.1-1),将该桥的颤振临界风速提高到60m/s。若在主梁上再安装气动翼板(其与主梁上的外侧风屏统一在一起),因气动翼板可对扭转振动与弯曲振动提供气动阻尼,故该桥的颤振稳定性还将有大幅度提高。

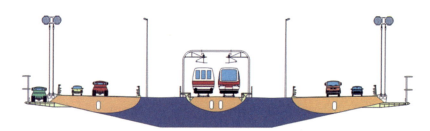

图8.1-1 意大利 Messina Straits 大桥主梁横断面

鉴于桥梁发生颤振失稳时,桥梁结构与气流所形成的振动系统的阻尼在不断地相互反馈作用中由正值趋向负值,振动系统所吸收的能量超越了自身的耗能能力而造成系统运动发散。鉴于此,本章首先从能量的角度研究气动翼板控制桥梁颤振的物理机理。然后,以伶仃洋跨海大桥设计方案为例,研究气动翼板沿桥跨布置的合理模式。在此基础上,以港珠澳大桥青州航道桥初步设计方案为例,研究气动翼板对大跨钢箱梁斜拉桥颤振稳定性和涡激共振的控制效果;以贵州坝陵河大桥为例,研究气动翼板对大跨钢桁梁悬索桥颤振稳定性的控制效果;以琼州海峡超大跨公路桥梁方案为例,研究气动翼板、格栅结构对大跨分体式钢箱梁颤振稳定性和涡激共振的控制效果。最后,探讨主动控制翼板对大跨桥梁颤振稳定性的影响。

8.2 气动翼板控制桥梁颤振的能量机理

8.2.1 作用在主梁和气动翼板上的气弹自激力

考虑在平滑流作用下的一个桥梁主梁断面,假设它具有竖向弯曲 h 和扭转 α 两个自由度,如图 8.2-1 所示。

对于简谐激励下的小幅振动,单位展长的气弹升力 L_d 和俯仰力矩 M_d 可用气动导数表达为:

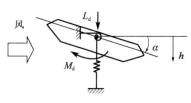

图 8.2-1 主梁断面上的位移和气弹自激力

$$\left.\begin{aligned} L_d &= \frac{1}{2}\rho U^2(2B)(KH_1^*\dot{h}/U + KH_2^*B\dot{\alpha}/U + \\ &\quad K^2H_3^*\alpha + K^2H_4^*h/B) \\ M_d &= \frac{1}{2}\rho U^2(2B^2)(KA_1^*\dot{h}/U + KA_2^*B\dot{\alpha}/U + \\ &\quad K^2A_3^*\alpha + K^2A_4^*h/B) \end{aligned}\right\} \quad (8.2\text{-}1)$$

式中:ρ——空气密度;

U——平均风速;

B——主梁宽度;

H_i^*、A_i^*——主梁的气动导数($i = 1 \sim 4$),是折算频率 $K(=B\omega/U)$ 的无量纲函数;

ω——振动圆频率。

由于在大跨桥梁发生颤振时,具有最低频率的模态振型贡献最大。因此,首先研究弯扭二模态耦合系统的颤振稳定性。假设结构竖向弯曲和扭转位移可表示为:

$$\left.\begin{aligned} h(x,t) &= \varphi_{h,1}(x)p(t) \\ \alpha(x,t) &= \varphi_{\alpha,1}(x)q(t) \end{aligned}\right\} \quad (8.2\text{-}2)$$

式中:x——沿桥跨方向的坐标;

$\varphi_{h,1}(x)$、$\varphi_{\alpha,1}(x)$——竖弯和扭转基频模态的振型函数;

$p(t)$、$q(t)$——竖弯和扭转基频模态的广义坐标。

对于全桥,主梁的振动变形是沿桥跨位置的函数,所以作用在主梁上的气弹自激力也沿桥跨的位置而变化。在线弹性和黏滞阻尼假定下,结构竖向和扭转运动微分方程可表达为:

$$\left.\begin{aligned} m_e(\ddot{p} + 2\zeta_h\omega_h\dot{p} + \omega_h^2 p) &= \bar{L}_d \\ I_e(\ddot{q} + 2\zeta_\alpha\omega_\alpha\dot{q} + \omega_\alpha^2 q) &= \bar{M}_d \end{aligned}\right\} \quad (8.2\text{-}3)$$

式中:m_e——全桥的广义质量,$m_e = \int_{\text{bridge}} m(x)\varphi_{h,1}^2(x)\mathrm{d}x$;

$m(x)$——结构单位长度的质量;

$\int_{\text{bridge}} dx$——沿全桥积分;

I_e——全桥的广义质量惯矩,$I_e = \int_{\text{bridge}} I_m(x) \varphi_{\alpha,1}^2(x) dx$,$I_m(x)$ 为结构单位长度的质量惯矩;

ζ_h、ζ_α——结构竖弯和扭转基频模态的阻尼比;

ω_h、ω_α——结构竖弯和扭转基频的圆频率;

$\bar{L}_d$、$\bar{M}_d$——广义气弹自激升力和俯仰力矩,其表达式分别为:

$$\left.\begin{aligned}\bar{L}_d &= \int_{\text{deck}} L_d(x,t)\varphi_{h,1}(x)dx = \rho U^2 B\left[C_{hh}KH_1^*\frac{\dot{p}}{U} + C_{h\alpha}KH_2^*\frac{B\dot{q}}{U} + C_{h\alpha}K^2H_3^*q + C_{hh}K^2H_4^*\frac{p}{B}\right]\\ \bar{M}_d &= \int_{\text{deck}} M_d(x,t)\varphi_{\alpha,1}(x)dx = \rho U^2 B^2\left[C_{\alpha h}KA_1^*\frac{\dot{p}}{U} + C_{\alpha\alpha}KA_2^*\frac{B\dot{q}}{U} + C_{\alpha\alpha}K^2A_3^*q + C_{\alpha h}K^2A_4^*\frac{p}{B}\right]\end{aligned}\right\}$$
(8.2-4)

式中:C_{hh}、$C_{h\alpha}$、$C_{\alpha\alpha}$、$C_{\alpha h}$——无量纲振型相似系数,其表达式分别为:

$$C_{hh} = \int_{\text{deck}} \varphi_{h,1}^2(x) dx$$

$$C_{h\alpha} = C_{\alpha h} = \int_{\text{deck}} \varphi_{h,1}(x)\varphi_{\alpha,1}(x) dx$$

$$C_{\alpha\alpha} = \int_{\text{deck}} \varphi_{\alpha,1}^2(x) dx \tag{8.2-5}$$

式中:$\int_{\text{deck}} dx$——沿主梁积分。

将式(8.2-3)进一步表达为矩阵形式:

$$[M]\{\ddot{Q}\} + [C]\{\dot{Q}\} + [K]\{Q\} = 0 \tag{8.2-6}$$

其中,$[M] = \begin{bmatrix} m_e & 0 \\ 0 & I_e \end{bmatrix}$;$[C] = \begin{bmatrix} 2m_e\zeta_h\omega_h & 0 \\ 0 & 2I_e\zeta_\alpha\omega_\alpha \end{bmatrix} - \rho UBK\begin{bmatrix} C_{hh}H_1^* & BC_{h\alpha}H_2^* \\ BC_{h\alpha}A_1^* & B^2C_{\alpha\alpha}A_2^* \end{bmatrix}$;

$[K] = \begin{bmatrix} m_e\omega_h^2 & 0 \\ 0 & I_e\omega_\alpha^2 \end{bmatrix} - \rho U^2K^2\begin{bmatrix} C_{hh}H_4^* & BC_{h\alpha}H_3^* \\ BC_{h\alpha}A_4^* & B^2C_{\alpha\alpha}A_3^* \end{bmatrix}$;$\{Q\} = \begin{Bmatrix} p \\ q \end{Bmatrix}$。

基于式(8.2-6),采用桥梁多模态耦合颤振分析的能量方法求解系统的颤振临界风速和颤振频率。在不同风速下,系统是否发生颤振的本质在于由气流输入到结构中的能量 E_{in} 与结构阻尼耗散的能量 E_{dis} 之间的平衡关系:

(1)当 $E_{\text{in}} < E_{\text{dis}}$ 时,系统在初始扰动下将作衰减(阻尼)振动,系统处于稳定状态;

(2)当 $E_{\text{in}} = E_{\text{dis}}$ 时,系统在初始扰动下将作等幅谐和振动,此时系统处于颤振临界状态;

(3)当 $E_{in} > E_{dis}$ 时,系统在初始扰动下将作发散振动,系统因颤振而失稳。

在颤振临界状态,一个振动周期内 E_{in} 和 E_{dis} 的解析表达式分别为:

$$E_{in} = \int_0^{\frac{2\pi}{\omega}} \int_{deck} L_d(x,t) \dot{h}(x,t) dx dt + \int_0^{\frac{2\pi}{\omega}} \int_{deck} M_d(x,t) \dot{\alpha}(x,t) dx dt$$

$$= \pi \rho U^2 K^2 B p_0 q_0 \left[C_{h\alpha}(H_2^* + A_1^*) \cos\theta + \left(C_{hh} H_1^* \frac{p_0}{Bq_0} + C_{\alpha\alpha} A_2^* \frac{Bq_0}{p_0} \right) + C_{h\alpha}(-H_3^* + A_4^*) \sin\theta \right]$$

(8.2-7)

$$E_{dis} = \int_0^{\frac{2\pi}{\omega}} \int_{bridge} c_h(x) \dot{h}^2(x,t) dx dt + \int_0^{\frac{2\pi}{\omega}} \int_{bridge} c_\alpha(x) \dot{\alpha}^2(x,t) dx dt$$

$$= 2\pi (m_e \zeta_h \omega_h \omega p_0^2 + I_e \zeta_\alpha \omega_\alpha \omega q_0^2)$$

(8.2-8)

式中: p_0、q_0——广义坐标 $p(t)$ 和 $q(t)$ 的幅值,此幅值由自激振动系统的初始状态决定,但幅值比 p_0/q_0 与系统的初始状态无关;

θ——$q(t)$ 滞后于 $p(t)$ 的相位差;

$c_h(x)$、$c_\alpha(x)$——全桥竖弯和扭转振动的阻尼系数。

8.2.2 气流由气动翼板输入系统的能量

主梁上安装气动翼板后,设气动翼板为宽度、厚度和质量均很小的刚性板,它们水平设置在主梁上方并与主梁之间保持一定的距离,二者的流场互不干扰,如图 8.2-2 所示。

作用在气动翼板单位展长上的气弹自激升力和俯仰力矩分别为:

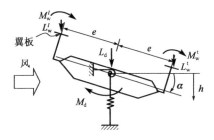

图 8.2-2 安装气动翼板后整个主梁截面的气弹自激力

$$\left. \begin{array}{l} L_w^l = \frac{1}{2}\rho U^2 (2B_w)(K_w H_{w,1}^* \dot{h}_w^l/U + K_w H_{w,2}^* B_w \dot{\alpha}_w^l/U + K_w^2 H_{w,3}^* \alpha_w^l + K_w^2 H_{w,4}^* h_w^l/B_w) \\ M_w^l = \frac{1}{2}\rho U^2 (2B_w^2)(K_w A_{w,1}^* \dot{h}_w^l/U + K_w A_{w,2}^* B_w \dot{\alpha}_w^l/U + K_w^2 A_{w,3}^* \alpha_w^l + K_w^2 A_{w,4}^* h_w^l/B_w) \end{array} \right\}$$

(8.2-9)

$$\left. \begin{array}{l} L_w^t = \frac{1}{2}\rho U^2 (2B_w)(K_w H_{w,1}^* \dot{h}_w^t/U + K_w H_{w,2}^* B_w \dot{\alpha}_w^t/U + K_w^2 H_{w,3}^* \alpha_w^t + K_w^2 H_{w,4}^* h_w^t/B_w) \\ M_w^t = \frac{1}{2}\rho U^2 (2B_w^2)(K_w A_{w,1}^* \dot{h}_w^t/U + K_w A_{w,2}^* B_w \dot{\alpha}_w^t/U + K_w^2 A_{w,3}^* \alpha_w^t + K_w^2 A_{w,4}^* h_w^t/B_w) \end{array} \right\}$$

(8.2-10)

式中:右上标 l,t——"leading"和"trailing"的缩写,分别表示与迎风侧和背风侧翼板有关的参数;

B_w——翼板的宽度;

$H_{w,i}^*$、$A_{w,i}^*$——翼板的气动导数($i = 1 \sim 4$),是折算频率K_w($= B_w\omega/U$)的函数,其解析表达式分别为:

$$\left.\begin{aligned} H_{w,1}^* &= -\frac{\pi}{K_w}F(K_w), H_{w,2}^* = -\frac{\pi}{4K_w}\left[1 + F(K_w) + \frac{4G(K_w)}{K_w}\right] \\ H_{w,3}^* &= -\frac{\pi}{K_w^2}\left[F(K_w) - \frac{K_w G(K_w)}{4}\right], H_{w,4}^* = \frac{\pi}{4}\left[1 + \frac{4G(K_w)}{K_w}\right] \end{aligned}\right\} \quad (8.2\text{-}11)$$

$$\left.\begin{aligned} A_{w,1}^* &= \frac{\pi}{4K_w}F(K_w), A_{w,2}^* = -\frac{\pi}{16K_w}\left[1 - F(K_w) - \frac{4G(K_w)}{K_w}\right] \\ A_{w,3}^* &= \frac{\pi}{4K_w^2}\left[F(K_w) - \frac{K_w G(K_w)}{4}\right], A_{w,4}^* = -\frac{\pi}{4K_w}G(K_w) \end{aligned}\right\} \quad (8.2\text{-}12)$$

式中:$F(K_w)$、$G(K_w)$——Theodorsen 圆函数的实部和虚部。

在小幅振动条件下,假设作用在气动翼板和主梁上的气动力可以叠加,均作用到主梁的质心上(设其与扭心重合)。

由图 8.2-2 所示几何关系,引入小幅振动条件,可得:

$$h_w^l = h - e\alpha, \alpha_w^l = \alpha \quad (8.2\text{-}13)$$

$$h_w^t = h + e\alpha, \alpha_w^t = \alpha \quad (8.2\text{-}14)$$

式中:e——气动翼板质心与主梁质心之间的水平距离,见图 8.2-2。

将式(8.2-13)代入式(8.2-9),将式(8.2-14)代入式(8.2-10),便可将L_w^l、M_w^l以及L_w^t、M_w^t分别表达为关于主梁广义位移h_d、α_d及其关于时间一阶导数的函数。

然后,将作用在主梁与气动翼板上的自激力叠加,可得作用在主梁质心上的合计自激气动升力$\hat{L}_{se}$和合升力矩$\hat{M}_{se}$,其表达式分别为:

$$\hat{L}_{se} = L_d + L_w^l + L_w^t \quad (8.2\text{-}15)$$

$$\hat{M}_{se} = M_d + M_w^l + M_w^t - L_w^l e + L_w^t e \quad (8.2\text{-}16)$$

经整理,得作用在整个主梁(含翼板)单位展长上的气弹自激升力和俯仰力矩分别为$\hat{L}_{se}$和$\hat{M}_{se}$,其表达式为:

$$\left.\begin{aligned} \hat{L}_{se} &= \frac{1}{2}\rho U^2(2B)(K\hat{H}_1^* \dot{h}/U + K\hat{H}_2^* B\dot{\alpha}/U + K^2\hat{H}_3^* \alpha + K^2\hat{H}_4^* h/B) \\ \hat{M}_{se} &= \frac{1}{2}\rho U^2(2B^2)(K\hat{A}_1^* \dot{h}/U + K\hat{A}_2^* B\dot{\alpha}/U + K^2\hat{A}_3^* \alpha + K^2\hat{A}_4^* h/B) \end{aligned}\right\} \quad (8.2\text{-}17)$$

气动导数$\hat{H}_i^*$和$\hat{A}_i^*$($i = 1 \sim 4$)的表达式分别为:

$$\left.\begin{aligned} \hat{H}_1^* &= H_1^* + 2C_1^2 H_{w,1}^*, \hat{H}_2^* = H_2^* + 2C_1^3 H_{w,2}^* \\ \hat{H}_3^* &= H_3^* + 2C_1^3 H_{w,3}^*, \hat{H}_4^* = H_4^* + 2C_1^2 H_{w,4}^* \end{aligned}\right\} \quad (8.2\text{-}18)$$

$$\left.\begin{array}{l}\hat{A}_1^* = A_1^* + 2C_1^3 A_{w,1}^*, \hat{A}_2^* = A_2^* + 2C_1^4 A_{w,2}^* + 2C_1^2 C_2^2 H_{w,1}^* \\ \hat{A}_3^* = A_3^* + 2C_1^4 A_{w,3}^* + 2C_1^2 C_2^2 H_{w,4}^*, \hat{A}_4^* = A_4^* + 2C_1^3 A_{w,4}^*\end{array}\right\} \quad (8.2\text{-}19)$$

式中：C_1、C_2——系数，$C_1 = B_w/B$，$C_2 = e/B$。

主梁上方安装气动翼板后，由气流输入系统中的能量为：

$$\begin{aligned}\hat{E}_{\mathrm{in}} &= \int_0^{\frac{2\pi}{\omega}}\int_{\mathrm{deck}}\hat{L}_{\mathrm{se}}(x,t)\dot{h}(x,t)\mathrm{d}x\mathrm{d}t + \int_0^{\frac{2\pi}{\omega}}\int_{\mathrm{deck}}\hat{M}_{\mathrm{se}}(x,t)\dot{\alpha}(x,t)\mathrm{d}x\mathrm{d}t \\ &= \pi\rho U^2 K^2 B p_0 q_0\left[C_{h\alpha}(\hat{H}_2^* + \hat{A}_1^*)\cos\theta + \left(C_{hh}\hat{H}_1^*\frac{p_0}{Bq_0} + C_{\alpha\alpha}\hat{A}_2^*\frac{Bq_0}{p_0}\right) + C_{h\alpha}(-\hat{H}_3^* + \hat{A}_4^*)\sin\theta\right] \\ &= E_{\mathrm{in,deck}} + E_{\mathrm{in,wing}} \end{aligned} \quad (8.2\text{-}20)$$

式中：$E_{\mathrm{in,deck}}$——气流通过主梁输入系统的能量；

$E_{\mathrm{in,wing}}$——气流通过翼板输入系统的能量。

其表达式分别为：

$$E_{\mathrm{in,deck}} = \pi\rho U^2 K^2 B p_0 q_0\left[C_{h\alpha}(H_2^* + A_1^*)\cos\theta + \left(C_{hh}H_1^*\frac{p_0}{Bq_0} + C_{\alpha\alpha}A_2^*\frac{Bq_0}{p_0}\right) + C_{h\alpha}(-H_3^* + A_4^*)\sin\theta\right]$$

(8.2-21)

$$E_{\mathrm{in,wing}} = \pi\rho U^2 K^2 B p_0 q_0\left[2C_1^3 C_{h\alpha}(H_{w,2}^* + A_{w,1}^*)\cos\theta + 2C_1^2\left(C_{hh}\frac{p_0}{Bq_0} + C_2^2 C_{\alpha\alpha}\frac{Bq_0}{p_0}\right)H_{w,1}^* + \right.$$

$$\left. 2C_1^4 C_{\alpha\alpha}A_{w,2}^*\frac{Bq_0}{p_0} + 2C_1^3 C_{h\alpha}(-H_{w,3}^* + A_{w,4}^*)\sin\theta\right]$$

(8.2-22)

因气动导数 $H_{w,1}^* < 0$，$A_{w,2}^* < 0$，则式（8.2-22）右端的第二项和第三项均为负值，可见气动翼板能够为系统竖弯和扭转运动提供气动阻尼，使气流输入系统中的能量减少；式（8.2-22）右端的第一项和第四项与相位角 θ 有关，由弯扭模态间的耦合决定。

8.2.3 算例

伶仃洋跨海大桥方案之一为三跨连续扁平钢箱梁悬索桥，主梁宽38m，高5m，桥跨布置为438m+1 450m+438m，桥梁总体布置见图8.2-3，主梁标准横断面形式见图8.2-4，主梁和主缆的主要参数见表8.2-1。

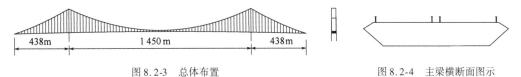

图8.2-3　总体布置　　　　　　　　　　图8.2-4　主梁横断面图示

跨海桥方案的主梁和主缆参数　　　　　　表 8.2-1

位置	$E(\text{MPa})$	$A(\text{m}^2)$	$J(\text{m}^4)$	$I_Z(\text{m}^4)$	$m(\text{kg/m})$	$I_m(\text{kg}\cdot\text{m}^2/\text{m})$
主梁	2.1×10^6	1.285	15.46	5.693	20.22×10^3	2187.0×10^3
主缆(单根)	2.0×10^6	0.467	0.0000	0.0000	4.1×10^3	0.0000

采用空间杆系有限元法,建立结构的动力计算模型,如图8.2-5所示。采用子空间迭代法分析结构的动力特性,结构第一对称竖弯和扭转模态的频率及振型见表8.2-2。

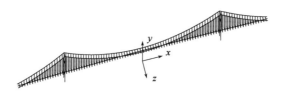

图 8.2-5　悬索桥三维计算模型

结构第一对称竖弯和扭转模态的频率及振型特征　　　　表 8.2-2

模态特征	第一对称竖弯模态	第一对称扭转模态
模态频率(rad/s)	0.704	1.728
振型图		

在对方案桥进行颤振研究时,选取结构第一对称竖弯和扭转两阶模态,各阶模态阻尼比均取为0.5%;气动翼板沿桥梁主跨布置,翼板宽度取为主梁宽度的1/10,翼板水平偏心距 e 取为主梁宽度的1/2。假定平均风速 U 与桥轴正交,通过节段模型风洞试验和数值分析方法两种手段,针对风攻角0°和+3°两种工况,分别考察了主梁上方安装气动翼板前后系统颤振临界风速的变化,结果见表8.2-3。其中节段模型风洞试验在XNJD-1工业风洞中进行,模型几何缩尺比为1:80;数值分析方法采用桥梁多模态耦合颤振分析的能量方法,主梁的气动导数选用风洞试验实测结果,气动翼板的气动导数选用平板的理论解。

二模态耦合系统的颤振临界风速 U_{cr}　　　　表 8.2-3

研究方法	风攻角	无翼板工况下 U_{cr}^{I}(m/s)	有翼板工况下 U_{cr}^{II}(m/s)	$(U_{cr}^{\text{II}}/U_{cr}^{\text{I}}-1)\times100$
节段模型风洞试验	0°	83.61	90.42	8.14
	+3°	65.03	87.63	34.75
颤振分析的能量方法	0°	81.16	87.32	7.59
	+3°	65.93	85.70	30.00

由表8.2-3可以看出:①在主梁上安装气动翼板能够有效提高系统的颤振临界风速;②数值分析结果与风洞试验结果吻合,进一步验证了桥梁多模态耦合颤振分析能量方法的正确性。

以风攻角 $\theta=+3°$工况为例,研究气动翼板控制桥梁颤振的物理机理,计算中初值取为: $p(0)=q(0)=10\,000.0$, $\dot{p}(0)=\dot{q}(0)=0.0$。在颤振临界状态,主梁上方安装气动翼板前后,系统第一对称竖弯及扭转模态广义坐标的幅值相位关系见图8.2-6。

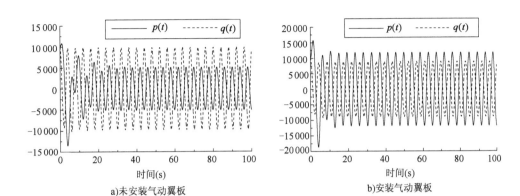

图 8.2-6 颤振临界状态广义坐标位移响应的时程曲线

未安装气动翼板时,在颤振临界状态采用公式(8.2-7)计算得到在一个振动周期内气流由主梁输入到系统中的能量为:$E_{\text{in,deck}}^{\text{I}} = 9.148 \times 10^6 \text{N} \cdot \text{m}$;采用公式(8.2-8)计算得到在一个振动周期内结构阻尼耗散的能量为:$E_{\text{dis}}^{\text{I}} = 9.148 \times 10^6 \text{N} \cdot \text{m}$。因此系统在颤振临界状态,$E_{\text{in,deck}}^{\text{I}} = E_{\text{dis}}^{\text{I}}$,即系统输入与输出的能量相平衡。

主梁上方安装气动翼板后,在颤振临界状态采用公式(8.2-21)和公式(8.2-22)计算得到在一个振动周期内气流由主梁和气动翼板输入到系统中的能量分别为:$E_{\text{in,deck}}^{\text{II}} = 5.636 \times 10^7 \text{N} \cdot \text{m}$,$E_{\text{in,wing}}^{\text{II}} = -4.359 \times 10^7 \text{N} \cdot \text{m}$;采用公式(8.2-8)计算得到在一个振动周期内结构阻尼耗散的能量为:$E_{\text{dis}}^{\text{II}} = 1.277 \times 10^7 \text{N} \cdot \text{m}$。系统在颤振临界状态,$E_{\text{in,deck}}^{\text{II}} + E_{\text{in,wing}}^{\text{II}} = E_{\text{dis}}^{\text{II}}$,此时气流由主梁和气动翼板输入到系统中的能量与结构阻尼耗散的能量相平衡。其中气流由气动翼板输入到系统中的能量 $E_{\text{in,wing}}$ 为负值,这就说明气动翼板具有耗能作用,因此安装气动翼板后系统的颤振临界风速提高。

通过上述分析还可以看出,在主梁上方安装气动翼板后结构阻尼耗散的能量提高了约40%,但由于系统颤振临界风速提高了30%,气流由主梁输入系统的能量增加了516%,而净增加的能量与气动翼板耗散的能量 $E_{\text{in,wing}}^{\text{II}}$ 相平衡。

8.3 气动翼板沿桥跨布置的合理模式

8.3.1 安装气动翼板的主梁单元气动刚度与阻尼矩阵

基于式(8.2-17)包含气动翼板的整个主梁单位展长上的气弹自激力 $\dot{L}_{\text{se}}$ 和 $\dot{M}_{\text{se}}$,采用第5章所述桥梁多模态耦合颤振分析的能量方法,可以方便地研究分析大跨桥梁安装气动翼板后的多模态耦合颤振稳定性。

对于主梁上第 k 个单元,单元局部坐标系正方向如图 8.3-1 所示。将作用在主梁上的自激力 $\hat{L}_{se}$ 和 $\hat{M}_{se}$ 堆聚到单元两端节点上,使之转化为单元等效节点力。

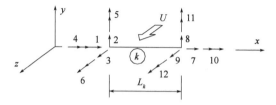

图 8.3-1 主梁单元 k 局部坐标系正方向图示

主梁单元 k 上等效自激节点力的表达式为:

$$\{\bar{F}_{ae}^k\}_{12\times 1} = [K_{ae}^k]_{12\times 12} \{v_k\}_{12\times 1} + [C_{ae}^k]_{12\times 12} \{\dot{v}_k\}_{12\times 1} \tag{8.3-1}$$

式中:$[K_{ae}^k]_{12\times 12}$、$[C_{ae}^k]_{12\times 12}$——单元气动刚度矩阵和气动阻尼矩阵;

$\{v_k\}_{12\times 1}$、$\{\dot{v}_k\}_{12\times 1}$——单元位移和速度列矢量。

安装气动翼板后,主梁单元 k 的气动刚度矩阵 $[K_{ae}^k]_{12\times 12}$ 和阻尼矩阵 $[C_{ae}^k]_{12\times 12}$ 中非零元素为:

$$[K_{ae}^k](2,2) = [K_{ae}^k](8,8) = \frac{1}{2}\rho\omega^2 L_k [B_d^2 H_{d,4}^* + 2B_w^2 H_{w,4}^*] \tag{8.3-2}$$

$$[K_{ae}^k](2,4) = [K_{ae}^k](8,10) = \frac{1}{2}\rho\omega^2 L_k [-B_d^3 H_{d,3}^* - 2B_w^3 H_{w,3}^*] \tag{8.3-3}$$

$$[K_{ae}^k](4,2) = [K_{ae}^k](10,8) = \frac{1}{2}\rho\omega^2 L_k [-B_d^3 A_{d,4}^* - 2B_w^3 A_{w,4}^*] \tag{8.3-4}$$

$$[K_{ae}^k](4,4) = [K_{ae}^k](10,10) = \frac{1}{2}\rho\omega^2 L_k [B_d^4 A_{d,3}^* + 2B_w^4 A_{w,3}^* + 2e^2 B_w^2 H_{w,4}^*] \tag{8.3-5}$$

$$[C_{ae}^k](2,2) = [C_{ae}^k](8,8) = \frac{1}{2}\rho\omega L_k [B_d^2 H_{d,1}^* + 2B_w^2 H_{w,1}^*] \tag{8.3-6}$$

$$[C_{ae}^k](2,4) = [C_{ae}^k](8,10) = \frac{1}{2}\rho\omega L_k [-B_d^3 H_{d,2}^* - 2B_w^3 H_{w,2}^*] \tag{8.3-7}$$

$$[C_{ae}^k](4,2) = [C_{ae}^k](10,8) = \frac{1}{2}\rho\omega L_k [-B_d^3 A_{d,1}^* - 2B_w^3 A_{w,1}^*] \tag{8.3-8}$$

$$[C_{ae}^k](4,4) = [C_{ae}^k](10,10) = \frac{1}{2}\rho\omega L_k [B_d^4 A_{d,2}^* + 2B_w^4 A_{w,2}^* + 2e^2 B_w^2 H_{w,1}^*] \tag{8.3-9}$$

在式(8.3-2)~式(8.3-9)中去掉与气动翼板颤振导数 $H_{w,i}^*$、$A_{w,i}^*$($i=1\sim 4$)有关的各项,即得到未安装气动翼板时主梁单元 k 的气动刚度和阻尼矩阵中诸非零元素。

8.3.2 安装气动翼板的桥梁颤振稳定性分析

将桥梁结构和气流整个作为一个系统,组集系统的颤振运动方程,其表达式为:

$$[M_s]\{\ddot{v}\} + [C]\{\dot{v}\} + [K]\{v\} = \{0\} \tag{8.3-10}$$

$$[C] = [C_s] - [C_{ae}], [K] = [K_s] - [K_{ae}] \tag{8.3-11}$$

式中:$[M_s]$、$[C_s]$、$[K_s]$——结构的质量、阻尼和刚度矩阵;

$[K_{ae}]$、$[C_{ae}]$——气动刚度和气动阻尼矩阵;

$\{\ddot{v}\}$、$\{\dot{v}\}$、$\{v\}$——结构的节点加速度、速度和位移列向量。

基于式(8.3-10),采用第5章所述桥梁多模态耦合颤振分析的能量方法,开展安装气动翼板的桥梁颤振稳定性分析。

8.3.3 算例

以伶仃洋跨海大跨设计方案之一的三跨连续扁平钢箱梁悬索桥为例开展研究,桥梁结构的总体布置、主梁横断形式及结构有关参数见本章8.2.3节相关内容。

在颤振分析时,假定平均风速 U 与桥轴正交,选取结构一阶对称竖弯和扭转两阶模态进行组合;主梁的气动导数取用 $0°$ 和 $+3°$ 风攻角的节段模型试验实测的气动导数;气动翼板的气动导数选用理论平板颤振导数,不考虑平板气动导数的攻角效应;各阶模态阻尼比均取为 0.5%;气动翼板沿桥梁主跨布置,翼板宽度取为主梁宽度的 $1/10$,翼板水平偏心距 e 取为主梁宽度的 $1/2$。气动翼板沿桥跨方向的布置方式研究了6种工况,如表8.3-1所示,分别为:①无气动翼板;②三跨桥梁全部布设气动翼板;③主跨全部布设气动翼板;④主跨跨中布设 $1/2$ 主跨长度的气动翼板;⑤主跨跨中布设 $1/3$ 主跨长度的气动翼板;⑥边跨布设气动翼板。

采用桥梁多模态耦合颤振分析的能量方法,分析得到不同气动翼板布设模式的桥梁颤振临界风速,如表8.3-1所示。从分析结果可知:①该方案桥的颤振稳定性由风攻角为 $+3°$ 控制,无气动翼板时的颤振临界风速为 61.30m/s;②在 B、C、D、E 四种工况下,在主梁上安装气动翼板可以有效地提高桥梁的颤振稳定性;③因该桥梁方案的模态振型以主跨为主,且对于对称竖弯及扭转模态振型,主跨跨中的幅值最大,所以将气动翼板在主跨布置时(工况 C)或在主跨跨中部分区域布置时(工况 D、工况 E),与全桥三跨布置的效果基本相当,均可获得良好的制振效果。

不同气动翼板布设工况及其对桥梁颤振稳定性的控制效果　　　表8.3-1

工况	气动翼板沿桥跨的布置类型	简化图示(尺寸单位:m)	颤振临界风速(m/s)	
			$0°$	$+3°$
工况 A	无气动翼板		82.0	61.3
工况 B	三跨桥梁全部布设气动翼板		91.8	84.5

续上表

工况	气动翼板沿桥跨的布置类型	简化图示(尺寸单位:m)	颤振临界风速(m/s) 0°	+3°
工况 C	主跨全部布设气动翼板		95.0	84.5
工况 D	主跨跨中布设1/2主跨长度的气动翼板		93.2	83.1
工况 E	主跨跨中布设1/3主跨长度的气动翼板		87.2	79.4
工况 F	边跨布设气动翼板		81.7	61.0

8.4 青州航道桥初步设计方案抗风性能研究

8.4.1 桥梁设计方案概况

港珠澳大桥青州航道桥初步设计方案之一为主跨458m的竖琴式中央双索面双塔五跨半飘浮体系斜拉桥方案,桥跨布置为(110 + 126 + 458 + 126 + 110)m = 930m,如图8.4-1所示。该方案的主梁采用设置中央开槽的双挑臂梯形断面钝体钢箱梁,通过横向连接箱连接,宽度为41.6m,高度为4m,主梁横断面如图8.4-2所示。

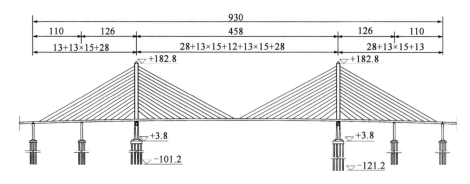

图8.4-1 桥型布置(尺寸单位:m)

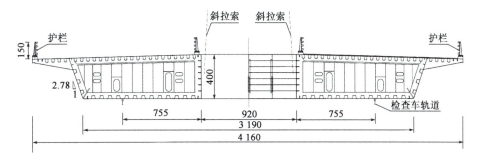

图 8.4-2 主梁横断面(尺寸单位:cm)

港珠澳大桥青州航道桥位于我国沿海的台风频发地区,桥梁的颤振失稳检验风速大于 84.8m/s。由于该桥结构较柔,阻尼较小,抗风性能要求高,抗风性能是该桥建设的控制因素之一。

8.4.2 结构动力特性分析

采用空间有限元模型进行结构动力特性分析。为了比较准确地模拟结构的刚度特性和质量分布,中央开槽的钝体钢箱梁采用双主梁模型模拟,索塔、过渡墩和辅助墩采用空间梁单元模拟,斜拉索采用空间杆单元模拟,考虑各单元初始内力产生的几何非线性效应。索塔、过渡墩和辅助墩的桩与土之间采用弹簧约束模拟。斜拉桥方案成桥状态空间有限元计算模型见图 8.4-3。

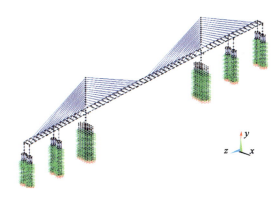

图 8.4-3 桥梁结构空间有限元计算模型

采用 Block Lanczos 方法对特征方程进行求解,计算了桥梁结构各阶模态对应的主梁等效质量和等效质量惯矩。其中,主梁一阶正对称竖弯频率 $f_{VS1} = 0.3296$ Hz,对应的等效质量为 $m_{eq} = 31.92$ t/m;主梁一阶正对称扭转频率 $f_{TS1} = 0.5759$ Hz,对应等效质量惯矩 $I_{m,eq} = 6095.5$ t·m²/m;结构扭弯频率比 $f_{TS1}/f_{VS1} = 1.747$。

8.4.3 原始方案主梁节段模型颤振性能风洞试验结果

主梁节段模型试验中主要模拟主梁结构竖向和扭转方向两个自由度的振动特性,采用弹簧悬挂二元刚体节段模型。根据实桥主梁断面尺寸和风洞试验段尺寸以及直接试验法的要求,主梁节段模型的缩尺比取为 $\lambda_L = 1/50$。为了减少节段模型端部三维流动的影响,模型的总长度取为2.8m,模型两端与风洞竖壁的间隙小于2cm。同时,考虑检修车轨道和桥面防撞护栏对气流的影响。悬挂于风洞中的节段模型如图8.4-4所示。

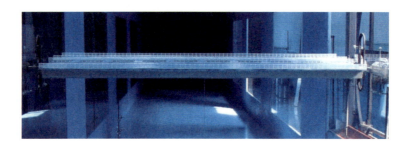

图8.4-4 桥梁风洞试验节段模型

弹簧悬挂二元刚体节段模型风洞试验除了要求模型与实桥之间满足几何外形相似外,原则上还应满足弹性参数(频率比)、惯性参数(惯性半径比)和阻尼参数(阻尼比)三组无量纲参数的一致性条件。为了考虑全桥振动的三维空间效应,二维节断模型的质量和质量惯性矩需要按实桥主梁的等效质量和等效质量惯性矩来模拟。通过节段模型的实际参数测量结果可知,模型的竖弯频率和扭转频率分别为2.307 7Hz和4.007 5Hz;扭弯频率比为1.737,与目标值误差在0.6%以内;模型的竖弯和扭转阻尼比分别为0.54%和0.47%。

在均匀流场中,采用直接试验法对主梁成桥状态模型进行竖弯和扭转两自由度耦合颤振试验。试验结果表明,主梁在+3°和0°攻角时发生了扭转颤振发散,它们对应实桥的颤振临界风速分别为74m/s、72.5m/s;主梁在-3°攻角时对应实桥的颤振临界风速大于131m/s,由于此时临界风速已经远远大于颤振检验风速,考虑试验模型的安全性,没有进一步增加试验风速。从试验结果可知,原始主梁断面桥梁方案的最不利颤振临界风速为72.5m/s,小于相应的颤振检验风速84.8m/s,不能满足该桥的抗风设计要求。

8.4.4 原始方案主梁节段模型涡振性能风洞试验结果

在均匀流场中,对-3°、0°、+3°三种风攻角的主梁进行涡振试验。试验结果表明,主梁在-3°、0°和+3°风攻角下无竖向涡激共振;扭转涡激共振的试验结果见图8.4-5。由图8.4-5可以看出,在-3°风攻角下无扭转涡激共振;在0°风攻角下18.2~25.0m/s风速范围内发生扭转涡激共振,风速为21.2m/s时单峰值为0.24°,超过了设计容许值0.190 3°;在+3°风攻角下19.8~29.3m/s风速范围内发生扭转涡激共振,风速为24.9m/s时单峰值为0.51°,超过了设计容许值0.190 3°。

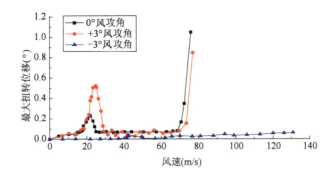

图 8.4-5 原始断面主梁扭转涡振位移峰值随风速的变化曲线

8.4.5 安装气动翼板的主梁节段模型风洞试验研究

8.4.5.1 安装气动翼板的主梁断面

研究表明,气动翼板是改善桥梁颤振稳定性的有效控制措施。为了提高桥梁的颤振临界风速,同时抑制桥梁涡激共振的振幅,研究了在主梁上游和下游两侧上方设置一对水平气动翼板的气动控制措施。气动翼板的横截面为两端带有三角形风嘴的平板,它们通过专门设计的固定构件安装在主梁两端的挑臂上,如图 8.4-6 所示。气动翼板的宽度(b)为 1.8m($b \approx 0.05B$),气动翼板质心至主梁顶面的竖向距离(h)为 1.8m($h = 0.45H$),气动翼板质心之间的水平距离(E)为 42.4m($E \approx 1.02B$)。

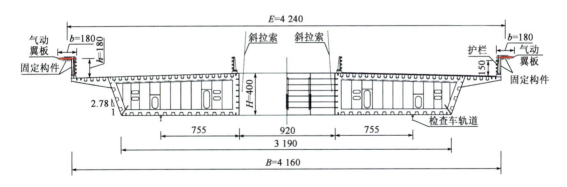

图 8.4-6 安装气动翼板的主梁断面(尺寸单位:cm)

在节段模型风洞试验中,气动翼板模型用有机玻璃材料雕刻而成,安装固定在模型栏杆上方,安装气动翼板后的主梁节段模型如图 8.4-7 所示。气动翼板模型的总质量为主梁模型质量的 0.8%。通过试验测量得到节段模型的竖弯频率和扭转频率分别为 2.306 2Hz 和 3.978 9Hz,扭弯频率比为 1.725。从试验测量结果可知,安装气动翼板前、后节段模型的振动频率影响甚微,扭弯频率比的变化在 0.7% 以内。

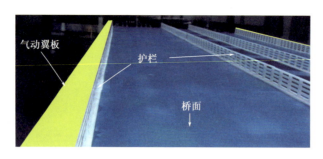

图 8.4-7 安装气动翼板的主梁节段模型

8.4.5.2 气动翼板对桥梁颤振稳定性的控制效果

在均匀流场中采用直接试验法对安装气动翼板的主梁节段模型进行竖弯和扭转两自由度耦合颤振试验,得到了主梁的颤振临界风速,换算成实桥的颤振临界风速如表 8.4-1 所示。

桥梁颤振临界风速试验结果比较 表 8.4-1

结构状态	+3°风攻角		0°风攻角		-3°风攻角	
	颤振临界风速 U_{cr}(m/s)	颤振临界风速增长率 η	颤振临界风速 U_{cr}(m/s)	颤振临界风速增长率 η	颤振临界风速 U_{cr}(m/s)	颤振临界风速增长率 η
无气动翼板的桥梁	74	—	72.5	—	>131	—
安装气动翼板的桥梁	98.6	33%	89.8	24%	>132.5	—

从试验结果可知:安装气动翼板后,在 0°和 +3°风攻角下桥梁的颤振临界风速分别为 89.8m/s 和 98.6m/s,比原始方案的颤振临界风速分别提高了 24% 和 33%,且均表现为扭转颤振发散形态;-3°攻角下桥梁的颤振临界风速大于 132.5m/s(由于临界风速已经远远大于颤振检验风速,考虑试验模型的安全性,没有进一步增加试验风速)。

8.4.5.3 气动翼板对桥梁涡激共振的控制效果

为了考察气动翼板对桥梁涡激共振的控制效果,在均匀流场中对安装气动翼板的节段模型进行了涡激共振试验。通过试验发现,安装气动翼板后,在 -3°、0°、+3°风攻角下,主梁均没有发生竖弯涡激共振和扭转涡激共振现象。图 8.4-8 比较了安装启动翼板前后 0°和 +3°风攻角下主梁扭转涡激共振位移峰值随风速变化过程。由图 8.4-8 可知,气动翼板有效抑制了该桥主梁的涡振共振。

8.4.6 气动翼板对阻尼的影响分析

气动翼板对桥梁颤振稳定性能的改变直接体现在系统的阻尼比变化上。通过风洞试验直接对气流作用下结构的竖弯阻尼比和扭转阻尼比进行测量,得到了设置气动翼板前后主梁在 -3°、0°和 +3°风攻角下的竖弯振动阻尼比和扭转振动阻尼比随风速的变化过程,如图 8.4-9 所示。

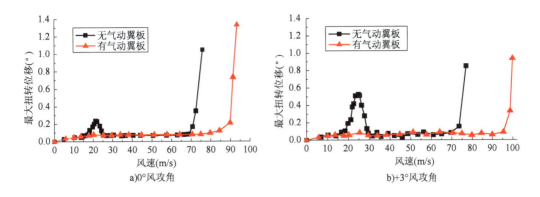

图 8.4-8 安装气动翼板前、后主梁的扭转位移-风速曲线

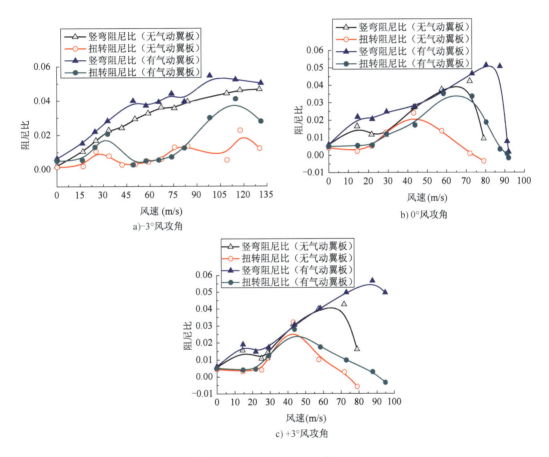

图 8.4-9 结构阻尼随风速的变化过程

从图 8.4-9 可以看出,设置气动翼板前后系统扭转阻尼比和竖弯阻尼比均发生了很大的变化,气动翼板对系统的竖弯和扭转阻尼比具有提高作用。设置气动翼板后,系统扭转阻尼比相对原始结构有大幅度的提高。因此,气动翼板能够在低风速时抑制涡激共振的发生,在高风速时提高结构的颤振临界风速。

8.5 坝陵河大桥抗风性能研究

8.5.1 桥梁设计方案概况

坝陵河大桥位于贵州省关岭县与黄果树风景区交界处,地处黔西地区高原重丘区,是沪瑞国道主干线贵州境内镇宁至胜境关高速公路上跨越坝陵河大峡谷的一座特大型桥梁。坝陵河大桥为主跨 1 088m 的单跨简支钢桁梁悬索桥,东西两岸索塔均为门式框架索塔,东岸锚碇为重力式框架锚碇,西岸锚碇为隧道锚碇,主缆分跨为 248m + 1 088m + 228m,主缆矢跨比为 1/10.3,主缆横桥向间距为 28.0m,吊索顺桥向间距为 10.8m,并在主跨跨中设置了 3 对柔性中央扣,大桥总体布置见图 8.5-1。坝陵河大桥的加劲梁采用钢桁加劲梁,钢桁架的桁高 10m,标准节间长 10.8m,钢桁加劲梁的横断面见图 8.5-2。

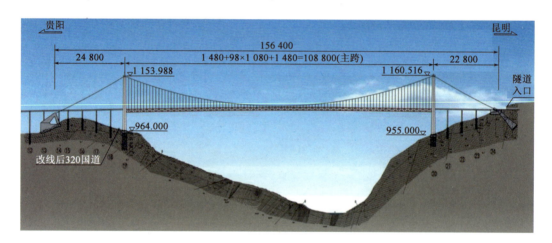

图 8.5-1 坝陵河大桥立面布置(尺寸单位:cm;高程单位:m)

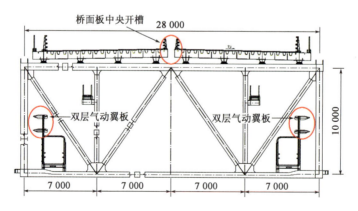

图 8.5-2 钢桁加劲梁的横断面(尺寸单位:mm)

坝陵河大桥是我国首座跨径超千米的大跨钢桁加劲梁悬索桥,桥位处山高谷深,复杂的峡谷风效应将会激发大桥发生毁坏性的颤振失稳,抗风性能是该桥建设的控制因素之一。

8.5.2 钢桁加劲梁抗风设计

为了提高坝陵河大桥的颤振稳定性,设计提出了桥面开槽、安装风嘴、裙板、中央稳定板、气动翼板等多种气动控制措施,并组织开展了大量的风洞试验研究,最终选用颤振控制效果好、经济且便于检修的桥面中央开槽和气动翼板组合的新型气动控制措施,成功解决了坝陵河大桥颤振失稳的技术难题。根据本章 8.3 节关于气动翼板沿桥跨布置模式的研究成果,坝陵河大桥气动翼板安装在桥梁主跨跨中 80% 区域范围。

桥面板中央开槽的宽度为 0.6m,气动翼板安装在下检修道外侧立柱上,分上下两层布置,两层气动翼板截面形心的间距为 1.0m,气动翼板的外轮廓为椭圆形,长轴为 1.4m(其为主梁宽度 28m 的 5%),短轴为 0.15m。桥面板中央开槽和气动翼板的现场照片如图 8.5-3 所示。

图 8.5-3 坝陵河大桥现场照片

为考察气动翼板本身在自重、风等外界荷载作用下的受力情况,采用 ANSYS 有限元软件分析了气动翼板的受力情况,见图 8.5-4。结果表明:气动翼板在外载作用下结构本身受力安全,且具有一定的安全储备。

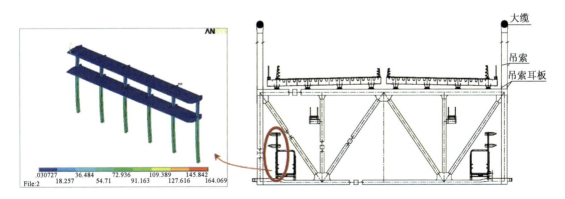

图 8.5-4 气动翼板受力分析

8.5.3 结构动力特性分析

根据设计资料,采用 ANSYS 空间有限元动力分析程序,对坝陵河大桥成桥状态进行结构动力特性分析,有限元计算模型如图 8.5-5 所示。成桥状态主梁一阶对称竖弯振型频率为 0.154 5Hz,单位长度主梁对应的等效质量为 29.623t/m,结构振型如图 8.5-6 所示;主梁一阶对称扭转振型频率为 0.278 0Hz,单位长度主梁对应的等效质量惯矩为 4 704.477t·m²/m,结构振型如图 8.5-7 所示。

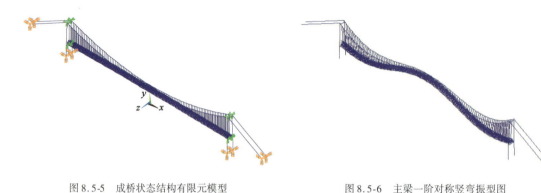

图 8.5-5 成桥状态结构有限元模型　　　　　图 8.5-6 主梁一阶对称竖弯振型图

8.5.4 节段模型风洞试验

试验采用弹簧悬挂二元刚体节段模型,在同济大学土木工程防灾国家重点实验室 TJ-2 边界层风洞中进行,试验模型和设备安装如图 8.5-8 所示。根据实桥主梁断面尺寸和风洞试验段尺寸以及直接试验法的要求,选取节段模型的几何缩尺比为 1/60。为了减少节段模型端部三维流动的影响,模型的总长度取为 2.744m,节段模型两端与风洞竖壁的间隙有 12.8cm。刚体节段模型的主桁架由铁皮焊成的弦杆构成,主桁架中间标准节段长 2.172m,两端各有一段长为 28.6cm 端块。桥面板、检修道和栏杆用 ABS 塑料板由电脑雕刻制成。桥面板中央开槽

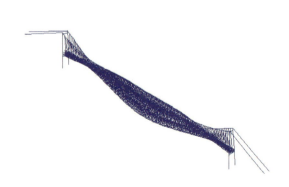 

图 8.5-7 主梁一阶对称扭转振型图　　　　　图 8.5-8 悬挂于 TJ-2 风洞内的节段模型

宽度 10mm（相当于实桥的 60cm），开槽宽度与桥面板宽度的比值为 0.023 3。气动翼板的宽度为 1.4m，由 ABS 板打磨而成截面为长轴 23.3mm、短轴 2.5mm 的椭圆形。模型的主要试验参数如表 8.5-1 所示。

成桥状态节段模型设计参数   表 8.5-1

参数名称	符号	单位	实桥值	缩尺	模型值
主桁架长度	L	m	165.412 7	1/60	2.744 1
主桁架宽度	B	m	28.7	1/60	0.478 0
主桁架高度	H	m	10.7	1/60	0.178 0
桥面板高度	T	m	1.38	1/60	0.022 9
单位长度等效质量	m_{eq}	kg/m	2.96×10^4	$1/60^2$	8.229
单位长度等效质量惯矩	$J_{m,eq}$	$kg \cdot m^2/m$	4.70×10^6	$1/60^4$	0.363
等效惯性半径	r	m	12.607	1/60	0.210 0
竖弯基频	f_h	Hz	0.154 5	12	1.854
扭转基频	f_t	Hz	0.278	12	3.336
扭弯频率比	ε		1.799	1	1.799
扭转振动阻尼比	ξ_t		0.005	1	0.005
竖弯振动阻尼比	ξ_v		0.005	1	0.005

为了对比研究，还开展了桥面板中央不开槽、桥梁下检修道外侧不安装气动翼板的试验工况。节段模型风洞试验在均匀流场中进行，分别研究 -3°、0°、+3° 风攻角情况，图 8.5-9 为试验中用初激励自由衰减振动法测到的节段模型系统扭转总阻尼比随风速的变化曲线，节段模型系统总扭转阻尼比等于 0 时对应的风速即为颤振临界风速。表 8.5-2 为不同工况下试验模型和换算到实桥的颤振临界风速结果。可以看出，采用桥面中央开槽 + 气动翼板的新型气动控制措施，坝陵河大桥在 -3°、0°、+3° 风攻角情况的颤振临界风速均得到了大幅提高，使大桥的颤振稳定性具有足够的安全储备。

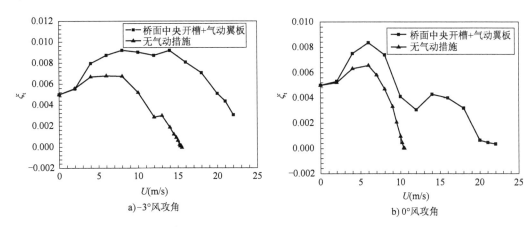

图 8.5-9

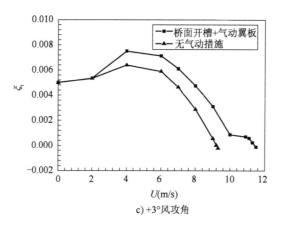

c) +3°风攻角

图 8.5-9　节段模型系统总扭转阻尼比随风速的演化曲线

节段模型试验和换算到实桥的颤振临界风速　　表 8.5-2

气动措施	风攻角	节段模型试验 U_{cr}(m/s)	换算到实桥的 U_{cr}(m/s)
无气动措施	-3°	15.5	75.9
无气动措施	0°	10.5	51.4
无气动措施	+3°	9.3	45.5
桥面中央开槽+气动翼板	-3°	>22	>107.7
桥面中央开槽+气动翼板	0°	>22	>107.7
桥面中央开槽+气动翼板	+3°	11.5	56.3

8.5.5　斜风作用下的节段模型风洞试验

一般认为,当平均风的方向与桥跨方向垂直时,即桥梁在法向风作用下颤振临界风速最低。故迄今为止,对于大跨度桥梁的颤振性能研究主要集中在来流方向与桥跨方向垂直这一特殊情况。然而,一些风洞试验的结果显示桥梁的最低颤振临界风速并不一定发生在法向风的情况,而是有可能发生在平均风与桥跨成某一偏角的斜风的情况,这就会导致按法向风设计结果偏于不安全。

有研究发现,不同风偏角下桥梁结构的颤振性能与结构断面的钝体程度有较大关系,钝体性质明显,则风偏角影响就大。对于钢桁梁断面,在斜风作用下其颤振临界风速也有可能降低,而且在山区峡谷中,风速场空间分布复杂,其来流方向与主桥纵轴线之间一般情况下均存在一定偏角。为此,本节研究风偏角变化对坝陵河悬索桥颤振稳定性的影响。

钢桁梁基本断面形式与前几节相同。为方便对比,节段模型主要设计参数也与前几节相同。对于不同风偏角 β,模型总长 2.744m 保持不变,长宽比约为 5.74:1。在不同风偏角,安装不同的异形端块,使整个斜节段模型的两端始终与来流方向平行。试验中,斜断面节段模型通过模型上的两根吊臂和八根弹簧悬挂在固定于风洞顶板和底板上的近圆弧形"轨道"。风偏角定义为节段模型中心轴的法向与来风方向所成的夹角。试验中所需的风偏角是通过把 8 根弹簧两两成对地固定在上下 4 根"轨道"上的相应预设孔中的方法来实现。试验前,根据需要试验的偏角工况及"轨道"在风洞中的相对位置,在"轨道"上设置相应的孔位;试验时只需将悬挂于吊臂上的弹簧通过连杆固定于"轨道"上的相应孔位处即可。

对于不同的风攻角,两根吊臂始终保持水平,绕断面形心旋转中间段和端块,使中间端横梁、端块、吊臂上的相应风攻角定位孔位对准并固定,即可获得所需风攻角。用这种方式获得的是模型绕其纵轴的旋转角度 θ_m,而实际的风攻角 θ 定义为平均风与主梁中平面的夹角,平均风竖向分量向上时风攻角 θ 为正,θ 与 θ_m 之间的关系可表示为:

$$\theta = \theta_m \cos\beta \qquad (8.5\text{-}1)$$

斜风作用下,钢桁梁节段试验模型和设备安装如图 8.5-10 所示。试验中,无气动措施的原始钢桁梁研究了 0°、5°、10° 和 15° 共 4 个风偏角,采用桥面中央开槽 + 气动翼板新型气动措施的钢桁梁研究了 0°、5°、10°、15° 和 45° 共 5 个风偏角。对于每个风偏角,又考虑了 3 个风攻角,即:$\theta_m = -3°$、0° 和 +3°。试验时,对模型施加一个外部激励使模型振动,通过安装在吊臂上的三个传感器采集有关数据。当风速达到颤振临界风

图 8.5-10 悬挂于 TJ-2 风洞中的节段模型

速时,风荷载作用下模型即可发生发散性振动,此时不用外加激励即可采集数据。

对于钢桁梁这种气动外形较钝的断面,其颤振形态一般以扭转为主,竖弯参与程度较小,所以可以通过考察节段模型系统的扭转振动总阻尼比随风速的变化情况来研究其颤振稳定性。采用初激励自由衰减振动法测量各工况对应的节段模型系统扭转总阻尼比随风速变化曲线,图 8.5-11 和图 8.5-12 分别为原始钢桁梁和桥面中央开槽 + 气动翼板新型气动措施钢桁梁的结果,其中结构初始阻尼比已修正到 0.5%。

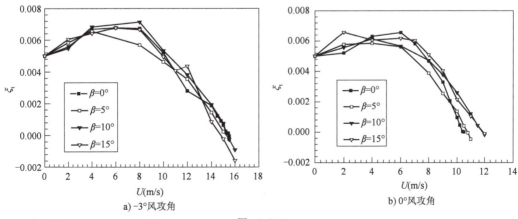

图 8.5-11

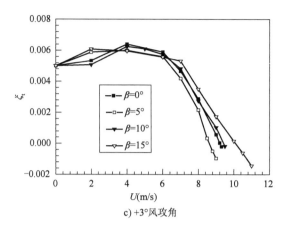

c) +3°风攻角

图 8.5-11 无气动措施原始钢桁梁节段模型系统总扭转阻尼比随风速的演化曲线

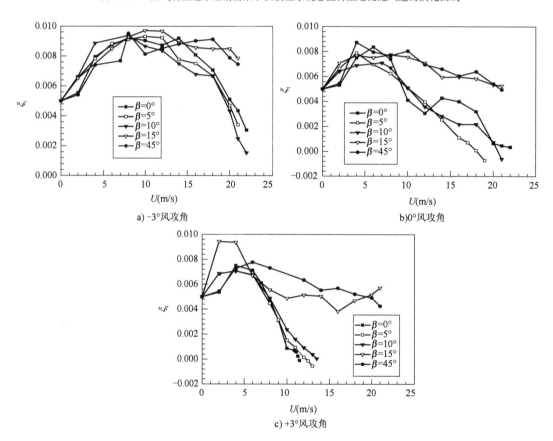

图 8.5-12 桥面中央开槽+气动翼板钢桁梁节段模型系统总扭转阻尼比随风速的演化曲线

不同断面的扭转阻尼比随风速上升都经历了一个先增大后减小的过程,当节段模型系统总扭转阻尼比等于 0 时对应的风速即为颤振临界风速。表 8.5-3 和表 8.5-4 分别为原始钢桁梁和桥面中央开槽+气动翼板新型气动措施钢桁梁的结果,表 8.5-5 为桥面中央开槽+气动翼板新型气动措施钢桁梁的实桥颤振临界风速结果。

原始钢桁梁节段模型试验颤振临界风速(单位:m/s)　　表8.5-3

θ_m	风偏角 β			
	0°	5°	10°	15°
-3°	15.5	15.2	15.3	14.8
0°	10.5	10.8	11.9	12.0
+3°	9.3	8.6	9.4	10.2

桥面中央开槽+气动翼板钢桁梁节段模型试验颤振临界风速(单位:m/s)　　表8.5-4

θ_m	风偏角 β				
	0°	5°	10°	15°	45°
-3°	>22	>21	>22	>21	>21
0°	>22	18.1	20.6	>21	>21
+3°	11.5	12.2	13.5	>21	>21

桥面中央开槽+气动翼板钢桁梁换算到实桥的颤振临界风速(单位:m/s)　　表8.5-5

θ_m	风偏角 β				
	0°	5°	10°	15°	45°
-3°	>110.0	>105.0	>110.0	>105.0	>105.0
0°	>110.0	90.4	103.1	>105.0	>105.0
+3°	56.0	61.0	67.6	>105.0	>105.0

由图8.5-11和表8.5-3可以看出,对于不采用气动措施的原始钢桁梁,在+3°风攻角控制工况下,斜风效应导致节段模型颤振临界风速在5°风偏角工况低于0°风偏角工况,其试验结果为8.6m/s,比0°风偏角的结果降低了7.5%;当风偏角大于5°后,颤振临界风速逐步提高。由图8.5-12和表8.5-4、表8.5-5可以看出,对于采用桥面中央开槽+气动翼板的钢桁梁,由于桥面中央开槽+气动翼板为系统提供了有效的气动阻尼,在+3°风攻角控制工况下,节段模型颤振临界风速为在0°风偏角工况下最低,且随着风偏角增大,颤振临界风速逐步提高。桥面中央开槽+气动翼板钢桁梁的颤振临界风速出现在0°风偏角、+3°风攻角工况,结果为11.5m/s,其比无气动措施的原始钢桁梁的颤振临界风速提高了33.7%。

8.5.6　全桥气弹模型风洞试验

为了对坝陵河大桥实桥的抗风性能进行全面检验,针对成桥状态和7个主要施工状态,采用气动弹性模型在中国空气动力研究与发展中心低速空气动力研究所FL-13大型低速风洞进行了均匀流和紊流条件下的气弹模型风洞试验。在悬索桥气动弹性模型设计中,弹性参数(Cauchy Number)、重力参数(Froude Number)、惯性参数(密度比)的一致性条件均需要严格满足,才能保证模型的结构动力特性与原型相似,以及模型的位移、内力等力学参量与原型相似。考虑到该桥总长为 248m + 1 088m + 228m = 1 564m 和中国空气动力研究与发展中心低速空气动力研究所 FL-13 大型低速风洞尺寸,将模型的几何缩尺比和风速比定为 $C_L = 1/80$ 和 $C_U = 1/8.94$,由相似条件可得频率比为 $C_f = 8.94/1$。主梁气弹模型设计参数见表 8.5-6。安装在风洞中的坝陵河大桥成桥状态和 58% 施工阶段的气弹模型如图 8.5-13、图 8.5-14 所示,气动翼板局部模型如图 8.5-15 所示。

主梁气弹模型设计参数表　　　　　　　　　　　表 8.5-6

参 数 名 称	单位	相似比	实 桥 值	模型实现值
主跨	m	1/80	1 088	13.600
主梁宽	m	1/80	28.70	0.359
主梁高	m	1/80	10.70	0.134
主梁单位长度质量	kg/m	$1/80^2$	23 321.2/18 178.2	3.644/2.840
主梁单位长度质量惯矩	kg·m²/m	$1/80^4$	2 712 031.6/2 120 349.6	0.066 2/0.051 8
主缆面积	m²	$1/80^2$	396 480(中跨)	0.251 3

注:表中"实桥值"列与"模型实现值"列,"/"右的数字为施工状态,左的数字为成桥状态。

图 8.5-13　安装在风洞中的坝陵河大桥
　　　　　　成桥状态气弹模型

图 8.5-14　安装在风洞中的坝陵河大桥 58%
　　　　　　施工状态气弹模型

图 8.5-15　气动翼板局部模型

均匀流场中的气弹模型试验主要是为了考查主梁的颤振性能。对成桥状态、58% 施工状态的气动弹性模型进行了试验,图 8.5-16 和图 8.5-17 给出了两种状态下,在风攻角为 +3°

下桥面风速与测点位移的关系曲线(已换算到实桥)。由图 8.5-16 和图 8.5-17 可以看出,坝陵河大桥颤振临界风速远高于颤振检验风速(成桥$[U_{cr}]=41.3\mathrm{m/s}$,施工$[U_{crsg}]=34.7\mathrm{m/s}$)。

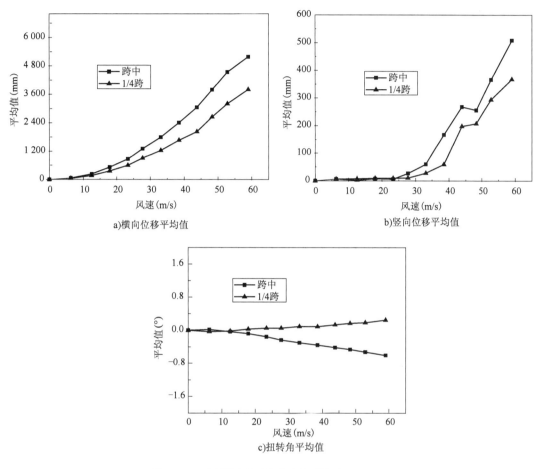

图 8.5-16　成桥状态风致位移响应(均匀流,$\theta = +3°$)

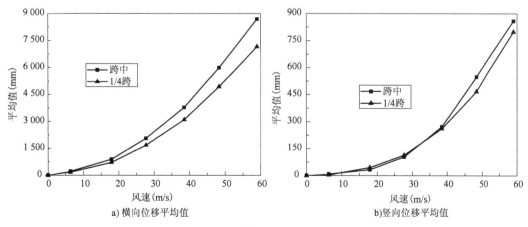

图 8.5-17

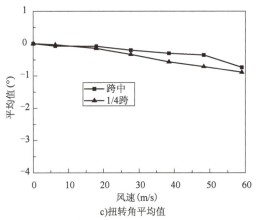

c)扭转角平均值

图 8.5-17　58%施工状态风致位移响应(均匀流,$\theta = +3°$)

8.5.7　极端气候环境下的大桥抗风安全性能

2016 年 5 月 19 日下午 5 时 30 分,贵州关岭境内晴朗的天空骤然变天,受高空槽及中低层切变影响,一场罕见的强风、强降雨、冰雹灾害天气袭击安顺市关岭自治县。关岭"5·19"强风局部气候导致关岭县城及周边大面积停电,关索、顶云、坡贡、断桥等近万人受灾,大量树木折断、村民房屋和车辆受损。关岭"5·19"强风也对坝陵河大桥的附属设施造成了严重影响,导致坝陵河大桥的桥上通信光缆、电缆管线等毁坏断裂,破坏缆线被风卷过大桥护栏,迎风侧桥面照明灯杆倾倒、部分灯杆断裂,如图 8.5-18 所示。关岭"5·19"强风对坝陵河大桥交通造成了严重影响,中断近 5 小时,造成沪昆高速的严重交通拥堵。

坝陵河大桥健康监测系统设计安装各类传感器 258 个,传感器测点整体布置如图 8.5-19 所示。其中,环境风监测采用机械式风速风向仪和超声波风速风向仪。机械式测点分别布置于东塔塔顶上游鞍座,1/4 上游和跨中下游,全桥共 3 个测点;超声波测点分别布置于 1/4 下游和跨中上游,全桥共 2 个测点。在关岭"5·19"强风作用过程中,监测系统发生停电,无法获得整个强风作用过程的监测实时数据信息,以下仅对所取到的部分数据进行分析,数据时间区间为 2016 年 5 月 19 日 17:00:00 至 17:45:18。

a)树木折断

b)房屋被掀

图　8.5-18

c) 坝陵河大桥的桥上通信光缆、电缆管线、灯柱等附属设施毁坏断裂

图 8.5-18 关岭"5·19"强风造成坝陵河大桥的损害

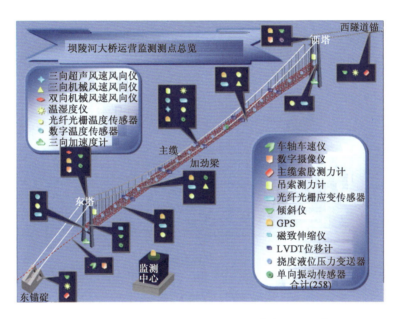

图 8.5-19 贵州坝陵河大桥运营期安全监测系统传感器测点总体布置图

通过对数据的统计分析,得到瞬时风速的变化时程见图 8.5-20,瞬时风向角统计结果见图 8.5-21,桥面处的瞬时风攻角统计结果见图 8.5-22,强风期间桥面处的温度变化情况见图 8.5-23。由强风期间的风速、风向、温度等骤变情况可以初步判断,这是一场具有极强破坏力的雷暴大风,加之深山峡管效应,风速更加猛烈,在山区峡谷特大桥梁建养过程必须高度重视。

由于强风发展过程中观测设备断电,没有能够测量到最大风速过程,只测到起风时间(17时 35 分)至强风发展阶段(17 时 45 分)之间的有效实测数据信息,这样强风期的 10min 平均风速值直接通过实测数据计算时存在失真。因此,本处的 10min 平均风速是通过实测的 2min 平均风速间接换算而来的,从而其不能完全表征本次强风的 10min 平均风速特征值。

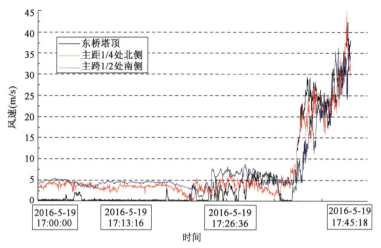

图 8.5-20　强风过程桥面瞬时风速的变化时程

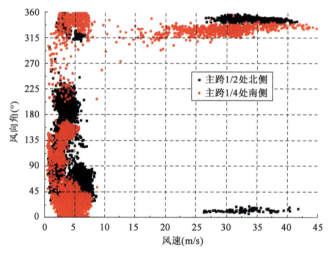

图 8.5-21　强风过程桥面瞬时风速-风向角的统计结果

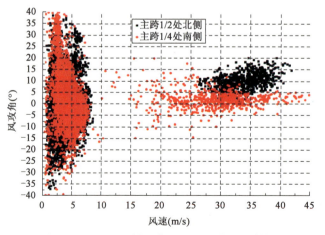

图 8.5-22　强风过程桥面瞬时风速-风攻角的统计结果

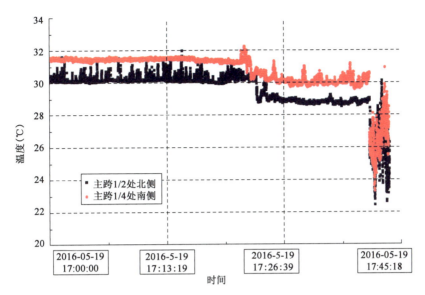

图 8.5-23 强风过程桥面处温度变化时程曲线

通过对大桥风速观测原始数据的处理和统计分析,得到关岭"5·19"强风期间坝陵河大桥关键位置风参数实测统计结果,见表 8.5-7。

关岭"5·19"强风期间坝陵河大桥关键位置风参数实测统计结果　　表 8.5-7

测点位置		瞬时风速（m/s）	3s 阵风风速（m/s）	2min 平均风速（m/s）	10min 平均风速（m/s）	平均风向角（°）	平均风攻角（°）
机械风速仪	东桥塔顶	42.3	—	31.1	29.1	325	
	主跨1/4处北侧	45	—	29.9	27.9	数据坏点	
	主跨1/2处南侧	37.4	—	31.6	29.5	338	
超声风速仪	主跨1/2处北侧	41.9	38.5	33.7	31.5	349	9.7
	主跨1/4处南侧	44.8	40.8	28.8	26.9	328	2.0

从统计结果可知:①实测最大瞬时风速为 44.8m/s(主跨 1/4 处南侧);②最大实测 3s 阵风风速为 40.8m/s(主跨 1/4 处南侧);③最大实测 2min 平均风速为 33.7m/s(主跨 1/2 处迎风北侧),对应的风向角为 349°(北风向),对应的平均风攻角为 9.7°;④根据最大实测风速,间接推算的最大 10min 平均风速为 31.5m/s(主跨 1/2 处迎风北侧)。

关岭"5·19"强风期间的风速,已经超越了坝陵河大桥的设计基准风速 25.9m/s。在大风期间,自东侧引桥至西侧桥塔附近范围内迎风侧的灯杆大部分倾倒和断裂,安装在桥面迎风侧外缘的过桥通信线缆和电缆遭到严重毁坏,部分气动翼板的顶板也遭受飘落物的砸伤破损。大风过后,作者与坝陵河大桥管理部门对坝陵河大桥及时进行了仔细巡检,坝陵河大桥主体结构完好。由全桥气弹模型风洞试验结果(图 8.5-16)可知,由于采用了桥面中央开槽+气动翼板新型气动控制措施,有效保障了坝陵河大桥的抗风稳定性。

鉴于关岭"5·19"强风期间的风速非平稳现象显著,风速沿大桥的桥跨方向分布不均匀,而且在大风期间存在风偏角、大攻角等现象。因此,在山区峡谷特大桥梁设计中,需要对大攻角极端峡谷风作用给予高度关注,采取有效措施保障大桥安全。另外,加强大桥风速监测系统的鲁棒性,保障其能够在极端气象环境条件下正常工作,采集更多的有效观测数据,为山区峡谷特大桥梁建养提供参考。

8.6 琼州海峡公路桥梁方案抗风性能研究

8.6.1 琼州海峡公路桥梁方案及抗风设计风参数

琼州海峡位于雷州半岛南端和海南岛北部之间,东口为南海,西口为北部湾,东西长约 80km,南北宽平均约 30km。琼州海峡跨海工程区具有水深、风大、浪高、流急、地质构造复杂、火山与地震活动频繁、通航要求高、环境影响敏感点多等特点。海峡东部海底地形较复杂,水深 50m 以上约 10km,最大水深 90m;中部地形呈"W"形,深水区宽约 10km,水深 65~90m,最大达 120m;西部峡口地形较平缓,水深 40~51m,最大 60m。工程海域高潮位潮差大、流速强,巨浪频发(观测到高达 12m 以上的波浪),波周期范围宽。

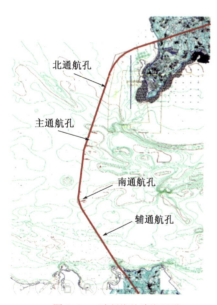

图 8.6-1 琼州海峡跨海通道

琼州海峡跨海工程规模巨大、技术难度大。规划中的琼州海峡跨海工程线位走向包括中线和西线建设方案,西线桥梁布设方案如图 8.6-1 所示。为满足 30 万吨级油船和 15 万吨级集装箱船通航要求,主通航孔需修建 1 500m 级单孔单向通航桥梁或 3 000m 级单孔双向通航桥梁,技术要求远超出国内外现有的桥梁技术水平。研究提出了西线公路桥梁设计方案,如图 8.6-2 所示。

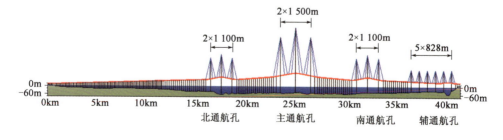

图 8.6-2 琼州海峡跨海通道西线桥梁布置

在主通航孔桥梁设计方案中,采用三塔双索面钢箱梁斜拉桥,四跨连续飘浮体系,桥跨布置为244m+408m+1 500m+1 500m+408m+244m=4 304m,如图8.6-3所示。主梁采用分体式钢箱梁,如图8.6-4所示;斜拉索采用扇形双索面布置;索塔采用钢混组合桥塔,中塔塔高460m、边塔塔高386m;索塔基础均采用设置吸力式裙筒与半刚性连接桩的沉箱复合基础方案。

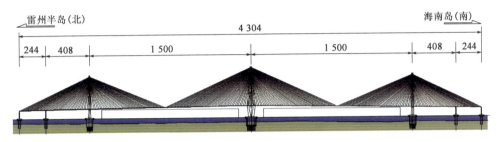

图8.6-3　主跨2×1 500m三塔斜拉桥方案(尺寸单位:m)

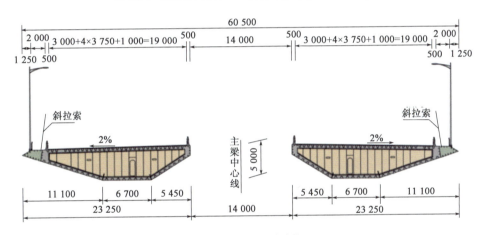

图8.6-4　主梁断面(尺寸单位:mm)

根据徐闻和海口两地历史实测资料推算得到的琼州海峡大桥桥位处的基本风速,结合主跨2×1 500m三塔斜拉桥设计方案,推算出该桥的抗风设计风参数,计算中桥位场地风剖面幂指数取为$\alpha=0.1$,主梁跨中桥面距离水面距离102m,按重现期100年设计时,桥位基准风速为51.6m/s,主梁设计基准风速为65.7m/s,成桥状态颤振检验风速为92.9m/s。

从以上分析结果可知,琼州海峡跨海工程桥梁方案的抗风设计要求非常之高,超过了我国所有已建大跨桥梁的抗风设计标准。并且,由于该桥的跨径更大、结构刚度更柔、阻尼比更小,桥梁的抗风设计成为琼州海峡跨海工程桥梁方案的最主要控制因素之一。

8.6.2　结构动力特性分析

主跨2×1 500m三塔斜拉桥的结构动力特性分析采用ANSYS通用有限元分析软件计算。总体坐标系以顺桥向为x轴,以横桥向为z轴,以竖向为y轴。其中主梁、桥塔以及桥墩采用空间梁单元模拟;拉索采用空间杆单元模拟。主梁通过刚臂连接形成"鱼骨式"力学计算模型,主梁横隔板和桥面系假设均匀分布于主梁上,并考虑其平动质量和质量惯矩。桥塔与主梁的连接方式为:边塔和主梁,仅仅横桥向约束,不设置竖向约束;过渡墩和辅助墩仅纵桥向自由,横桥向和竖向位移以及扭转位移均约束;中塔的塔梁,横桥向设置抗风支座,无竖向支座,纵桥向设置四个弹性约束。动力特性分析使用的有限元模型如图 8.6-5 所示。成桥状态主梁一阶对称竖弯振型频率为 0.123 5Hz,单位长度主梁对应的等效质量为 54.37t/m,结构振型如图 8.6-6 所示;主梁一阶对称扭转振型频率为 0.352 4Hz,单位长度主梁对应的等效质量惯矩为 15 699.50t·m²/m,结构振型如图 8.6-7 所示。

图 8.6-5　有限元力学模型

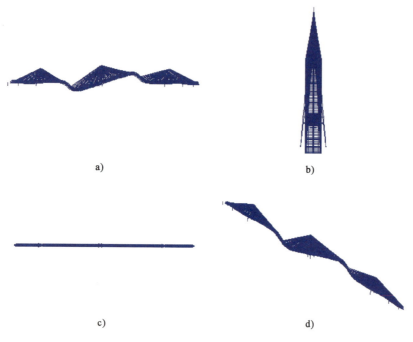

图 8.6-6　成桥状态主梁一阶对称竖弯振型

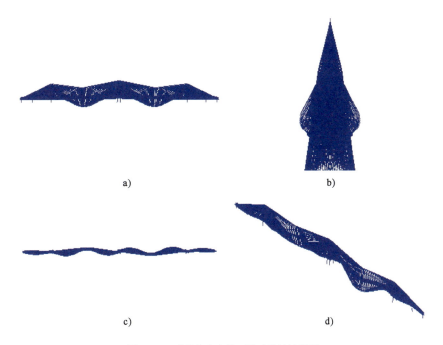

图 8.6-7 成桥状态主梁一阶对称扭转振型

8.6.3 主梁节段模型风洞试验研究

采用几何缩尺比 $\lambda_L = 1:80$,根据测振节段模型设计相似性要求,可以确定测振节段模型的相似比,由此确定出实桥结构主要参数与节段模型主要参数之间的一一对应关系,其中颤振节段模型主要参数如表 8.6-1 所示,涡振节段模型主要参数如表 8.6-2 所示。颤振节段模型试验和涡振节段模型试验均研究了 $-3°$、$0°$、$+3°$ 三种风攻角以及 $0°$、$5°$、$10°$、$15°$、$30°$ 五种风偏角工况,所有试验工况都在均匀流场中进行。

主梁节段模型颤振试验主要参数 表 8.6-1

参数名称		单位	实桥值	相似比	模型值
几何尺度	长度 L	m	224	$\lambda_L = 1:80$	2.8
	宽度 B	m	60.5	$\lambda_B = 1:80$	0.756
	高度 H	m	5	$\lambda_H = 1:80$	0.063
等效质量	单位长度质量 m	kg/m	5.44×10^4	$\lambda_m = 1:80^2$	8.495
	单位长度质量惯矩 I_m	kg·m²/m	1.57×10^7	$\lambda_{I_m} = 1:80^4$	0.383
频率	竖弯 f_h	Hz	0.1235	13.33:1	1.647
	扭转 f_t	Hz	0.3524	13.33:1	4.699
风速	风速 U	m/s	—	$\lambda_v = 1:6$	—
阻尼	竖弯阻尼比 ξ_h	%	0.5	—	0.23
	扭转阻尼比 ξ_t	%	0.5	—	0.38

主梁节段模型涡振试验主要参数　　　　　　表 8.6-2

参　数　名　称		单位	实桥值	相似比	模型值
几何尺度	长度 L	m	224	$\lambda_L=1:80$	2.8
	宽度 B	m	60.5	$\lambda_B=1:80$	0.756
	高度 H	m	5	$\lambda_H=1:80$	0.063
等效质量	单位长度质量 m	kg/m	5.44×10^4	$\lambda_m=1:80^2$	8.495
	单位长度质量惯矩 I_m	$kg\cdot m^2/m$	1.57×10^7	$\lambda_{I_m}=1:80^4$	0.383
频率	竖弯 f_h	Hz	0.1235	26.67:1	3.294
	扭转 f_t	Hz	0.3524	26.67:1	9.397
风速	风速 U	m/s	—	$\lambda_v=1:3$	—
阻尼	竖弯阻尼比 ξ_h	%	0.5	—	0.32
	扭转阻尼比 ξ_t	%	0.5	—	0.42

为了研究气动翼板对分体式钢箱梁颤振稳定性和涡激共振性能的影响,同时进行了安装气动翼板时主梁的测振节段模型试验。气动翼板的宽度取为5%的主梁宽度,对称安装在主梁两侧上方,见图 8.6-8。在风洞内,主梁节段测振试验模型见图 8.6-9。

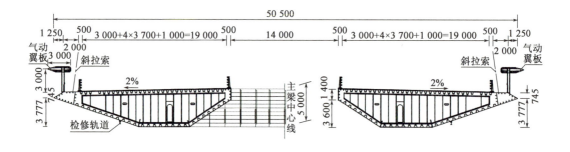

图 8.6-8　安装气动翼板的主梁横断面(尺寸单位:mm)

a) 主梁节段测振试验模型

b) 主梁节段测振试验模型细部

图 8.6-9　安装气动翼板的主梁节段测振试验模型

通过试验得到不同风攻角下的主梁节段模型颤振临界风速如表 8.6-3 所示。试验结果表明:成桥状态在风攻角 −3°、0° 及 +3° 下的颤振临界风速均高于该桥的颤振检验风速,满足颤振稳定性要求。

节段模型颤振临界风速试验结果　　　　　　　　　　表 8.6-3

主梁结构形式	换算到实桥的颤振临界风速(m/s)	颤振检验风速(m/s)
无气动措施	>120	97.5
气动翼板措施	>120	

在均匀流场中,通过涡激共振风洞试验确定涡振锁定风速和最大振幅试验结果如表 8.6-4 所示。在均匀流场中通过涡激共振风洞试验确定涡振锁定风速和最大振幅。成桥状态(竖弯阻尼比 0.32%,扭转阻尼比 0.42%)观察到了明显的竖弯和扭转涡振现象,最大涡振振幅多出主梁断面 10° 偏角和 +3° 风攻角的工况,试验结果见图 8.6-10。采用气动翼板措施后,竖向涡振共振的振幅变化不大,但可以消除一个扭转涡振区间,将扭转涡振的振幅由 0.671 1° 降低到 0.132 8°,最大涡振振幅多出主梁断面 0° 偏角和 +3° 风攻角的工况,试验结果见图 8.6-11。由以上风洞试验结果可以看出,气动翼板能够为主梁结构提供扭转气动阻尼,从而能够有效抑制分体式钢箱梁的扭转涡激共振振幅,但对竖向涡激共振的振幅影响较小。

节段模型颤振临界风速试验结果　　　　　　　　　　表 8.6-4

主梁结构形式	涡振形式	峰值幅值	允许值
无气动措施	竖弯	469.63mm(10°偏角 +3°攻角)	323.9mm
	扭转	0.671 1°(10°偏角 +3°攻角)	0.213 9°
气动翼板措施	竖弯	472.90mm(0°偏角 +3°攻角)	323.9mm
	扭转	0.132 8°(0°偏角 +3°攻角)	0.213 9°

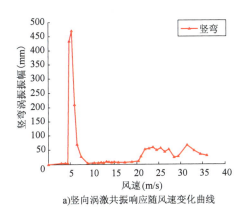
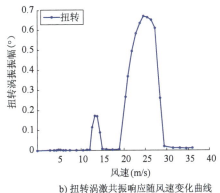

a)竖向涡激共振响应随风速变化曲线　　　b)扭转涡激共振响应随风速变化曲线

图 8.6-10　主梁原始断面 10°偏角、+3°攻角时涡激共振响应随风速变化曲线

鉴于分体式钢箱梁产生涡激共振的主要原因在中央开槽有利于涡脱的形成,从而容易激发涡激共振。作者在青岛海湾大桥大沽河航道桥涡激共振研究时发现,格栅结构能够破碎中央开槽形成的涡脱,从而可以有效抑制分体式钢箱梁的涡激共振。分体式钢箱梁中央开槽格栅结构及布置类型如图 8.6-12 所示。为了抑制琼州海峡大桥主跨 2×1 500m 三塔斜拉桥设

计方案的主梁涡激共振,进一步开展了在主梁中央开槽处安装格栅结构的气动措施,格栅结构的透空率为50%,试验结果见图8.6-13。试验结果表明,透空率50%的格栅结构可以有效抑制分体式钢箱梁的涡振振幅,可以将最大竖向涡振振幅降低到27.4mm;消除了第二个扭转涡振区间,将最大扭转涡振振幅降低到0.082°,从而保障主梁竖弯和扭转涡激共振的振幅均低于允许值。

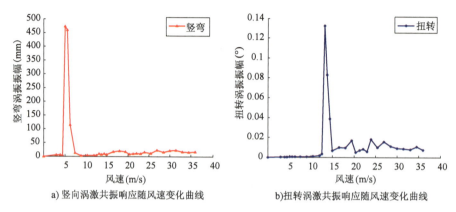

图8.6-11 采用气动翼板的主梁断面在0°风偏角、+3°风攻角时涡激共振响应随风速变化曲线

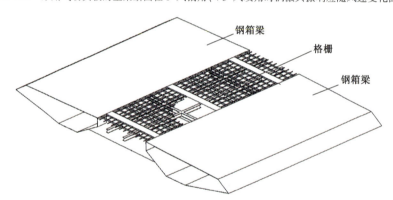

图8.6-12 分体式钢箱梁中央开槽格栅结构及布置类型

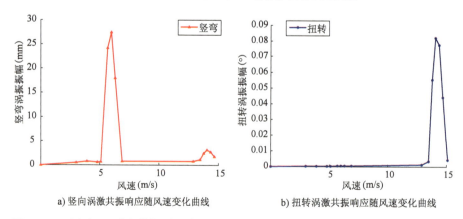

图8.6-13 透空率50%格栅结构的主梁断面在0°风偏角、0°风攻角时涡激共振响应随风速变化曲线

8.6.4 分体式钢箱梁的格栅结构涡振控制机理

为了探索格栅结构对分体式钢箱梁涡振控制的原理,进一步通过桥梁结构数值模拟技术对设置格栅结构的分体式钢箱梁的绕流变化情况进行模拟,识别了0°、+3°和-3°风攻角下某分体式钢箱梁设置和不设置格栅时的绕流变化。其中0°风攻角下模型周围的压力场如图8.6-14所示。从压力场的变化可知,格栅结构对中央开槽区域和下游钢箱梁的流态产生了很大改变,主要表现为:格栅结构阻挠了中央开槽区域主梁上、下表面气流的交替漩涡脱落,直接避免了前箱上表面气流的漩涡脱落,并且来自前箱下表面的脱落漩涡也受到格栅结构的破坏;格栅结构使得中央开槽区域的脱落漩涡明显减小,从而降低了漩涡能量;由于中央开槽区域的交替漩涡脱落得到了有效抑制,从而明显减弱了脱离漩涡对后箱的冲击作用,并干扰了后箱上表面的气流形态。

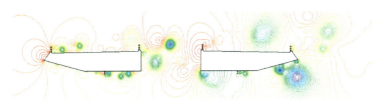

a)原始分体式钢箱梁

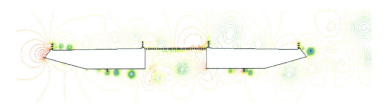

b)设置格栅结构的分体式钢箱梁

图8.6-14 格栅结构对分体式钢箱梁时均压力场的影响

由于结构竖弯涡振主要受到气流作用产生的气动升力的影响,因此以下主要从升力的变化来分析钢箱梁涡振的控制机理。设置格栅结构后,分体式钢箱梁的升力变化幅值发生了显著的减小,如图8.6-15所示。当格栅结构透空率为50%时,-3°、0°和+3°风攻角的升力系数幅值比原始方案分别减小了29%、47%和52%。另外,随着格栅透空率的减小,升力矩变化幅值也有明显的减小。

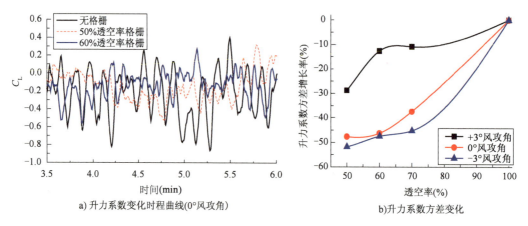

a) 升力系数变化时程曲线(0°风攻角)　　　b) 升力系数方差变化

图 8.6-15　格栅对分体式钢箱梁气动升力的影响

8.7　主动气动控制翼板研究

随着桥梁跨度的增大,采用被动气动控制措施有时仍然不能满足抗风设计要求,或者为了满足上述要求而受经济、美观等条件制约时,可以考虑主动气动控制措施。1992 年 Ostenfeld 和 Larsen 提出利用主动控制翼板(主动控制翼板的扭转振动)抑制桥梁颤振的概念,其基本思想是通过传感器感受加劲梁的振动,然后把振动信号按所选的控制律进行放大和相位补偿,再通过伺服作动机构来控制翼板使之按照与加劲梁相同的频率作异相位谐振,这样就会产生非常大的气动阻尼,从而使得桥梁的颤振临界风速得到显著提高。桥梁主梁主动气动控制翼板的概念如图 8.7-1 所示。

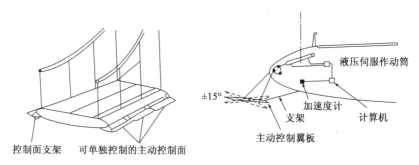

图 8.7-1　桥梁主梁主动气动控制翼板概念

在试验方面,Kobayashi、Ostenfeld、Hansen 等学者分别进行了主动控制翼板的节段模型风洞试验,证实了其有效性。在上述试验中假定:气流为平滑流,仅考虑竖弯和扭转二自由度运动,且翼板和主梁均作同频率的简谐振动。翼板主动扭转振动参数:翼板与主梁扭转振动间的幅值比、相位差,是决定主动控制翼板制振效果的关键因素。对于这两个参数,Kobayashi、Ostenfeld 是根据经验选取的,Hansen 则选用不同的几组参数进行了对比试验。

在理论方面,Wilde 等基于反馈控制律针对二自由度桥梁模型进行了研究,他们的计算模型与上述试验不一样:Wilde 等考虑了紊流的影响,且翼板和主梁的振动不是简谐振动。Cobo 等采用与上述试验一样的假定,基于准定常气动力理论,通过二自由度颤振分析研究了系统颤振临界风速随翼板与主梁扭转振动间的相位差的变化。

本节采用与上述试验一样的假定,但与 Cobo 等不同,考虑了气动力的非定常效应,并从增加系统扭转阻尼的角度,仔细研究了翼板主动扭转振动参数的选取,然后将结果与 Ostenfeld、Hansen、Cobo 等确定的参数进行了对比和讨论。在此基础上,以某大跨悬索桥方案为例进行了二自由度颤振分析。

8.7.1 作用在整个主梁单位长度上的气弹自激力

安装主动控制翼板后,整个主梁包括原来的主梁和主动控制翼板两部分。同有关试验一样,假定:气流为平滑流,仅考虑竖弯和扭转二自由度运动,翼板和主梁均作同频率的简谐振动。在推演作用在整个主梁单位长度上与运动有关的非定常气动力时,还需作如下假定:①两块翼板的轴线与桥轴线对称水平设置;②翼板为宽度、厚度和质量均很小的刚性板,忽略其与主梁之间的惯性耦合;③翼板与主梁之间保持一定的距离,二者的流场互不干扰;④翼板和主梁均作小幅振动,作用在翼板上与主梁上的气动力可以叠加,均作用到主梁的质心(假定其与弹性中心重合)上;⑤忽略作用在托架上的气动力。

安装主动控制翼板后,作用在主梁和翼板单位长度上的气动力如图 8.7-2 所示。在小幅振动条件下,这些气动力均可通过气动导数分别加以描述:

$$\left.\begin{array}{l} L_{\mathrm{d}}^{\mathrm{ae}} = \rho U^2 B_{\mathrm{d}} [K_{\mathrm{d}} H_{\mathrm{d},1}^* (\dot{h}_{\mathrm{d}}/U) + K_{\mathrm{d}} H_{\mathrm{d},2}^* (B_{\mathrm{d}} \dot{\alpha}_{\mathrm{d}}/U) + K_{\mathrm{d}}^2 H_{\mathrm{d},3}^* \alpha_{\mathrm{d}} + K_{\mathrm{d}}^2 H_{\mathrm{d},4}^* (h_{\mathrm{d}}/B_{\mathrm{d}})] \\ M_{\mathrm{d}}^{\mathrm{ae}} = \rho U^2 B_{\mathrm{d}}^2 [K_{\mathrm{d}} A_{\mathrm{d},1}^* (\dot{h}_{\mathrm{d}}/U) + K_{\mathrm{d}} A_{\mathrm{d},2}^* (B_{\mathrm{d}} \dot{\alpha}_{\mathrm{d}}/U) + K_{\mathrm{d}}^2 A_{\mathrm{d},3}^* \alpha_{\mathrm{d}} + K_{\mathrm{d}}^2 A_{\mathrm{d},4}^* (h_{\mathrm{d}}/B_{\mathrm{d}})] \end{array}\right\} \quad (8.7\text{-}1)$$

$$\left.\begin{array}{l} L_{\mathrm{w}}^{\mathrm{ae},l} = \rho U^2 B_{\mathrm{w}} [K_{\mathrm{w}} H_{\mathrm{w},1}^* (\dot{h}_{\mathrm{w}}^l/U) + K_{\mathrm{w}} H_{\mathrm{w},2}^* (B_{\mathrm{w}} \dot{\alpha}_{\mathrm{w}}^l/U) + K_{\mathrm{w}}^2 H_{\mathrm{w},3}^* \alpha_{\mathrm{w}}^l + K_{\mathrm{w}}^2 H_{\mathrm{w},4}^* (h_{\mathrm{w}}^l/B_{\mathrm{w}})] \\ M_{\mathrm{w}}^{\mathrm{ae},l} = \rho U^2 B_{\mathrm{w}}^2 [K_{\mathrm{w}} A_{\mathrm{w},1}^* (\dot{h}_{\mathrm{w}}^l/U) + K_{\mathrm{w}} A_{\mathrm{w},2}^* (B_{\mathrm{w}} \dot{\alpha}_{\mathrm{w}}^l/U) + K_{\mathrm{w}}^2 A_{\mathrm{w},3}^* \alpha_{\mathrm{w}}^l + K_{\mathrm{w}}^2 A_{\mathrm{w},4}^* (h_{\mathrm{w}}^l/B_{\mathrm{w}})] \end{array}\right\} \quad (8.7\text{-}2)$$

$$\left.\begin{array}{l} L_{\mathrm{w}}^{\mathrm{ae},t} = \rho U^2 B_{\mathrm{w}} [K_{\mathrm{w}} H_{\mathrm{w},1}^* (\dot{h}_{\mathrm{w}}^t/U) + K_{\mathrm{w}} H_{\mathrm{w},2}^* (B_{\mathrm{w}} \dot{\alpha}_{\mathrm{w}}^t/U) + K_{\mathrm{w}}^2 H_{\mathrm{w},3}^* \alpha_{\mathrm{w}}^t + K_{\mathrm{w}}^2 H_{\mathrm{w},4}^* (h_{\mathrm{w}}^t/B_{\mathrm{w}})] \\ M_{\mathrm{w}}^{\mathrm{ae},t} = \rho U^2 B_{\mathrm{w}}^2 [K_{\mathrm{w}} A_{\mathrm{w},1}^* (\dot{h}_{\mathrm{w}}^t/U) + K_{\mathrm{w}} A_{\mathrm{w},2}^* (B_{\mathrm{w}} \dot{\alpha}_{\mathrm{w}}^t/U) + K_{\mathrm{w}}^2 A_{\mathrm{w},3}^* \alpha_{\mathrm{w}}^t + K_{\mathrm{w}}^2 A_{\mathrm{w},4}^* (h_{\mathrm{w}}^t/B_{\mathrm{w}})] \end{array}\right\}$$

$$(8.7\text{-}3)$$

式中: ρ ——空气密度;

U——风速;

B_{d}、B_{w}——主梁和翼板的宽;

$H_{\mathrm{d},i}^*$、$A_{\mathrm{d},i}^*$——主梁的气动导数($i = 1 \sim 4$),是折算频率 $K_{\mathrm{d}} (= B_{\mathrm{d}} \omega/U)$ 的函数,其值需通过风洞试验测得;

$H_{\mathrm{w},i}^*$、$A_{\mathrm{w},i}^*$——翼板的气动导数($i = 1 \sim 4$),是折算频率 $K_{\mathrm{w}} (= B_{\mathrm{w}} \omega/U)$ 的函数;

ω——振动圆频率。

如图 8.7-2 所示几何关系,引入小幅振动条件下,主梁的扭转角 $\alpha_d \ll 1.0$,可得

$$h_w^l = h_d - e\alpha_d, \alpha_w^l = \alpha_d + \alpha_{w,a}^l, h_w^t = h_d + e\alpha_d, \alpha_w^t = \alpha_d + \alpha_{w,a}^t \tag{8.7-4}$$

令主梁的扭转角 $\alpha_d(t)$ 可用正弦函数描述,翼板的主动扭转角 $\alpha_{w,a}^l(t)$、$\alpha_{w,a}^t(t)$ 与 $\alpha_d(t)$ 的振动频率相同,但幅值不等,且存在一定的相位差,则有:

$$\alpha_d(t) = \alpha_{d0}(t)\sin(\omega t), \alpha_{w,a}^l(t) = C^l \alpha_{d0}(t)\sin(\omega t + \varphi^l), \alpha_{w,a}^t(t) = C^t \alpha_{d0}(t)\sin(\omega t + \varphi^t)$$
(8.7-5)

式中:C^l、C^t、φ^l、φ^t——翼板主动扭转振动参数,均为常数。

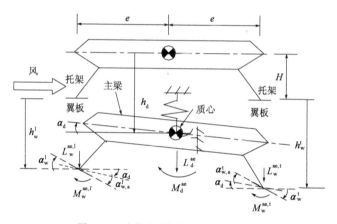

图 8.7-2 安装主动控制翼板的主梁截面

然后,根据前文假定④,将作用在主梁与翼板上的气动力叠加,经推演得作用在整个主梁单位长度上的气动力 L^{ae} 和力矩 M^{ae},其表达式分别为:

$$\begin{Bmatrix} L^{ae} \\ M^{ae} \end{Bmatrix} = \begin{Bmatrix} L_d^{ae} + L_w^{ae,l} + L_w^{ae,t} \\ M_d^{ae} + M_w^{ae,l} + M_w^{ae,t} - L_w^{ae,l}e + L_w^{ae,t}e \end{Bmatrix} = [k_{ae}]\begin{Bmatrix} h_d \\ \alpha_d \end{Bmatrix} + [c_{ae}]\begin{Bmatrix} \dot{h}_d \\ \dot{\alpha}_d \end{Bmatrix} \tag{8.7-6}$$

$$\begin{aligned}
{[k_{ae}]} &= \rho\omega^2 \begin{bmatrix} B_d^2 H_{d,4}^* + 2B_w^2 H_{w,4}^* & B_d^3 H_{d,3}^* \\ B_d^3 A_{d,4}^* + 2B_w^3 A_{w,4}^* & B_d^4 A_{d,3}^* + 2e^2 B_w^2 H_{w,4}^* \end{bmatrix} + \begin{bmatrix} 0 & B_w^3 \Delta H_{w,3}^* \\ 0 & B_w^4 \Delta A_{w,3}^* \end{bmatrix} \\
{[c_{ae}]} &= \rho\omega \begin{bmatrix} B_d^2 H_{d,1}^* + 2B_w^2 H_{w,1}^* & B_d^3 H_{d,2}^* \\ B_d^3 A_{d,1}^* + 2B_w^3 A_{w,1}^* & B_d^4 A_{d,2}^* + 2e^2 B_w^2 H_{w,1}^* \end{bmatrix} + \begin{bmatrix} 0 & B_w^3 \Delta H_{w,2}^* \\ 0 & B_w^4 \Delta A_{w,2}^* \end{bmatrix}
\end{aligned} \tag{8.7-7}$$

式中:$\Delta H_{w,2}^*$、$\Delta H_{w,3}^*$、$\Delta A_{w,2}^*$、$\Delta A_{w,3}^*$——由翼板主动扭转产生的参数,其表达式分别为:

$$\left.\begin{aligned}\Delta H_{\mathrm{w},2}^{*} &= (H_{\mathrm{w},2}^{*}S_{\mathrm{c}}^{+} + H_{\mathrm{w},3}^{*}S_{\mathrm{s}}^{+}) \\ \Delta H_{\mathrm{w},3}^{*} &= (H_{\mathrm{w},3}^{*}S_{\mathrm{c}}^{+} - H_{\mathrm{w},2}^{*}S_{\mathrm{s}}^{+}) \\ \Delta A_{\mathrm{w},2}^{*} &= (A_{\mathrm{w},2}^{*}S_{\mathrm{c}}^{+} + A_{\mathrm{w},3}^{*}S_{\mathrm{s}}^{+}) + (e/B_{\mathrm{w}})(H_{\mathrm{w},2}^{*}S_{\mathrm{c}}^{-} + H_{\mathrm{w},3}^{*}S_{\mathrm{s}}^{-}) \\ \Delta A_{\mathrm{w},3}^{*} &= (A_{\mathrm{w},3}^{*}S_{\mathrm{c}}^{+} - A_{\mathrm{w},2}^{*}S_{\mathrm{s}}^{+}) + (e/B_{\mathrm{w}})(H_{\mathrm{w},3}^{*}S_{\mathrm{c}}^{-} - H_{\mathrm{w},2}^{*}S_{\mathrm{s}}^{-})\end{aligned}\right\} \quad (8.7\text{-}8)$$

$$\left.\begin{aligned}S_{\mathrm{c}}^{+} &= C^{\mathrm{t}}\cos\varphi^{\mathrm{t}} + C^{l}\cos\varphi^{l}, \quad S_{\mathrm{s}}^{+} = C^{\mathrm{t}}\sin\varphi^{\mathrm{t}} + C^{l}\sin\varphi^{l} \\ S_{\mathrm{c}}^{-} &= C^{\mathrm{t}}\cos\varphi^{\mathrm{t}} - C^{l}\cos\varphi^{l}, \quad S_{\mathrm{s}}^{-} = C^{\mathrm{t}}\sin\varphi^{\mathrm{t}} - C^{l}\sin\varphi^{l}\end{aligned}\right\} \quad (8.7\text{-}9)$$

8.7.2 翼板主动扭转振动参数的选取

8.7.2.1 由翼板主动扭转产生的系统扭转气动阻尼 $c_{\mathrm{w,a}}^{\mathrm{ae}}$

在平滑流中,整个桥梁主梁的二自由度系统运动方程为:

$$\left.\begin{aligned}m\ddot{h}_{\mathrm{d}} + c_{\mathrm{h}}\dot{h}_{\mathrm{d}} + k_{\mathrm{h}}h_{\mathrm{d}} &= L_{\mathrm{ae}} \\ I_{\mathrm{m}}\ddot{\alpha}_{\mathrm{d}} + c_{\alpha}\dot{\alpha}_{\mathrm{d}} + k_{\alpha}\alpha_{\mathrm{d}} &= M_{\mathrm{ae}}\end{aligned}\right\} \quad (8.7\text{-}10)$$

式中:m、I_{m}——整个主梁单位长度的质量和质量惯矩;

c_{h}、c_{α}——竖向与扭转运动的黏性阻尼力系数;

k_{h}、k_{α}——竖向与扭转运动的弹性恢复力常数。

将式(8.7-6)代入式(8.7-10),写成矩阵形式,得

$$\begin{bmatrix}m & 0 \\ 0 & I_{\mathrm{m}}\end{bmatrix}\begin{Bmatrix}\ddot{h}_{\mathrm{d}} \\ \ddot{\alpha}_{\mathrm{d}}\end{Bmatrix} + \left(\begin{bmatrix}c_{\mathrm{h}} & 0 \\ 0 & c_{\alpha}\end{bmatrix} - [c_{\mathrm{ae}}]\right)\begin{Bmatrix}\dot{h}_{\mathrm{d}} \\ \dot{\alpha}_{\mathrm{d}}\end{Bmatrix} + \left(\begin{bmatrix}k_{\mathrm{h}} & 0 \\ 0 & k_{\alpha}\end{bmatrix} - [k_{\mathrm{ae}}]\right)\begin{Bmatrix}h_{\mathrm{d}} \\ \alpha_{\mathrm{d}}\end{Bmatrix} = \begin{Bmatrix}0 \\ 0\end{Bmatrix} \quad (8.7\text{-}11)$$

由于桥梁主梁为钝体截面,其颤振形态通常为以扭转为主的弯扭耦合颤振。如果主梁截面很钝,则会发生单自由度扭转颤振,如著名的美国旧塔科马桥的风毁就是由于单自由度扭转颤振引起的。因此,提高系统扭转阻尼是提高系统颤振稳定性的关键。下面从提高系统扭转阻尼的角度,研究翼板主动扭转振动参数的选取。

不考虑竖弯与扭转运动间的耦合,式(8.7-11)所描述系统的扭转运动的阻尼力系数为:

$$c_{\alpha,\text{总}} = c_{\alpha} + c_{\alpha,\mathrm{d}}^{\mathrm{ae}} + (c_{\alpha,\mathrm{ws}}^{\mathrm{ae}} + c_{\alpha,\mathrm{wa}}^{\mathrm{ae}}) \quad (8.7\text{-}12)$$

$$c_{\alpha} = 2I_{\mathrm{m}}\zeta_{\alpha}\omega_{\alpha}, \quad c_{\alpha,\mathrm{d}}^{\mathrm{ae}} = -\rho\omega B_{\mathrm{d}}^{4}A_{\mathrm{d},2}^{*}, \quad c_{\alpha,\mathrm{ws}}^{\mathrm{ae}} = -2\rho\omega B_{\mathrm{w}}^{4}\left[(e/B_{\mathrm{w}})^{2}H_{\mathrm{w},1}^{*}\right], \quad c_{\alpha,\mathrm{wa}}^{\mathrm{ae}} = -\rho\omega B_{\mathrm{w}}^{4}\Delta A_{\mathrm{w},2}^{*} \quad (8.7\text{-}13)$$

式中:ζ_{α}、ω_{α}——扭转运动的临界阻尼比和振动圆频率;

$c_{\alpha,\mathrm{d}}^{\mathrm{ae}}$——由主梁产生的气动阻尼;

$(c_{\alpha,\mathrm{ws}}^{\mathrm{ae}} + c_{\alpha,\mathrm{wa}}^{\mathrm{ae}})$——由主动控制翼板产生的气动阻尼。

其中,$c_{\alpha,\mathrm{wa}}^{\mathrm{ae}}$是由翼板主动扭转产生的,而$c_{\alpha,\mathrm{ws}}^{\mathrm{ae}}$与翼板主动扭转无关。因为只有$c_{\alpha,\mathrm{wa}}^{\mathrm{ae}}$是由翼

板主动扭转产生的,故以下通过研究 $c_{\alpha,\mathrm{wa}}^{\mathrm{ae}}$,探讨翼板主动为扭转振动参数的选取。

翼板气动导数 $H_{\mathrm{w},2}^*$、$H_{\mathrm{w},3}^*$、$A_{\mathrm{w},2}^*$、$A_{\mathrm{w},3}^*$ 的理论解为:

$$\left. \begin{array}{l} H_{\mathrm{w},2}^* = -(\pi/4K_{\mathrm{w}})(1 + F + 4G/K_{\mathrm{w}}), \quad H_{\mathrm{w},3}^* = -(\pi/K_{\mathrm{w}}^2)(F - K_{\mathrm{w}}G/4) \\ A_{\mathrm{w},2}^* = -(\pi/16K_{\mathrm{w}})(1 - F - 4G/K_{\mathrm{w}}), \quad A_{\mathrm{w},3}^* = (\pi/4K_{\mathrm{w}}^2)(F - K_{\mathrm{w}}G/4) \end{array} \right\} \quad (8.7\text{-}14)$$

式中:F、G——分别为 Theodersen 圆函数 $C(k_{\mathrm{w}})$ 的实部和虚部,$k_{\mathrm{w}} = K_{\mathrm{w}}/2 \, (= B_{\mathrm{w}}\omega/2U)$。

将式(8.7-8)、式(8.7-9)、式(8.7-14)代入式(8.7-13)中 $c_{\alpha,\mathrm{wa}}^{\mathrm{ae}}$ 的表达式,经推演得:

$$\left. \begin{array}{l} c_{\alpha,\mathrm{wa}}^{\mathrm{ae}} = -\rho\omega B_{\mathrm{w}}^4 \left[\sqrt{a_1^2 + a_2^2} \sin(\varphi^{\mathrm{t}} + \theta^{\mathrm{t}}) C^{\mathrm{t}} + \sqrt{a_3^2 + a_4^2} \sin(\varphi^l + \theta^l) C^l \right] \\ \theta^{\mathrm{t}} = \tan^{-1}(a_1/a_2), \quad \theta^l = \tan^{-1}(a_3/a_4) \end{array} \right\} \quad (8.7\text{-}15)$$

$$\left. \begin{array}{l} a_1 = -(\pi/16K_{\mathrm{w}})\left[(1 - F - 4G/K_{\mathrm{w}}) + 4(e/B_{\mathrm{w}})(1 + F + 4G/K_{\mathrm{w}})\right] \\ a_2 = (\pi/4K_{\mathrm{w}}^2)\left[1 - 4(e/B_{\mathrm{w}})\right](F - K_{\mathrm{w}}G/4) \\ a_3 = -(\pi/16K_{\mathrm{w}})\left[(1 - F - 4G/K_{\mathrm{w}}) - 4(e/B_{\mathrm{w}})(1 + F + 4G/K_{\mathrm{w}})\right] \\ a_4 = (\pi/4K_{\mathrm{w}}^2)\left[1 + 4(e/B_{\mathrm{w}})\right](F - K_{\mathrm{w}}G/4) \end{array} \right\} \quad (8.7\text{-}16)$$

由式(8.7-15)可知,$c_{\alpha,\mathrm{wa}}^{\mathrm{ae}}$ 是 ρ、ω、B_{w}、$a_i(i=1\sim4)$、θ^{t}、θ^l 以及翼板主动扭转振动参数 C^l、φ^l、C^{t}、φ^{t} 的泛函。$c_{\alpha,\mathrm{wa}}^{\mathrm{ae}}$ 的最大值 $c_{\alpha,\mathrm{wa}}^{\mathrm{ae}}|_{\max}$ 为:

$$c_{\alpha,\mathrm{wa}}^{\mathrm{ae}}|_{\max} = \rho\omega B_{\mathrm{w}}^4 \left(\sqrt{a_1^2 + a_2^2} \, |C^{\mathrm{t}}| + \sqrt{a_3^2 + a_4^2} \, |C^l| \right) \quad (8.7\text{-}17)$$

8.7.2.2 参数 $a_i(i=1\sim4)$ 的大小及相互的关系

由式(8.7-15)可知,$c_{\alpha,\mathrm{wa}}^{\mathrm{ae}}$ 的取值与系数 $a_i(i=1\sim4)$ 密切相关。为此,下面首先讨论系数 $a_i(i=1\sim4)$ 的大小及相互的关系。

为了满足理论假定,并考虑构造要求,翼板宽度 B_{w}、两块翼板的水平间距 $2e$ 通常取为 $B_{\mathrm{w}} = B_{\mathrm{d}}/10$、$2e = B_{\mathrm{d}}$,则 $e/B_{\mathrm{w}} = 5$。由式(8.7-16)可知,此时 $a_i(i=1\sim4)$ 仅为 K_{w} 的函数。表8.7-1列出了6座不同类型、不同跨度的悬索桥在颤振临界状态的 $K_{\mathrm{w}}(=0.1K_{\mathrm{d}})$ 值。

六座悬索桥的 K_{w} 值 表8.7-1

桥　梁	主跨跨度(m)	B_{d}(m)	ω_{cr}(rad/s)	U_{cr}(m/s)	$K_{\mathrm{w}} = 0.1$
中国虎门大桥	888	35.60	1.786	88.00	0.072
英国塞文悬索桥	988	31.85	1.495	76.90	0.062
丹麦大贝尔特东桥	1 624	31.00	1.194	75.00	0.049
意大利墨西拿海峡桥	3 300	60.40	0.418	93.92	0.027
美国旧塔科马桥	853	11.90	1.257	19.00	0.079
日本明石海峡桥	1 991	35.50	0.848	84.00	0.036

由表 8.7-1 可以看出,$K_w \in [0.027, 0.079]$。考虑到桥梁间的差异以及桥梁上安装翼板后,颤振临界风速 U_{cr} 和颤振频率 ω_{cr} 将发生变化。为此,本书将 K_w 的范围适当扩大,取 $K_w \in [0.01, 0.11]$。由式(8.7-16)计算 $a_i(i = 1 \sim 4)$,a_1 与 a_3 与 K_w 的关系见图 8.7-3,a_2/a_1、a_4/a_3 与 K_w 的关系见图 8.7-4。由图 8.7-3 可知,$a_1 > 0$,$a_3 < 0$,它们的绝对值相近且均随着 K_w 的增大而减小。由图 8.7-4 可知,$a_2/a_1 < 0$、$a_4/a_3 < 0$,它们的绝对值相近也均随着 K_w 的增大而减小,且在 $K_w \in [0.01, 0.11]$ 范围内,均有 $a_2/a_1 < -10.0$、$a_4/a_3 < -10.0$。

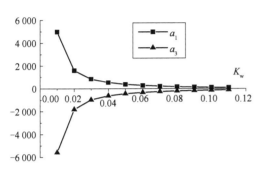

图 8.7-3 a_1、a_3 与 K_w 的关系曲线

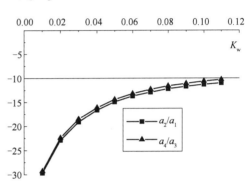

图 8.7-4 a_2/a_1、a_4/a_3 与 K_w 的关系曲线

8.7.2.3 翼板主动扭转振动参数 C^l、φ^l、C^t、φ^t 与 $c_{\alpha,wa}^{ae}|_{max}$ 的关系

将 ρ、ω、B_w 作为已知量,根据 $a_i(i = 1 \sim 4)$ 以及 θ^t、θ^l 与 a_i 间的关系,由式(8.7-15)可求得 $c_{\alpha,wa}^{ae}$ 取最大值 $c_{\alpha,wa}^{ae}|_{max}$ 时,翼板主动扭转振动参数需满足的条件如图 8.7-5 所示。另外,由式(8.7-17)还可知,$c_{\alpha,wa}^{ae}|_{max}$ 随 C^t、C^l 的绝对值的增大而增大。

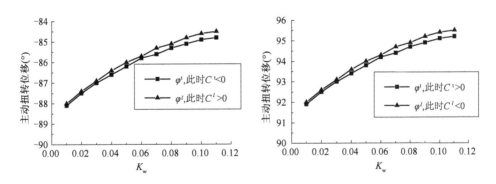

图 8.7-5 $c_{\alpha,wa}^{ae}$ 取最大值 $c_{\alpha,wa}^{ae}|_{max}$ 时,翼板主动扭转振动参数需满足的条件

8.7.2.4 本节确定的翼板主动扭转振动参数与以往文献的比较

Ostenfeld 等在试验中,翼板主动扭转参数取为:$\varphi^l = -90°$,$\varphi^t = 90°$,$C^l = C^t = 4.0$。试验结果表明:翼板为固定翼板时,试验系统的颤振临界风速 $U_{cr} = 39 m/s$;翼板为主动控制翼板时,试验系统的颤振临界风速 $U_{cr} > 60 m/s$。从获取最大系统扭转气动阻尼这一角度看,Ostenfeld

等确定的这一组参数与本节由理论导出的结果(图 8.7-5)基本吻合。

Hansen 等在试验中,翼板主动扭转参数中 $\varphi^l = \varphi^t = 0°$,关于 C^l、C^t 考虑了 5 种工况,工况 1: $C^l = C^t = 1$;工况 2: $C^l = -C^t = 6$;工况 3: $C^l = -C^t = 20$;工况 4: $C^l = -C^t = -6$;工况 5: $C^l = -C^t = -20.0$。试验结果表明: $\zeta_{\alpha,\text{工况}3} > \zeta_{\alpha,\text{工况}2} > \zeta_{\alpha,\text{工况}1} > \zeta_{\alpha,\text{工况}4} > \zeta_{\alpha,\text{工况}5}$,试验系统的颤振临界风速 U_{cr} 随 ζ_α 的增大而提高。由本节式(8.7-15)可知,当 $\varphi^l = \varphi^t = 0$ 时,翼板主动扭转为系统提供的气动阻尼 $c^{ae}_{\alpha,\text{wa}}$ 为:

$$c^{ae}_{\alpha,\text{wa}} = -\rho\omega B_w^4 (a_1 C^t + a_3 C^l) \tag{8.7-18}$$

由图 8.7-3 可知,$a_1 > 0$,$a_3 < 0$,因此当 $C^l > 0$,$C^t < 0$ 时,如工况 2、工况 3,此时 $c^{ae}_{\alpha,\text{wa}} > 0$;当 $C^l < 0$,$C^t > 0$ 时,如工况 4、工况 5,此时 $c^{ae}_{\alpha,\text{wa}} < 0$。因此,从提高系统扭转气动阻尼的角度,本节由理论导出的式(8.7-15)、式(8.7-18)能够对 Hansen 等的试验结果作出较好的解释。

Cobo 等基于准定常气动力理论,仅将迎风侧翼板设为主动翼板,将背风侧翼板设为固定翼板,且 $C^l = -1.50$ 设为常量,φ^l 可以变化。Cobo 等选用丹麦大贝尔特东桥的主梁截面(其为扁平钢箱梁),考虑了 $\varphi^l = 0°、30°、60°、90°、-30°、-60°$ 等工况,应用二自由度模型进行了颤振分析。结果表明:与 $\varphi^l = 0°$ 的工况相比,当 $\varphi^l = 30°、60°、90°$ 时,系统的颤振临界风速 U_{cr} 提高,且当 $\varphi^l = 60°$ 时系统的颤振临界风速达到最大值 $U_{cr}|_{\max}$;当 $\varphi^l = -30°、-60°$ 时系统的颤振临界风速将会下降。由图 8.7-5 可知,在 $C^l = -1.5 < 0$ 条件下,$\varphi^l \approx 90°$ 时系统的扭转阻尼达到最大值,但由于系统弯扭运动间存在耦合,此时系统的颤振临界风速 U_{cr} 与 $U_{cr}|_{\max}$ 之间将存在一定的差异,这种差异的大小与桥梁结构动力特性和主梁截面形式有关。另外,Cobo 等确定的 $C^l = -1.50 < 0$ 时,$\varphi^l = 60°$ 也是有条件的,原因在于:①Cobo 等基于准定常气动力理论,没有考虑气动力的非定常效应;②Cobo 等选用的是大贝尔特东桥的主梁截面,对于其他的主梁截面形式,φ^l 的大小也会发生变化。

8.7.3 算例

伶仃洋跨海大桥方案之一为三跨连续扁平钢箱梁悬索桥,桥跨布置为 438m + 1 450m + 438m。本节采用弯扭二自由度分析模型,基于非定常气动力理论,研究主动控制翼板对抑制该桥颤振稳定性的效果。结构计算参数见表 8.7-2。

结 构 计 算 参 数　　　　表 8.7-2

自由度	惯　　性	特征频率	临界阻尼比
竖向 h_d	$m = 28.42 \times 10^3$ kg/m	$f_h = 0.113\ 5$ Hz	0.005
扭转 α_d	$I_m = 4\ 756.00 \times 10^3$ kg·m²/m	$f_\alpha = 0.257\ 6$ Hz	0.005

假定平均风速 U 与桥轴正交;主梁气动导数选用 $\alpha = +3°$ 时节段模型试验实测结果;翼板宽度取为主梁宽度的 1/10,翼板水平偏心距 e 取为主梁宽度的 1/2,翼板气动导数采用 Theodersen 理论解,没有考虑攻角对翼板颤振导数的影响。

基于系统的运动方程(8.7-11),采用以上结构和气动参数,运用悬索桥颤振稳定性分析的能量方法对该桥进行二自由度颤振分析。按翼板主动扭转振动参数 C^l、φ^l、C^t、φ^t 划分为 6 种工况,计算结果列于表 8.7-3。由表 8.7-3 可以看出,与不安装翼板的工况 I 时 $U_{cr}=61.7\text{m/s}$ 相比:主梁上安装固定翼板后(工况 II),U_{cr} 达到 80.4m/s,提高了 30.3%;主梁上安装主动控制翼板后,在 III、IV、V 等 3 种工况下,U_{cr} 超过 100m/s(受主梁实测气动导数范围的限制,避免数值外插,没有计算更高的风速);而在工况下 VI 下,U_{cr} 却降为 45.8m/s,降低了 25.8%。由于 III、IV、V 三种工况是近似按图 8.7-5 选取的,这就表明:①按 $c^{ae}_{\alpha,\text{wa}}|_{\max}$ 选取翼板主动扭转振动参数,安装主动翼板后系统颤振临界风速显著提高;②工况 VI 对应于近似按 $c^{ae}_{\alpha,\text{wa}}|_{\min}$ 选取的翼板主动扭转振动参数,此时,安装主动翼板后系统颤振临界风速显著下降;③工况 III、IV、V 与工况 II 相比可知,主动控制翼板的制振效果明显优于固定翼板。

6 种分析工况及相应的 U_{cr}、ω_{cr} 计算结果 表 8.7-3

工况	C^l	C^t	$\varphi^l = \varphi^t$	U_{cr}(m/s)	ω_{cr}(rad/s)	备注
I	—	—	—	61.7	1.583	无翼板
II	1.0	1.0	0°	80.4	1.485	固定翼板
III	-1.0	0.0	90°	>100.0	—	主动控制翼板
IV	-1.0	1.0	90°	>100.0	—	主动控制翼板
V	1.0	-1.0	-90°	>100.0	—	主动控制翼板
VI	1.0	-1.0	90°	45.8	1.652	主动控制翼板

为了考察 φ^l 与主动控制翼板制振效果间的关系,并为了与 Cobo 等基于准定常气动力理论确定的结果相比较,下面仍选用上述给定的结构和气动参数,但其中翼板宽度适当减小,取 $B_w = B_d/20$。关于翼板主动扭转参数,选取 $C^l = -1$,$C^t = 0$,此时系统 U_{cr} 随 φ^l 的变化如图 8.7-6 所示,图 8.7-6 中还给出了不安装翼板和安装固定翼板时系统的颤振临界风速。由图 8.7-6 可知,U_{cr} 达到最大值 $U_{cr}|_{\max}=96.2\text{m/s}$ 时,$\varphi^l=70°$,此 φ^l 值与 Cobo 等确定的 $\varphi^l=60°$ 接近。当 $\varphi^l=90°$ 时,$c^{ae}_{\alpha,\text{wa}}$ 近似达到 $c^{ae}_{\alpha,\text{wa}}|_{\max}$,此时系统的颤振临界风速 $U_{cr}=95.0\text{m/s}$,它与 $U_{cr}|_{\max}$ 很接近,仅比 $U_{cr}|_{\max}$ 小 1.3%。由图 8.7-6 还可以看出,尽管 B_w 仅为 $B_d/20$,但在 $\varphi^l \in [60°, 100°]$ 范围内,主动控制翼板的制振效果仍十分显著,与不安装翼板时的 U_{cr} 相比,主梁上安装固定翼板后系统的 U_{cr} 提高了 50.0% 以上。由于主动控制翼板用于桥梁颤振的研究尚处于初步阶段,在理论和试验方面的工作均有待进一步深入展开。

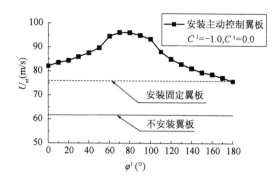

图 8.7-6 颤振临界风速 U_{cr} 随 ϕ' 的变化

本章参考文献

[1] Brown W C. Long Span Bridge Projects—A Personal View. [C] // Long-Span Bridges and Aerodynamics. 1999, 3-19.

[2] Ito M, Control of wind-induced vibrations of structures. Wind effects on buildings and structures, Riera& Davenport (eds), Balkema, Rotterdam, 1998, 297-306.

[3] Ostenfeld K H, Larsen A. Bridge engineering and aerodynamics. A Larsen ed. Aerodynamics of large bridges, Copenhagen Denmark, 1992, 3-22.

[4] Ostenfeld K H, Larsen A. Element of active flutter control of bridges. New construction technologies. Session 3, 1996.

[5] Larsen A. Aerodynamic aspects of the final design of the 1624 m suspension bridge across the Great Belt[J]. Journal of Wind Engineering and Industrial Aerodynamics, 1993, 48(2-3): 261-285.

[6] Larsen A, Astiz M A. Aeroelastic consideration for the Gibraltar Bridge feasibility study[J]. Bridge aerodynamics, 1998: 165-173.

[7] Diana G, Bruni S, Collina A, et al. Aerodynamic challenges in super long span bridges design[C]Proceedings of the International Symposium on Advances in Bridge Aerodynamics. 1998: 10-13.

[8] Diana G, Falco M, Bruni S, et al. Comparisons between wind tunnel tests on a full aeroelastic model of the proposed bridge over Stretto di Messina and numerical results[J]. Journal of Wind Engineering & Industrial Aerodynamics, 1995, s 54-55(94):101-113.

[9] Matsumoto M, Mizuno K, Okubo K, et al. Flutter instability and recent development in stabilization of structures [J]. Journal of Wind Engineering & Industrial Aerodynamics, 2007, 95(9-11):888-907.

[10] Astiz M A. On wind stability of very long spans in connection with a bridge across the Strait of Gibraltar[J]. Strait Crossings, 1990.

[11] Scanlan R H. Problematics in formulation of wind-force models for bridge decks[J]. Journal of engineering me-

chanics, 1993, 119(7): 1353-1375.

[12] Dyrbye C, Hansen S O, Wind loads on structures. Copyright 1996, John Wiley & Sons.

[13] Liu Gao, Liu Tiancheng, Wang Xiuwei. Flutter Control of Suspension Bridges by Winglets. The 4th International Conference on Advances in WIND AND STRUCTURES (AWAS08), Korea, June, 2008.

[14] Raggett J D. Stabilizing Winglet Pair for Slender Bridge Decks[J]. American Society of Civil Engineers, 1987: 292-302.

[15] Kobayashi K, Nagaoka H, Active control of flutter of a suspension bridge. Journal of Wind Engineering and Industrial Aerodynamics, 1992, 41&44, 143-151.

[16] Wilde K, Fujino Y. Aerodynamic Control of Bridge Deck Flutter by Active Surfaces[J]. Journal of Engineering Mechanics, 1998, 124(7):718-727.

[17] Cobodel Arco D, Aparicio A C. Improve suspension bridge wind stability with aerodynamic appendages. Journal of Structure Engineering, ASCE. 1999, 125(12), 1367-1375.

[18] Hansen H I, Thoft-Christensen P, Mendes P A, et al. Wind-tunnel tests of bridge model with active vibration control. Structural Engineering International, 2000, 10(4):249-253.

[19] Nissen H D, Sørensen P H, Jannerup O. Active aerodynamic stabilisation of long suspension bridges[J]. Journal of wind engineering and industrial aerodynamics, 2004, 92(10): 829-847.

[20] 项海帆. 进入21世纪的桥梁风工程研究[J]. 上海：同济大学学报(自然科学版), 2002, 30(5): 529-532.

[21] 刘高. 大跨悬索桥颤振分析理论及控制措施研究[D]. 成都：西南交通大学, 2000.

[22] 刘高. 主梁上方安装固定风板抑制悬索桥颤振的研究[J]. 振动工程学报, 2001, 14(2):140-144.

[23] 刘高, 强士中, 王秀伟. 主动控制翼板抑制悬索桥颤振的研究[J]. 应用力学学报, 2002, 19(4):52-57.

[24] 刘高, 王秀伟, 强士中, 等. 大跨度悬索桥颤振分析的能量方法[J]. 中国公路学报, 2000, 13(3).

[25] 刘高, 孟凡超, 王秀伟. 气动翼板控制悬索桥颤振的能量机理. 第七界全国风工程和工业空气动力学学术会议论文集, 成都, 2006, 229-236.

[26] 刘高, 刘天成. 分体式钝体双箱钢箱梁斜拉桥节段模型风洞试验研究[J]. 土木工程学报, 2010, 43(1): 49-54.

[27] 刘高, 彭运动, 孟凡超, 庞颂贤. 坝陵河大桥钢桁加劲梁设计与施工架设方案研究. 中国交通建设集团第一届科技大会论文集, 2009, 300-307.

[28] 孔庆凯, 彭运动, 刘高, 马存明. 特大跨径桁架加劲梁桥气动翼板空气动力分析研究. 2009年全国桥梁学术会议论文集, 2009, 500-503.

[29] 宋锦忠, 林志兴, 徐建英. 桥梁抗风气动措施的研究及应用[J]. 同济大学学报(自然科学版), 2002, 30(5):618-621.

[30] 中交公路规划设计院有限公司,同济大学.钢桁梁悬索桥结构抗风措施研究[R].2010.

[31] 西南交通大学风工程试验研究中心.坝陵河大桥全桥气动弹性模型风洞试验研究[R],2007.

[32] 中交公路规划设计院有限公司桥梁技术中心等.港珠澳大桥主体工程初步设计阶段特殊结构风洞试验研究报告[R].2009.

[33] 刘高,刘天成,刘秀伟,等.一种用于提高钢桁梁悬索桥颤振稳定性的气动控制装置:中国,ZL 2008 1 0226680.3[P].2011-06-22.

[34] 刘高,孟凡超,王麒,等.控制分体式钢箱梁桥梁的主梁涡激振动的格栅结构:中国,ZL 2009 1 0093762.X[P].2012-06-27.

索 引

C

颤振　flutter ……………………………………………………………… 7
颤振导数　flutter derivatives ………………………………………… 41
颤振检验风速　flutter test wind velocity ……………………………… 50
颤振临界风速　flutter critical wind velocity ………………………… 50
颤振稳定性指数　flutter stability index ……………………………… 50
驰振　galloping …………………………………………………………… 2

D

大涡模拟法　large eddy simulation …………………………………… 68
抖振　buffeting …………………………………………………………… 8

F

风攻角　wind attack angle ……………………………………………… 43
风致振动　wind-induced vibration ……………………………………… 1

G

格子法　lattice method ………………………………………………… 7

J

基本风速　basic wind speed …………………………………………… 47

L

雷诺时均法　reynolds average navier-stokes ………………………… 68

P

平均风速　average wind speed ………………………………………… 11
谱特性　spectral characteristics ……………………………………… 11

Q

气动导数　pneumatic derivative ……………………………………… 75
气动弹性　aeroelastic …………………………………………………… 5
气固耦合　solid-gas interaction ……………………………………… 11
桥梁气动参数数据库　bridge aerodynamic library …………………… 41

T

统计特性　statistical characteristics ·· 11

W

紊流积分尺度　turbulent integral scale ··· 21
紊流强度　turbulence intensity ··· 21
涡振　vortex-induced vibration ··· 2

Z

阵风因子　gust factor ·· 6
直接数值模拟　direct numerical simulation ··· 93

图书在版编目(CIP)数据

特大型桥梁抗风设计数值化及控制技术 / 刘高等著
. —北京:人民交通出版社股份有限公司,2019.3
ISBN 978-7-114-14950-4

Ⅰ.①特… Ⅱ.①刘… Ⅲ.①特大桥—桥梁工程—抗风结构—结构设计 Ⅳ.①U442.5

中国版本图书馆 CIP 数据核字(2019)第 046134 号

"十三五"国家重点图书出版规划项目
交通运输科技丛书·公路基础设施建设与养护
特大型桥梁防灾减灾与安全控制技术丛书(一期)

书　　名:	**特大型桥梁抗风设计数值化及控制技术**
著 作 者:	刘　高　　葛耀君　　朱乐东　　刘天成
责任编辑:	刘永超　　侯蓓蓓　　石　遥
责任校对:	刘　芹　张　贺
责任印制:	张　凯
出版发行:	人民交通出版社股份有限公司
地　　址:	(100011)北京市朝阳区安定门外外馆斜街 3 号
网　　址:	http://www.ccpress.com.cn
销售电话:	(010)59757973
总 经 销:	人民交通出版社股份有限公司发行部
经　　销:	各地新华书店
印　　刷:	北京雅昌艺术印刷有限公司
开　　本:	787×1092　1/16
印　　张:	16
字　　数:	348 千
版　　次:	2019 年 3 月　第 1 版
印　　次:	2019 年 3 月　第 1 次印刷
书　　号:	ISBN 978-7-114-14950-4
定　　价:	100.00 元

(有印刷、装订质量问题的图书,由本公司负责调换)